KB151820

스타트업 상상

창업, 멘토 자격은 필수!

김삼문・금용필 공저

스타트업 상상

초판인쇄 | 2021년 4월 1일
초판발행 | 2021년 4월 10일

지 은 이 | 김삼문 · 금용필
편집주간 | 배재경
펴 낸 이 | 배재도
펴 낸 곳 | 도서출판 작가마을
등   록 | 2002년 8월 29일(제 2002-000012호)
주   소 | 부산광역시 중구 대청로 141번길 15-1 대륙빌딩 301호
         T. 051)248-4145, 2598   F. 051)248-0723   E. seepoet@hanmail.net

ISBN 979-11-5606-167-0 13320   ₩50,000

※ 이 책의 무단전재 및 복제행위는 저작권법에 의거, 처벌의 대상이 됩니다.

※ 본 책은 대경 스타트업 포럼(DSFA) 학술연구센터(김정희 단장) 검수 및 주간으로 발간되
   었습니다.

*Start Up Mentor Book*을 발간하며

캡스톤디자인 종합설계 학습은 창업의 지름길이 될 수 있다. 캡스톤디자인 학습은 공모전이나 기존 기업들과 예비 창업과정에 준비된 혁신의 기초로 활용 될 수 있다. 하지만 보편적인 창업은 준비부족으로 성공 기업보다는 실패하는 경우가 더 많은 것으로 조사가 되고 있다.

이에 안정적인 창업을 위해서는 반드시 사전 학습이 필요하다. 또 그 중요성만큼 창업자를 도와줄 수 있는 멘토 전문가가 필요하다. 그 멘토 전문가는 창업학습 교재를 통해서 미리 준비하고 계획한다면 창업자를 위한 멘토(Mentor)활동에 필요한 자격취득이 가능하게된다. 주요 고객은 예비 창업이나 스타트업으로 시작하는 창업자이다. 또한 창업자가 필요로 하는 다양한 정보를 구축하려면 본 창업 학습교재를 잘 활용하여 멘토 자격(Mentor Qualification)을 취득한다면 곧 멘토는 멘토링(Mentoring)이 가능하게 편집하였다.

이미 세상은 초 연결 사회가 되었다. 초 국경 비즈니스에 수많은 기업들은 지금도 실패보다는 성공하는데 목적을 두고 지구촌 곳곳에서 아이디어 창업이 시작되고 있다. 우리나라도 예외는 아니다 현재도 예비 기업이나 스타트업으로 준비하고 벤처기업으로 성장을 위해 글로벌 혁신이 늘어나는 추세이다. 잘 아시다시피 벤처기업은 모험이 매우 필요하고, 불확실한 시장에서부터 시작하기 때문에 창의적인 인재와 팀원들이 사전 멘토(Mentor)자격 학습으로 벤처기업경영에 조력자 역할과 멘토의 역량이 필요한 시장이 형성된 것이다.

창업의 생태계를 이해하고 그 전문성을 갖추기 위해서는 멘토 자격(Mentor Qualification) 취득이 필요하다. 멘토로(Mentor)서 멘토링(Mentoring)은 창업자들이 많이 접하지 않은 영역으로 예비 창업이나 스타트업에 도전하는데 있어 매우 필

요한 영역이다. 이러한 시장에 참여하는 창업자는 자신의 아이디어가 높은 수익
이 예상된다는 착각에 빠질 수 있다. 참신한 아이디어는 고객이 필요로 하는 것
이 아닌 자신이 필요로 하는 것으로 항해를 할 수 있기 때문이다. 그래서 부족한
아이디어는 창조물에 대한 누군가의 도움이 반드시 필요한 시장이다. 자격을 갖
춘다면 바로 이러한 시장에 멘토의 역할로 참여할 수 있고, 정부의 지원정책이
나 투자기관 등에 멘토와 멘토링으로 활동할 수 있다.

이 책에서는 기업가정신을 시작으로 본인이 생각하는 기업가정신은 무엇이며,
추가적인 학습 과정의 콘텐츠 구축은 10세부로 구성하였다. 각 구간을 기반으로
예비 창업이나 스타트업들의 학습교재로 강의와 멘토 기능이 상호작용이 용이
하게 편집을 했다. 본 과정으로 성공을 위한 벤처(venture)의 기업가정신(entre-
preneurship)을 가다듬는 사전학습은 멘토 자격(Mentor Qualification) 취득과 창업
교육이 가능한 멘토(Mentor) 자격을 취득하는 책으로써 멘토링(Mentoring)이 동시
에 가능하게 하였다.

예비 창업이나 스타트업은 너무나 다양한 분야로 창업이 가능하다. 하지만 교
재에서 제공하는 이론과 실습으로 해결이 가능할 수 있으나 보다 낳은 방법은 창
의적인 아이디어로 문제해결에 필요한 이론과 실습을 겸비한 멘토를 만나는 일
이다. 경험과 지식이 풍부한 멘토의 자격이 갖춘 사람이 함께할 수 있다면 그야
말로 실패를 줄일 수 있다. 본 교육과정에서 제공하는 교육 프로그램은 이론과
실습을 통해 벤처경험과 사전학습이라는 두 기능이 가능하다. 물론 이론학습이
나 실기학습은 향후 강사로도 활동할 수 있다.
이 책의 매뉴얼이 제공하는 교육과정을 통해 강의나 멘토링(Mentoring)이 가능

하기 위해서는 본 교육프로그램 이수로 자격을 취득 하면 된다. 자격 취득으로 공공기관이나 민간영역 등에 멘토 자격(Mentor Qualification)의 단, 장기로 멘토링이 가능하기 때문이다.

그만큼 멘토링(Mentoring)은 자격취득이라는 신뢰로부터 시작된다. 신뢰의 시작은 왜 필요하게 될까. 멘토(강사)와 멘티(기업)는 가족과 같은 서로의 신뢰가 우선이기 때문이다. 범용의 공간과 가치에서부터 확장이 가능한 정보가 필요하다. 멘티(기업)의 고객으로부터 창조를 지원하는 가치는 비즈니스 확장시장으로 지원이 가능해야 하고, 자신이 부족한 부분을 지원하기 위한 네트워크 정신이 마련되어야 된다. 대다수의 기업들은 인터넷시대의 모바일시대를 준비하고 있다 보니 누구나 국경 없는 글로벌 시장에서 주인공이 될 수 있다고 생각한다. 이러한 부분까지 멘토의 자격으로 세심한 지원이 필요하게 된다.

그리고 무엇보다 기업가정신(Entrepreneurship)에 함께할 수 있어야 한다. 가능한 멘토나 멘티의 정신에는 다양한 전문가를 만날 수 있는 준비된 자세, 준비된 지식, 준비된 학습 등으로 준비된 창업 학습이 가능하도록 리더쉽 적인 기업가정신이 있어야 한다.

기업은 본 멘토 북(Mentor Book)으로 준비된 학습을 할 수 있다. 예비 창업이나 스타트업 비즈니스 모델을 고객중심으로 구체화 하는 비즈니스 모델 캔버스 이론과 실습, 고객중심의 비즈니스플랜의 린 캔버스 작성, 린 스타트업(Lean Startup), 비즈니스 시장의 개념설계, 비즈니스 정책 실행설계, 린 스타트업, 지식재산권, 규제, 법규, 노동, 투자유치 등 활동에 필요한 전반적인 기업가정신(Entrepreneurship) 학습과 전문가 활동에 함께할 수 있다.

물론 기업과 멘토가 함께 학습을 진행하면서 주 고객이 필요한 예비 기업이나 스타트업의 정부정책이나 확장성 활동을 하면 좋다. 일반적으로 기업의 활동은 정부기관에서 지원하는 정책자금, 금융자금, 벤처캐피탈, 개인투자조합, 융자자금 등을 유치하고 싶어 한다. 이러한 시장에 대한 학습내용을 잘 학습하여 자격취득(Mentor Qualification)을 한다면 멘토링(Mentoring)이 보다 훨씬 쉬울 것이다.

멘토링(Mentoring)은 정부정책과 민간영역 시장에 예비 창업이나 스타트업에 기업가정신(Entrepreneurship) 활성화 등으로 창업의 생태계 발전을 위해 봉사와 공헌도 함께 할 수 있었으면 한다.

책을 내면서 다소 욕심이 있다면 이론과 실습을 통해 비즈니스 개념설계와 실행설계의 확장성에 멘토의 멘토링 매뉴얼이 되었으면 한다. 또한, 교육(멘토)시장의 자격취득으로 멘토링 확장성이 창업가정신(Startup Entrepreneurship)의 생태계를 활성화 시키는 계기가 되었으면 한다. 그리고 멘토 자격(Mentor Qualification) 취득의 행운으로 여러분의 행복도 함께 열어가시길 바라며……

공동저자 **김삼문 · 금용필** 올림

CONTENTS

CONTENTS

스타트업 상상

CONTENTS

학습목표

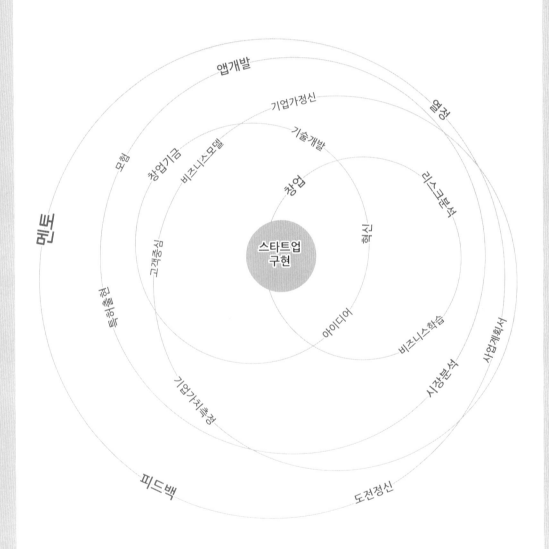

Start UP Mentor Book

스타트업 학습내용

1. 기업가 정신(Entrepreneurship)
2. 디자인 씽킹(Design thinking)
3. 캡스톤 디자인(Capstone Design)
4. 비즈니스(Business)
5. 린 스타트업(Lean Startup)
6. 마케팅(Marketing)
7. 사업계획서(Business plan)
8. 투자유치(attraction of investment)
9. 지식재산권(Intellectual property rights)
10. 규제 및 법률(Regulation and Related laws)

1. 기업가 정신(Entrepreneurship)

기업가정신은 사례 학습으로 다양한 기업 활동을 이해 할 수 있으며 혁신자가 갖추어야 할 정신을 배운다. 개념의 본질적인 이윤 추구와 사회적 책임의 수행과정 함양으로 대외적인 환경도 함께 조사 한다. 기업가정신 사례 활동은 기업이 처해 있는 여러 상황에서도 기업가가 갖추어야 할 본질적인 시대정신 함양이다. 기업가가 되고자 하는 궁극적인 목적은 무엇인지 가치우선의 실행이 가능하게 종합설계 활동에 필요한 정신의 학습을 목표로 한다.

- 기업가로서의 나의 강점과 약점은 무엇인가?
- 목표에 대한 나의 약점을 어떻게 보완할 것인가?
- 기업가로서 추구하는 가치와 비전을 제시할 수 있는가?
- 기업가로서 내가 추구하는 핵심 가치는 무엇인가?
- 인지하고 확장해 나가는 자신의 기본역량은 무엇인가?
- 본인들이 생각하는 기업가정신은 무엇인가?
- 사용자의 니즈로부터 기회 포착해 나가는 목표는?

예비, 스타트업 창업가 정신을 이해할 수 있고 그동안 사회적 활동을 통하여 경험을 축적한 자원은 적재적소에 필요 영역으로 도전하는 정신을 테스트 할 수 있어야 한다. 또한 학습으로 정의된 지식은 공유하는 정신이 가능하다.

도전하는 과정에는 우선순위로 팀을 만들고, 인적네트워크 구축에 필요한 학습 목표를 세운 뒤 도전하는 정신과 기업가 정신 함양으로 이양이 가능하도록 책임 경영을 할 수 있는 정신을 가다듬어야 한다.

다시 정리를 해보면 예비, 스타트업의 기업가 정신은 모든 사업의 범주에서 꿈을 실현하는 것이다. 그리고 기업가 정신의 모든 구간에 모험을 선택하고 위험을 감수하며 스스로 운명을 결정해 나가는 정신에 대한 멘토의 역할과 멘토링으로 가치실현에 필요한 정신을 학습한다.

스타트업은 모험과 리스크가 동시에 존재하는 도전정신에 협업하는 정신이 멘토의 자격으로 멘토링을 지원한다. 특히 개인이나 팀의 문제점을 이겨내려면 반복적인 학습으로 기업들의 문제해결에 필요한 경험과 지식의 기업가 정신 공유가 가능하다. 그리고 교육에 참여하는 창업가 정신에는 멘토의 자격을 갖춘 멘토의 정신으로 초국경사회로부터 실패보다는 성공기업으로 육성하고 지원하는 멘토링의 정신이 멘토북을 통해서 기업가 정신을 확장해 나가는 것이 핵심목표이다.

2. 디자인 씽킹(Design thinking)

디자인 사고는 종합예술 작품이다.

디자인 사고는 미래를 위한 의도를 가진 문제를 기반으로 문제 중심을 사고 방안으로 해결하는 과정이다. 그러기 위해서는 생각하는 문제점에 대하여 가설을 제기하고 반복적인 피드백을 통해 상호적으로 해결하는 학습이 필요하다.

특히 과학적인 정보도 중요하지만, 제품 또는 서비스를 위해 필요한 정보에 의해 제공되는 가치들에 주안점을 두고 교육을 진행하는 멘토는 각종 피드백 정보에 의해 발전적인 역할이 매우 중요한 영역이다.

미래학자 앨빈 토플러는 포럼에서 "미래 경제의 돌파구는 비즈니스 섹터나 단일한 기술이 아닌 융합(Convergence)을 통해 찾아야 한다"고 융합 기술의 중요성을 강조 하였다.
특히 융합 인재 교육으로 미국의 마에다 학자는

- 컴퓨터 공학과 예술가의 융합으로
- 예술과 디자인 융합의 가치로
- 기술을 경계가 없이 넘나들며 휴머니즘(Humanism)에 디자인과 기술을 두고 디자이너 융합을 제시했다.

미래 학자들은 정보를 예측하는 것도 중요하지만, 예측한 내용을 스스로 만들어 보는 사고가 디자이너 자세의 기본임을 말하고 있다.

16

디자인 씽킹은 사회가 변화되는 과정에서 새롭게 디자인할 수 있는 학습의 공감 과정이다. 디자인 씽킹(Design Thinking)은 디자이너가 인간 사회를 위해 사용할 가치들에 창의적인 기술과 시장에 필요한 세상의 혁신을 위한 사고가 전제되어야 한다. 그만큼 반복적인 학습이 필요한 영역으로 전략이 중요하다.

디자이너는

- 문제를 더 폭 넓게 해결할 수 있는 기법을 이해하고
- 사람들의 요구를 충족하기 위하여 교육을 통해서 실행
- 가능한 사업 전략이나 고객의 가치 활동에 필요한 기회를 만들 수 있도록 디자이너 역할은 매우 중요하다.

주요 프로그램으로는 교육 워크샵을 통해 컨설팅을 지원하는 형태가 많이 진행된다. 특히 디자인 사고는 실용적이면서 감각적인 경험을 기반으로 반영될 디자인을 위해 참여는 팀원 학습으로 하고 교육(멘토)가 리더가 된다.

디자인 씽킹은 디자인 사고, 디자인 설계, 디자인 실행 등의 교육을 통해서 비즈니스를 정리하며 피드백으로 이론과 실습을 병행하는 학습이 가능한 교육방법론이다.

3. 캡스톤 디자인(Capstone Design)

캡스톤 디자인은 주로 대학에서 많이 다루는 학습이다.

현재는 대학에서도 취업의 관문이 높아서 창업의 교과목을 늘리는 추세로 산학융합의 정신으로 교과목을 운영하는 경우가 많다.

교육에 참여하는 전문가는 팀 티칭으로 보통 6주 이내로 교과목에 참여하면서 캡스톤디자인 지도교수와 함께 멘토링까지 진행 운영이 된다. 산학융합의 목적도 있지만, 학생들이 진로설계에 필요한 조기학습으로 진행되며 기업가정신으로 확장이 가능한 인턴, 취업, 창업 등 확장이 가능한 일들에 멘토, 멘토링으로 참여정신을 산학정신과 함께하는 학습과정이다.

캡스톤디자인은

- 팀 구축은 보통 자율, 산학, 강제 등으로 구축한다. 그러나 가급적 본 프로젝트 수업을 기반으로 졸업 작품, 산업체 적용, 사회 로드맵 등에 응용이 가능한 프로젝트 진행이 목표가 되므로 팀의 구축은 자율적 구축이 좋으며 주제는 산업체 융합으로 기획하여 설계하는 것이 좋다.

- 팀 구축이 완성이 되면 주제가 구체화 될 수 있도록 팀 빌딩을 수시로 진행하며, 팀이 각 분야별로 주제를 구현시킬 수 있는 멘토링 활동을 진행한다.

- 프로젝트 주제가 정해지는 단계부터 지도교수, 산업 멘토, 지원기관 활용 등에 종합 적인 멘토링을 지원하고 평가한다. 또한 프로젝트 진행하는 과정에 주간보고, 중간보고용 자료 제출, 발표, 최종발표, PPT 자료, 각종 활동 자료 제출 등으로 평가하고 보관한다. 물론 공학인증 참여하는 학과는 추가 자료를 정리하여 평가를 하고 평가 기관으로부터 평가를 받는다.

- 본 프로젝트는 이론과 실습을 병행하여 진행하며, 개인이 아닌 팀 수업으로 진행된다. 그러므로 팀의 역량 평가, 개인 평가가 동시에 진행이 되기 때문에 평가 프로세스가 명확하여야 하며 각 주제별 추가 평가의 성숙도, 완성도, 협업 활동성 등의 추가 평가에 필요하다.

- 프로젝트가 주제별 프리젠테이션이 잘 만들어지고 팀의 주제들이 프리젠테이션 발표 도구로부터 표현이 잘 될 수 있도록 팀 발표 또한 중요하다. 그리고 그동안 프로젝트를 진행하는 과정별 외부 활동도 추가 정리하여 가점 평가를 받는 것이 좋다.

캡스톤디자인 학습을 통해서 여러 대학에서 강의가 가능하고, 멘토의 자격으로 멘토링이 가능하게 학습을 할 수 있는 학습구간이다. 그리고 대학에서 추진하는 교육 프로그램으로 대학의 준수 정신에 함께할 수 있어야 하고, 학교 규정에 따르면서 진행하는 것에 유념해야 한다.

캡스톤디자인 학습을 진행하면서 초중고 동아리 등에도 응용가능하며 멘토의 자격으로 멘토링 시장에도 적용할 수 있는 학습기법이다. 그리고 취업보다는 조기에 창업에 관심 있는 학생을 발굴하고 체계적인 스타트업으로 전환이 가능한 장점도 있는 것이기에 반복적인 학습이 필요한 영역이다.

4. 비즈니스(Business)

초 국경 비즈니스는 세계적이 추세이다.

누군가에게 어떤 제품 또는 어떤 서비스를 하기 위해서는 소비자가 원하는 가치 창출을 제공하고 제공한 가치에 대한 대가를 획득하는 활동이 비즈니스 정신이다. 특히 비즈니스가 성공적으로 진입하기 위해서는 기존의 제품 또는 서비스 시장에 소비자가 사용하는 경쟁자의 제품 또는 서비스보다 파괴적인 혁신으로 보다 나은 제품 또는 서비스로 경쟁우위의 차별화 전략이 구체화되어야 한다.

그만큼 초국경 비즈니스는 여러 나라의 소비자 특징과 개성을 잘 파악하여 그에 적합한 서비스 제공으로 가치를 극대화시켜 그 대가로 수익을 창출하는 것이 비즈니스 정신이고 활동이다. 그래서 기업가정신(Entrepreneurship)을 기반으로 한 고객개발은 상상의 가치를 극대화시켜 新시장의 도전에 필요한 비즈니스 모델 발굴을 통한 타당성 분석이 무엇보다 중요하다. 그리고 성장 가능한 비즈니스를 구체화 시키는 과정에 멘토가 반드시 필요한 시장이다.

비즈니스는 기본적 기업의 가치를 멘토링을 통해 확장성이 가능하게 하는 것으로 학습이 가능하다.

- 본질적인 기업의 이윤창출 이해
- 비즈니스 이해
- 비즈니스 설계
- 비즈니스 모델 캔버스
- 린 캔버스
- 린 스타트업
- 사회적 가치 등에 학습이 가능하다.

기업가정신은 대외적인 환경으로 극복하고 실패가 아닌 성공기업으로 성장하는 정신에 필요한 학습 목표이기에 멘토의 역할이 중시된다. 비즈니스 구체화에 함께하는 멘토는 기업들의 문제해결에 필요한 관찰과 경험의 지식으로 문제를 해결해나가는데 멘토링 학습이 필요하다.

멘티로 참여하는 기업들에 구체화된 비즈니스 모델 구현을 프로토타입 제작으로 보여줌으로써 고객들로부터 테스트가 가능하게 MVP 비즈니스 영역을 분석한다. 그리고는 고객반응을 정리하여 종합 디자인 설계를 하여 반복적인 학습이라는 목표설정이 필요하다.

그리고 각자가 생각하는 비즈니스 모델은 스타트업의 창업업무 영역으로 제품 또는 서비스가 어떤 가치로 제공되며 또 어떠한 서비스로 전달되어 이윤으로 창출되는지 검정 과정을 이론과 실습으로 가능해야한다. 그리고 기업은 비즈니스 모델을 통해 고객들로부터 지속적인 이윤을 창출하기 위한 제품 또는 서비스를 생산관리하여 판매하는 방법을 시장중심의 표출이 가능하게 멘토링 학습이 필요하다.

비즈니스는 기존산업과 신사업이 충돌한다. 기업가의 주도 또는 도전자의 혁신으로 기존의 비즈니스 파괴로 새로운 뉴딜의 시장으로 이동되는 과정이다. 시장은 고객의 관심으로 파괴적인 경제로 성장하기도 하고 실패하기도 한다. 그 실행과정에는 개인이나 팀들이 기술의 융합을 통해 멘토는 창조경제의 도약이 가능한 시장 확장성으로 연결 가능하게 하는 멘토링 설계가 가능하다.

스타트업의 학습에서 비즈니스 캔버스(Business Canvas)는

- 이론 교육과 실습으로 라인블록(9개 칸) 작성
- 개인의 역량이 팀의 역량으로
- 비즈니스 모델이 구체화 되는 과정
- 필요한 협업정신으로 비즈니스 모델을 만들 수 있다.

비즈니스 모델 캔버스는 이론적 학습으로 교육에 참여한 사람이 평소 생각하는 상상의 가치들을 활용하여 고객개발을 용이하게 해주는 수단으로부터 작성이 된다. 교육 참여자는 이론적 학습을 기반으로 제공하는 교제의 라인블록(9개 칸)을 학습하

게 된다. 각 블록마다 가지고 있는 특성을 개인 및 팀들이 비즈니스에 필요한 가치를 구체화 하는 것으로 실습과정과 작성까지 진행이 가능하다.

이론교육과 실습으로 비즈니스 모델이 정리되면 그 내용을 기반으로 사업계획서나 투자자 등으로부터 비즈니스 검증을 통한 린 스타트업으로 진행할 수 있다.

특히 확인이 되지 않은 고객의 가설검증이지만 비즈니스 모델 캔버스는 누가 보아도 그 작성한 내용이 비즈니스 관점으로 부각될 수 있도록 준비된다. 그만큼 비즈니스의 발 빠른 가치로부터 추가적인 협업을 이끌어 낼 수 있는 활동 영역이다.

또한 팀원들이 반복적인 아이디어 검증을 하고 그 아이디어는 피봇으로 정의되어 수시로 고객개발 과정의 활동으로 이어지게 된다. 구체화된 비즈니스에 멘토의 자격을 갖추고 교육 참여자로부터 수시로 멘토링 할 수 있다. 또한 아이디어 변경이나 아이디어를 구체화 하는데 비즈니스 확장성 뉴딜의 전환 정신이 가능한 교육과 멘토링이 학습된다.

각자가 생각하는 아이디어가 비즈니스 모델로 구체화가 가능하고 또 플랜이 가능한 것이 비즈니스 학습이다. 또한 멘토의 기본 지식으로 갖추어야 할 지식재산권이나 투자유치 등의 정보구축이 가능하게 지원이 가능 하다. 또한 주요 고객으로 참여하는 스타트업은 예비 벤처기업으로 활동을 지원하는 가업가정신을 키우게 된다. 사전적 용어를 보면 벤처(venture)이란 venture와 企業의 합성어로 영어로는 Start-up으로 사용을 한다. 주로 첨단 기술 분야의 갓 시작한 소기업을 의미하며, 보통 벤처기업은 벤처(Venture), 쉐보레 벤처(chevrolet venture), 조인트 벤처(joint venture), 벤처 캐피탈(venture capital), 야마하 벤처(yamaha venture) 등의 회사설립으로 활동이 된다고 정의 하고 있다.

5. 린 스타트업(Lean Startup)

창의적인 디자인 사고 설계 방식으로 다양한 사물과 사람 사는 사회를 더 깊게 관찰하고 공감 활동에 필요한 사고가 필요하다. 특히 비즈니스 활동의 데이터수집, 환경 구축 등을 구체적으로 정의할 수 있는 학습이 되어 있어야 한다.

스타트업은 시작이 곧 개척 시장이다. 비즈니스 발굴에 따른 수익모델을 설정한 뒤 도전으로 시작하여 기틀을 다지며 그들이 가지고 있는 가치를 시장에 제공함으로써 창업의 성장기반이 다져진다.

- 시장으로부터 고객의 니즈 찾기
- 수시로 피드백을 통해 스타트업 활동
- 지속적로 혁신을 통해 만들고
- 가치에 필요한 학습으로 측정하고
- 가치들이 검증 되는 가설 활동 정의
- 고객으로부터 반복적인 학습이 필요하다.

그리고 스타트업의 활동에는 크게 비즈니스 모델 캔버스를 통한 수익성 영역과 그 수익모델이 비교 분석되면서 두 영역은 서로 다른 차이로 비즈니스가 진행되기도 한다. 그러므로 두 기능의 학습 이해가 필요하며 창업자가 비즈니스 구체화 활동을 통해서 다양한 형태로 얻을 수 있는 기업가정신 활동에 대한 지원이 가능해야 한다.

비즈니스 영역은 수많은 창업가가 단순한 도전정신만으로 달려들어 실패하기도 한다. 따라서 초기의 창업 도전자에게 필요한 린 스타트업의 이론교육과 실기 학습은 실패의 시장을 줄일 수 있다.

초기 린 스타트업 학습에 참여하는 예비, 초기 기업들은 라인블록(9개 칸) 교재의 린 캔버스 작성을 시작으로 비즈니스 모델 캔버스보다 더 진화된 문제해결의 비즈니스 설계 및 실행 활동으로 실패의 시장을 사전에 학습할 수 있다.

창업을 지원하는 멘토는

- 기업에 처해 있는 어떤 상황에서 문제해결
- 스타트업이 갖추어야 할 본질적 기업가정신
- 시대적인 가치에 멘토의 역할이 가능해야 한다.

특히 도전하는 창업자는 다양하게 요구되는 각 분야의 기술과 시장에 대하여 협상의 시장이 가능한 기업가정신이 필요하다.

가령, 누구와도 공감하는 기업가정신에 부족한 부분이 있다면 인적네트워크를 활용하여 협업하는 확장이 절대 필요하게 되며 그 영역에 멘토의 정신이 필요하다.

린 스타트업의 정신은

- 사람의 역할
- 기계의 기능
- 데이터 축척
- 서비스 등으로 참여하는 기업은 고객으로부터 상호작용으로 연결되는 가치들에 지속적인 혁신으로 반복적인 학습을 한다.

린 스타트업은 비즈니스 종합설계로 실행하는 활동이다. 특히 스타트업은 고객의 검증을 통해 성장하기도 하고 실패로부터 통찰력을 얻는 과정으로 제품 또는 서비스가 수시로 변경이 가능하게 유연한 자세로 임할 수 있는 준비된 학습이 가능하다. 특히 초 국경 시대의 비즈니스가 가져올 미래를 예측하고 수시로 변경되는 국제시장의 여러 제반 모습들을 멘토링을 통해서 반복적으로 개선해 나가는 학습이다.

린 캔버스 구현으로 인한 기존의 시장 차이점을 알려면 고객의 문제점부터 해결해 나갈 수 있는 라인블록의 실습구간부터 이론학습을 해야 한다. 학습은 고객의 문제점을 파악하여 시장에 도전하는 린 스타트업이다. 고객이 어떤 가치를 창출할 수 있는지를 점검하고 그 시장으로부터 혁신의 가치를 극대화 시키도록 교육한다.

참여하는 교육자는

- 시장으로부터 고객문제에 대한 해결 목표
- 고객검증으로 제품 또는 서비스 테스트
- 고객이 원하는 시장으로 학습이 되어야한다.
- 제품 또는 서비스는 고객의 접점에 누가 쓸 고객인가?
- 지불할 고객은 누구일까?
- 어떤 벨루를 줄 수 있을까?

등의 문제, 고객, 가치, 솔루션이 중요하게 다루는 라인블록으로 각 구간의 문제를 풀어가는 학습이다. 그러니까 린 스타트업을 해결해 나가는 고객들의 빠른 의사결정 도입이 가능하게 정의하는 방법의 학습 과정이다. 또한 스타트업 참여자의 제품 또는 서비스 학습은, 린 캔버스 구체화 활동을 통해 하고자 하는 가치와 고객의 니즈에 부응하는 라인블록을 채울 수 있는 학습의 과정인 것이다.

린 캔버스(Lean Canvas)는 도전정신이 연결되는 과정이다. 각 개인이나 팀이 상상한 가치와 고객 검증으로부터 참여하는 학습정신으로 멘토는 교육자로 또는 멘토링이 가능한 활동이 필요하다.

린 캔버스 라인블록의 이론과 실습이 가능한 학습으로 참여할 수 있다. 린 캔버스를 통해서 비즈니스 고객을 발굴하고 검증해 나가야 하는 예비, 스타트업들에게 린 스타트업의 교육이 가능하게 역량이 업그레이드 되어야한다.

특히 사전에 고객의 관계성 및 마케팅 유통 수요 측정으로 시장 진입과 존재에 필요성을 파악하는 눈을 가져야 한다. 고객의 구매의사 확인이 가능한, 고객들의 판매주기의 프로세스를 반복적으로 확장하는 등 미리 고객 검증을 하여 도전 하는 기업가정신의 학습이 가능하다.

특히 린 캔버스(Lean Canvas)는 비즈니스 모델 캔버스 다음으로 문제해결을 해결하거나 확장이 가능하고 창업에 있어 실행영역이다. 그리고 라인블록 실습이 추구하는 가치의 학습에 공감될 수 있는 투자자 연결이 절대 필요한 교육방법론이다.

6. 마케팅(Marketing)

디지털 마케팅을 한다고 무조건 상위 노출이 되는 것은 아니다. 그러나 디지털 마케팅은 직접 또는 간접 마케팅이 가능한 기회를 제공한다. 가령 블로그 운영으로 상위 노출이 되기 위해서는 콘텐츠 기획 단계부터 차별화가 될 수 있는 표현의 자유와 공감할 수 있는 지수가 더 높은 격으로 편집이 되는 전략이 필요하다.

글을 쓰는 표현은 그 사항에 맞는 제목이나 키워드를 세분화 시켜 나가는 짜여 진 계획이 필요하다. 표현의 자유 그리고 상업성을 바로 드러내기보다는 적당한 노출 전략과 상업성 키워드를 고객으로부터 상황을 이해할 수 있는 범위로 포스팅 하는 것이 좋다.

왜냐하면 네이버에서 운영하고 있는 '스팸필터' 라는 기능이 있기 때문이다. 이 기능은 문서의 나쁨 정도를 자동적으로 측정하여 검색으로 판독하는 기능인데, 노출 여부와 키워드 랭킹으로 운영하는데 많은 도움이 되기 때문이다. 가령 포스팅을 하면서 특수 문자 등을 사용하면 상위 노출이 될 것이라는 착각을 가져올 수 있다. 하지만 네이버에서는 어뷰징 문서로 판독하여 걸러내기에 결과적으로 상위 노출 전략은 실패를 하고 만다.

블로그를 만들고 인위적으로 방문자 수를 늘리기 위해서 비용을 들이는 경우도 있다. 그러나 갑자기 방문자 수가 늘어난다고 해서 직접 또는 간접 마케팅을 하는데 바람직한 전략은 아닐 수 있다. 왜냐하면 그런 분야도 상업성으로 포장되어 실제 제품 또는 서비스에 관심도가 없는 떠돌이 출처로 신뢰도에 문제가 생길 수 있기 때문이다.

그럼 어떻게 마케팅 및 홍보의 전략을 하는 것이 좋을까?

- 실제로 많은 소통 영역으로 블로그 운영
- 콘텐츠를 만들어 자체 문서의 품질평가 지식검색
- 영상을 운영하는 크리에이터
- 이미지 생성의 출처나 소셜네트워크
- 신뢰도가 영향을 끼치지 오픈마켓
- 온오프라인 꾸준한 신뢰도 전략으로 수시로 방문자수 대비 체류시간
  을 체크리스트 하면서 관리하는 노력이 필요한 마케팅 학습이다.

그리고 온라인 마케팅을 운영해보면 더 잘하기 위해서 광고비용을 많이 사용하게 된다.

- 콘텐츠 기획 비용
- 내용을 기반으로 편집 수수료
- 어쩔 수 없는 내부의 광고
- 다소 미비하게 순위에 적용이 되는 광고를 지불하게 된다. 하지만 광고는 온라인 특성상 많은 비용대비 노출이 가능하므로 각 마케팅 플랫폼 학습이 필요하게 된다.

첫 마케팅에서 제목이나 키워드 변경은 바로 지장을 초래하니 주의해서 포스팅을 하는 것이 바람직하다. 그래서 포스팅 외 다른 마케팅이 적용될 수 있는 기법과 포스팅을 통해 타켓 마케팅을 하기 위한 실습을 통한 학습이 가능한 영역이다.

7. 사업계획서(Business plan)

사업계획서는 회사의 얼굴이다. 사람에 비교하면 첫 대면으로 첫 인상은 서로 5분 안에 어느 정도 내외면의 판단이 된다는 웃지도 못할 이야기가 있다. 어찌 보면 각자가 제작하는 사업계획서는 첫 대면을 시작으로 내외적인 가치까지 연결할 수 있는 기술이 필요한 영역이다.

그래서 사업계획서는

- 비즈니스 모델 캔버스로 구체화 되고
- 비즈니스 모델을 기반으로 린 캔버스 작성으로
- 사업계획서를 작성하는 방법도 좋은 사례가 될 수 있다.

그러나 반드시 사업계획서가 필요한 것은 아닐 수 있다. 그렇지만 요즘은 예비, 스타트업 관심으로 지원기관에 참여하다보면 반드시 기관에서는 사업계획서를 요구하며 교육과 멘토링을 지원하고 있는 추세이다.
그러다보니 예비창업자들이 초기 정책자금 유치에 대하여 최우선적으로 배우게 되는 형국이 되었다. 물론 창업을 한 번도 경험하지 못한 창업자들에게는 반드시 필요한 교육과 멘토링이 필요한 영역이다.

사업계획서는 각 분야별로 필요한 영역이다.

- 예비, 초기창업자들에게는 정부 정책자금 유치
- 투자자 유치에 필요한 투자유치 사업계획서
- 거래처 발굴에 필요한 사업계획서

- 금융거래에 필요한 사업계획서 등에 필요한 부분마다
  각자 다른 배경으로 작성이 필요하다.

사업계획서는 하고자하는 분야로 작성하는 기법이 학습된다. 그래서 사업계획서는 마치 사람이 맞선을 보기 위한 공감의 협상 기술이 필요하다고 볼 수 있다. 특히 하고자하는 각자가 가지고 사업계획서를 작성하기 위해서 분명하고 명확한 자료나 미래지향적인 가치제안 등에 학습이 된다.

또한 중대한 영향을 미치는 경우가 많기에

- 사업계획서를 완성하기 위한 전략이나 추론도 필요하게 된다.
- 사업계획서는 뚜렷한 공식이 있는 것이 아니다.

그래서 본 집필에서는 그동안 경험을 통한 사업계획서 작성이 보다 용이하게 할 수 있는 형태로 다소 불균형적 형식이지만 실습을 통해서 작성에 필요한 멘토링으로 지원을 할 수 있는 학습 구간이다.

8. 투자유치(attraction of investment)

투자유치는 창업에 필요한 주제, 가치, 공감의 협상 활동이다.
투자유치 활동은 그동안 상상한 가치들을 각자가 주제로 지정하여 고객에게 필요한 비즈니스 모델을 구체화 해나가는 과정의 일환이다. 고객으로부터 시장에서 검증되는 단계 또는 확장이 가능한 영역에서 투자유치 활동은 필수 영역인 것이다.
결국 각종 학습으로 진행한 비즈니스 발굴, 비즈니스 모델 캔버스, 린 캔버스 등의 개념설계 과정을 통해 실제 고객을 만나는 접점의 린 스타트업이 시작되었다면 투자유치 활동은 반드시 필요한 학습이기에 면밀한 학습이 필요하다.
투자유치를 목적으로 하는 경우 작성하는 사업계획서에는 표준 서식이 따로 존재하지는 않는다. 하지만 일반적으로 투자유치 실행설계가 가능한 활동의 경험과 지식을 배우도록 진행하였다. 특히 그 과정에 제품 또는 서비스 개발, 제품생산, 판매 등의 촉진 활동에 필요한 자금유치 활동은 예비, 초기 기업의 성장에 매우 중요한 역할이라 볼 수 있다.

투자유치 활동에는

- 정책자금
- 융자정책
- 민간투자
- 개인조합펀드
- 벤처캐피탈 등에서 지원하는 프로그램에 참여할 수 있는 정보와 학습이 가능하다. 일반적으로 투자유치 활동의 사업계획서는 회사현황, 사업현황, 시장분석, 사업추진 현황, 재무계획, 투자제안 등의 항목으로 꾸며지는데 그에 대비한 학습이 필요하다.

특히 참여하는 스타트업의 가치로 연결되어 여러 투자유치 활동에 참여하는 시장분석으로 제안에서를 준비하는데, 투자방법 및 회수와 관련된 내용을 작성하고, 투자자금을 어떻게 사용할 것인지에 대한 경험적 지식이 필요한 영역이다.

스타트업은 개인 및 팀들이 처음으로 접하는 시장이 많다. 그래서 예비, 초기의 기업에서는 기업공개에 필요한 자료 및 발표로 부담을 많이 느낄 수 있는 분야이기도 하다.

- 투자자
- 투자기관
- 컨설팅 등으로 투자유치 사업계획서는 사업을 구상하는 기간에 따라 다각도로 분석하는 학습이 필요하다.

고객들의 가설 검증된 시장(Market)과 고객(Customer), 채널(Channel), 가격(Price) 등에 따른 계획을 수립할 수 있도록 필요학습을 구성하였다.

사업계획서는 추상적으로 내용을 정리하기보다는 현실적이고 구체적으로 작성되어야 하며 실행 가능성이 높아 보인다. 특히 참여하는 구성원 및 비전 등을 잘 정리하여 활동에 필요한 사례중심 교육으로 투자유치가 가능 할 수 있는 학습 과정이다.

이 분야의 기관이나 투자 전문가로부터 추가적인 교육을 통해 멘토의 역량을 업그레이드가 필요한 영역이다.

9. 지식재산권(Intellectual property rights)

아이디어는 우리 주변의 생활에서 느끼는 불편을 개선하기 위해서 생겨난다. 그러한 비즈니스 모델로 가기 전에 떠오른 참신한 아이디어가 어떤 가치로 발명으로 만들어지는지에 대한 정신이다.

특허는 보통사람이 조금만 노력하면 발명이 가능하고 그에 대한 권리를 추가적인 전문가 변리사를 통해서 완성할 수 있다.

하나를 예로 들면, 목에 거는 휴대형 선풍기(벤처기업 NIT)는 단순 가습기보다 고른 실내습도상태를 유지시켜 줄 수 있고, 내 뿜는 물방울 양을 조절, 선풍기 앞에 서면 마치 목포 앞에 서 있는 듯 시원함을 더해 주는 아이디어 발상에서 특허출원 등록이 된 사항이다.

생활 속 아이디어 하나가 오늘날 상품성 응용으로 새로운 가습기 시장규모로 성장하는 계기로 자리매김하였다고 볼 수 있다.

기업가는 생활 속에서 특허 마인드를 늘 갖추고 있어야 한다. 누구나 매일 반복되는 공간에서 어제와 다른 새로운 것을 경험하고 더 나은 세상을 위해 새로운 생각을 수없이 하게 된다. 만약 우리 인간에게 이러한 생활 속의 아이디어가 없었다면 우리는 지금 어떠한 생활을 하고 있을까?

현대는 작은 아이디어 하나로도 특허권이나 저작권 등으로부터 보호를 받고 소유에 따른 특수성을 누리며 큰돈을 벌기도 한다. 그만큼 변화에 대한 끊임없는 생각이 새로운 창조를 낳는 것이다. 이러한 정신을 특허 마인드가 있다고 정의 할 수 있다.

특허 마인드가 있다면 예비 창업자나 스타트업에서는 빼 놓을 수 없는 수순이 아이디어에 대한 특허출원 행동이 필요하게 된다. 다음은 어떻게 하면 좋은 아이디어 착상방법이 되는지 알아보자.

- 더해 보는 것
- 빼 보는 것
- 모양을 변형해 보는 것
- 반대로 생각해 보는 것
- 새로운 용도로 생각해 보는 것
- 사용의 편리성을 생각해 보는 것 등으로 자신의 마인드를 설계할 수 있는 것이 무엇보다 중요한 행동이다.

또한 큰 것을 작게 하는 것은 좋은 정신이 된다. 우리가 오늘날 이동성으로 컴퓨터로 사용하고 있는 스마트폰과 컴퓨터의 변화의 시장을 보자. 지금까지 혁신이 거듭되면서 작은 기술들로 큰 시장을 만들어 냈다는 것은 좋은 특허시장의 마인드맵이 된다.

이러한 기술 특허출원, 특허등록 등에 필요한 학습이 가능하고 실습을 통해서 학습을 진행하는 과정이다. 그리고 특허 관련 지원 사업을 분석하고 도전하는 정신들에 멘토의 자격으로 멘토링을 진행 한다. 또한 전문가, 변리사로부터 더 세세한 학습을 할 수 있게 한다.

10. 규제 및 법률(Regulation and law)

스타트업을 두루 살펴보았다. 그러나 규제 및 법률(Regulation and law)은 전문가로부터 세세하게 교육받아야 하는 필요영역이다.

다른 세부를 통해서 스타트업의 어려움을 이해하게 되었고, 이를 성공시키기 위해 여러 교육과 정책으로 학습이 되었다. 창업자는 포기하지 않고 끝까지 살아남는 것과 빠른 판단으로 피보팅을 하는 등 생존력을 극대화시킬 수 있는 정신을 만날 수 있었다. 이러한 시장에 여러 경험을 가진 멘토의 자격과 멘토링으로 아이디어로 도전하는 사람들에 희망을 품게 하였다.

글을 쓰면서도 그 무엇보다 다양한 정보와 함께 전문가들의 열정이 필요 하다는 것을 느꼈다. 살아남아야 하겠다는 강렬한 마음에 이론식 교육보다 스타트업 경영자의 실전경험이 던져주는 사람들과의 융합 정신을 함께 배운다면 더없이 좋을 것이다.

실전교육으로 스타트업을 견인하는데 최고의 멘토링은 어떤 가치로 찾아올까? 그건 당연히 기업가정신을 배우고 창조적 경영에 대한 멘토링 시장에 관한 확신을 담아 보았다고 보면 된다.

그렇지만 규제 및 법률(Regulation and law) 학습은 멘토의 영역으로 부족할 수 있으므로 사전학습을 통해 역량강화가 필요하다. 또한 전문가 협업을 통해서 멘토링이 가능해야 한다.

세계적으로 스타트업이 활성화되고 있는 곳을 보자면 유대민족을 빼 놓을 수 없다. 그 사람들도 아이디어를 상품화시키는 데에는 규제 및 법률(Regulation and law)을 중시한다. 그러면서도 시장으로부터 필요로하는 시장으로 견인하기 위해서 사회적 협의를 통해 문제를 해결해 나간다.

현재 우리나라에서도 규제 샌드박스 정책적을 운영하면서 시장에 필요한 정책ㄹ을 지원하고 있다. 또한 공공데이터 기반으로 민간영역이 비즈니스 가치로 성잘할 수 있게 지원하고 있다.

Start UP Mentor Book

기업가정신
Entrepreneurship

나의 만족!

사회적 필요기업

만들고
Idea

Build
측정 하고

Product
Measure

반복 학습
Lean

Ⅲ. 기업가정신Entrepreneurship

1. 기업가정신 이해

　기업가정신은 너무나 다양한 영역이고 광범위하다. 또한 혁신자에 의해 기업가정신은 진화 된다. 일반적으로 실패의 기업가정신, 성공한 기업가정신, 미래의 기업가정신 등을 연구하며 기업가들의 사례중심과 미래 지향적인 지식 활동으로 기업가정신을 학습한다.

　세계 각국은 코로나 바이러스 확산을 막기 위해 국가의 리더십을 발휘했다. 사상 유례가 없는 대규모 봉쇄조치는 세계 시장을 요동치게 하였고, 곳곳에 기업가정신이 요동치게 하였다.
　이로 인해 세계의 경제는 대 공항 이후 최악의 경제 침체를 맞고 있다. 올해의 경제학자가 뽑은 10대 경제뉴스가 발표 되었는데

- 코로나 락다운. 성장률 마이너스 추락
- 사상 첫 재난지원금. 59년 만의 4차 추경
- 코로나 실직자 속출
- 상큼 다가온 언택트 경제. 라이더의 질주
- 영끌의 탄생. 사상 초유 전세대란
- 마스크 대란. 동학개미의 힘 증시호황. 이건희 회장 사망. 바이든 美 대통령 당선. 월성1호기 둘러싼 탈 원전 논란으로 선정했다.

국가나 기업을 경영하다보면 생각지도 못한 순간을 맞이하게 된다. 위 자료에서 보듯이 올 한 해의 한국 경제는 마이너스 성장을 할 수밖에 없다. 그러다보니 기업들은 코로나19로 동반성장률이 IMF 외환위기 이후 마이너스를 기록하는 등 어려움을 겪을 수밖에 없다. 물론 이러한 환경에서 특수 호황을 누릴 수 있는 관련 기업과 기회의 시장으로 잡을 수 있는 것은 새로운 기업가정신의 확장이 가능한 영역이 된다.

기업가정신의 본질적인 정신은 기업의 이윤 추구와 사회적 책임이 다하는 기업으로 사회로부터 각광받는 새로운 생태계의 창조적 정신을 가지는 것이다. 이러한 정신에 참여하고자 하는 구성원 역량은 기업을 성장하는 기회를 제공하고 새로운 가족을 맞아할 수 있는 환경을 제공하게 된다.

또한 기업가는 차별화되는 경영의 리더십으로 조직경영의 진보성을 갖추어야 할 정신과 자세로 이어져 우수한 인재가 취업하고 싶은 기업으로 만들 수 있다. 이에 모두에게 반복적인 기업가정신의 학습이 반드시 필요하다.

본 교육에서는 기업가정신의 혁신적인 학자로 알려진 미국의 경제학자 슘페터 (Joseph Alois Schumpeter)의 혁신들을 학습할 수 있다. 이 학자의 이론적 내용으로 학습의 내용을 정리하면

- 새로운 생산방법
- 새로운 상품 개발
- 새로운 조직 혁신

등으로 규정하는, 수많은 기술혁신을 통해 창조적 파괴(Creative destruction)에 필요한 기업가정신을 선도하는 혁신 학자로 꼽힌다.

예비 창업자나 스타트업들이 기업가정신 이해의 학습은 매우 필요한 시장이 된다. 학습의 과정은 전통적인 기업가정신과 창조적 파괴의 기업가정신을 비교분석하는 과정 속에 자기 것으로 만들 수 있는 학습으로 이루어진다. 물론 기업들은 살아남기 위해서 무엇보다 우선순위로 이윤의 가치를 높이려는 조직경영이 우선시 될 수도 있다.

또한 기업의 경영에는 본질적이든 혁신적이든 경영자나 구성원들이 우선적으로 각자의 회사 환경에 필요한 기업가정신을 심어야 한다. 기업의 존재를 위해서는 반드시 우선시 되는 교육정책이다. 따라서 여러 사회적 환경에 대한 사전 학습이 필

요하고, 혁신의 지속성으로 기업 본질의 가치를 극대화하여 이윤창출을 늘리고 성장하는 기반을 조성하는 것은 최우선 정책으로 볼 수 있다.

그리고 조직원들과 지속적으로 함께 하는 소통의 리더십으로 기업가정신은 언제나 진보적이고 혁신적인 활동을 보여야 한다.

기업은 살아 있는 생물체에 비교한다. 왜냐하면 기업을 경영하다보면 살아 있는 생물체가 변화무상한 환경에서 자신만의 생태계를 만들며 생존해가는 것과 무척이나 닮았기 때문이다. 그만큼 기업의 변화와 혁신이 지속되는 과정에는 회사의 주주나 구성원들로부터 의미 있는 가치와 경영의 리더가 살아있어야 한다.

주요 고객이나 사회로부터 기업의 성장에 필요로 하는 기업가정신으로
- 전통적인 의미의 정신과
- 파괴적 혁신의 기업가정신과 융합하는 기업가정신이 요구된다.

특히 예비 기업이나 스타트업이 조기에 활성화 될 수 있기에 학습을 통해 자기 것으로 만드는 자세가 필요하다. 개별 기업들이 각자 가지고 있는 환경에서 변화와 혁신에 필요한 사전학습을 하는 것은 기업가정신을 강화하는 중요 덕목이다.

다음으로 기업가정신이 어떤 과정으로 정의되고 또 왜 학습이 필요로 한지를 학습을 해 본다.

학습에 참여하는 정신은 각자가 생각하고 있는 기업가정신들을 구체화 해보고, 정리된 내용을 발표를 통해 공유하면서 문제점을 해결해 나가는 방법이 필요하다.

다음은 본인이 생각하는 기업가정신을 학습해 본다.

1) 본인의 기업가정신

〈기업가정신, 본인이 생각하는 정신테스트 정리〉

추진 내용	문제점	문제점 해결할 내용은
기업가 추구하는 목적은		
		정신 :
기업가 우선 준비성은		
		정신 :
기업가 추구하는 가치는		
		정신 :
기업가로서 정신은 무엇을		
		정신 :
기업가로서 나의 장점은		
		정신 :
나의 약점보완은 어떻게		
		정신 :

2) 기업가정신의 우선순위

예비창업이나 스타트업은 기업가정신 우선순위가 필요할 수 있다.

코로나19 여파로 줄어든 일자리는 여성이 남성보다 더 높게 나타났다. 최근의 통계청 자료를 보면 여성 실업자는 42만 7000명으로 1년 전보다 28.8%(9만 6000명) 증가했다. 남성 실업자는 54만 여명이었다. 전체 수는 물론 남성이 많지만 전년보다 증가수는 남성보다 여성이 압도적이었다. 그 이유를 찾자면 주로 숙박, 음식점, 교육 서비스업 등의 대면 업종에 여성의 활동이 많았는데 펜데믹으로 대대적으로 모두 중단되었기 때문이었다.

초기 창업을 구상하는 기업들은 반드시 위의 자료들을 당연히 면밀한 검토를 할 것이다. 그렇기에 기존의 현 사회를 제대로 된 정보로 학습하여야만 실패를 줄이고 세계적인 기업가로 성장해 갈 수 있다. 그러기 위해서는 세분화된 기업가정신 학습이 우선시 되어야 한다. 그만큼 본인이 문제인식 학습으로 대안적인 기존의 기업가정신 문제점을 해결할 수 있는 학습이 되어야한다는 점이다.

우리보다 앞서 시작한 미국이나 유럽 같은 나라에서는 조기에 기업가정신을 학습할 수 있는 창업의 생태계가 운영되고 있다. 우리나라도 주로 창업자들에게 기업가정신 학습의 기회를 제공하고 있는 추세이지만 아직도 그 중요성을 덜 깨닫고 있다는 느낌이다.

예비창업이나 스타트업들에게는 그나마 체계적인 기업가정신 교육으로 운영되어서 다행이지만, 학습을 하는 과정엔 이론적 학습만 하는 것이 아닐까? 하는 의문이 든다.

이러한 시장에 창업을 했던 경험자가 참여하면서 선배 창업자들의 생생한 경험 강의(멘토)를 듣거나 자격을 갖춘 기업의 경영자나 엔지니어 등 전문가의 멘토링은 매우 필요한 정책이다.

현재 대표적인 기업가정신의 학습과 멘토링을 진행하는 곳이 있어 소개해 보면, 우리나라의 대표적인 멘토링센터는 과학기술정보통신부(2013년 7월)에서 한국청년기업가정신재단 위탁경영으로 K-ICT창업멘토링센터가 설립되어 운영되고 있다. K-ICT창업멘토링센터에서는 기업가정신에 필요한 지원을 아끼지 않고 다양한 벤처경영 경험을 한 멘토(강사)구성으로 멘토링을 지원하고 있다. 그리고 홈페이지를 통해 멘토의 역량을 자세하게 자료를 공유하고, 한국기업가정신재단의 센터 홈페이지를 통해서 기업가정신의 활동정보나 연구한 내용을 공유하고 학습을 전국적으로 확대 운영하고 있다.

예비창업자나 스타트업 시작은 기회의 시장과 실패의 시장이 같이 존재한다. 그래서 기업가정신은 반드시 나의 장점은 무엇이고, 발견 되었는지? 또한 나의 약점을 어떻게 보완해 나갈 것 인지 등에 대한 학습을 반드시 필요로 한다.

특히 기업가정신의 문제점을 기반으로 예비창업이나 스타트업들이 해결하고자 하는 우선순위 문제점부터 정리하는 습관이 필요하다. 또한 본인이 생각하고 있는 아이디어를 중심으로 현재에 처한 기업가정신을 어떻게 정의하고 어떻게 해결해 나갈 것인지에 관한 학습은 반드시 필요하다.

다음은 도표와 같이 우선시 되는 기업가정신을 학습한다. 우선 순위를 정리하여 발표하며 피드백 학습을 통해 문제를 해결해 나간다.

〈기업가정신, 해결해야할 우선순위 테스트 정리〉

항목 내용	우선순위	학습 내용
기업가가 되고자 하는 가치관으로 성공위해		
부 창출을 위해서 경제개선을 위해		
사회적 활동으로 사회적 공헌을 위해		
도전정신으로 창의된 가치로 성취욕 위해		
스스로 도전하여 자유적인 경제로 삶을 위해		
상상가치로 세상을 변화 시키기 위해		
창업의 궁극적인 목적 달성을 위해		
기업가로서 조직하는 기업을 위해		
기업가로서 목표와 비전의 달성을 위해		

① 전통적인 기업가정신

기업가정신의 전통적인 의미는 다음과 같은 개념으로 정리가 된다. 그러나 기업가정신의 진행이 전통적인 개념으로 지속되고 있다는 것에 주안점을 두는 것이 아니라 기존의 기업가정신의 이론적 학습으로 혁신적인 기업가정신으로의 실습과 테스트를 기반으로 정의해 본다.

각자 정리된 내용은 발표를 통해 공유하며 피드백 학습을 진행한다.

내용	순서	학습 순위	학습 내용
고객 제일주의 주안점	1		
인재양성의 중시하는 영역	2		
공정한 경쟁의 활동	3		
근로자 후생복지에 최선을	4		
산업보국에 정책에 참여	5		
사회적 책임의식에 선도	6		

② 파괴적인 기업가정신

기업가정신은 시대적 공간으로 다양한 정신의 시간들과 함께하기도 하지만 그 때마다 기업의 정신에 필요한 혁신적인 시장이 필요하다. 그리고 기업가정신은 변화와 혁신이 지속적으로 필요한 영역이다. 그만큼 기업가정신의 생태계는 유한의 시장으로 변화하는 혁신의 시장인 셈이다.

미국의 유명한 슘페트 학자는 기업들의 필요한 혁신으로 '정의된 실행'을 꼽으며 다음과 같은 내용으로 혁신이 되었으면 하는 과정을 설명 하였다.

먼저 이론적으로 정의한 내용은

- 기존의 시장을 분석하고
- '창조적 파괴(Creative destruction)'정신이 필요하다고 했다.

이는 기업들이 갖추어야할 정신이다. 시장을 리드하는 정신에는 기존의 시장이 파괴적이어야 하고 생산적 활동으로 혁신적인 경영철학으로 나아가 변화의 시장을 꾀

하여야 한다고 전파한 것이다.

이러한 내용을 기반으로 다음과 같이 슘페터(Joseph Alois Schumpeter)학자가 정의한 내용을 기반으로 기업가정신 이론학습과 실습이 필요하다.

다음은 이론적 기반으로 실습 진행을 한다.

<기업가정신, 우선순위 테스트 정리>

순서	내용	학습 순위	학습 내용
1	신제품 개발 또는 서비스		
2	새로운 생산방법의 도입		
3	신 시장 개척이 필요성		
4	새로운 원료나 부품의 공급		
5	새로운 조직의 형성		
6	노동생산성 향상 등		

③ 융합적인 기업가정신

기업가정신의 대표적인 두 기능을 학습을 통해 비교분석 해보았지만, 기업가정신이 추구하는 기업가는 무엇보다도 융합적인 사고로 빠른 변화와 혁신이 필요하다는 것을 알 수가 있다.

그러나 이론 학습과 실습을 통해 알 수 있는 것은 기업가정신은 이윤을 창출하면서도 스스로 성장하고 싶어 한다는 것이다. 특히 기업가정신은 사회적 경제나 사회적 공헌을 통해서 기존의 사회적 문제를 해결하고자하는 정신이 필요하고 미래의 사회를 위해서 지속적으로 정보를 구축하는 등 꾸준한 학습을 필요로 하는 것을 알 수 있었다.

기업가정신은 매번 교육마다 새로운 이슈로 떠오르는 주제나 혁신의 내용으로 진화되고 있는 것에 익숙하다. 그리고 기업가정신의 융합하는 사고방식으로 기업들이 성장하는 시장은 언제나 새로운 방식과 기술에 의한 변화된 사회로 연결되는 것을 배울 수 있었다.

필자도 정보화사회에 익숙하다. 그렇지만 4차 산업혁명으로 새로운 시장의 산업과 그 산업이 융합하는 것에는 혁신의 시간이 필요하므로 언제나 긴장하며 학습한다. 왜냐하면 기업들은 혁신에 의한 생산방법과 상품개발을 선도하는 것으로 미래의 성장을 예측하고 있기 때문이다.

정보화 사회는
- 인터넷 사회를
- 모바일 시대를 성공적인 기술혁신으로 연결시켰다.

4차 산업의 혁명은 모든 사물이 연결되는 지능화 네트웍 중심사회로 창조적 파괴의 시장에 목말라 한다.
우리사회는 시간이 지날수록 빠른 학습을 통한 혁신 경영이 필요하다. 그만큼 여러 분야에서 변화와 혁신이라는 기업가정신이 필요하다 하겠다.

오늘날의 시대는 지능화 사회이다.
정부는 지능화 사회 대비 "제6차 국가정보화 기본계획"을 수립했다. 먼저 클라우드 컴퓨팅 실행(ACT)전략, 공공 소프트웨어(SW)사업 원격지 소프트웨어개발 활성화 방안, 국가정보화사업의 정책방향 등 정보통신 분야 주요 정책을 수립했다. 이번에 확정된 4차 산업혁명시대 초연결지능화 사회의 대 변화에 인공지능(AI), 빅데이터, 클라우드 등 지능정보기술을 적용하는 정보화 사업을 늘린 부분이 눈에 띈다.
특히 지능화 기반 혁신성장을 위한
- 구축 · 개방
- 저장 · 유통
- 분석 · 활용 등 전 주기 지원을 통해 데이터 경제를 활성화 하고자
  하는 의지를 볼 수 있었다.

다음으로 디지털 포용사회이다. 혁신을 주도할 전문가, 융합인재 육성으로 노인, 장애인 대상 디지털 기술교육 강화, 지능정보사회 윤리규범을 마련했다는 것은 기술혁신으로부터 사회적 가치를 만들고자 하는 정신을 만날 수 있었다. 이러한 모든 기능은 5세대(5G) 이동통신 무선 네트워크를 기반으로 지능화사회를 만들 수 있다. 이에 융합의 기업가정신은 많은 사회를 변화시켜 나갈 것이다. 우리는 융합적인 기업가정신이 필요한 시장에 아이디어를 많이 발상하고 지원해 보면 어떨까?

2. 기업가정신 이념

기업가정신은 각자가 생각하는 개념의 설계로 기업가정신을 확장해 나가는 습관이 필요하다. 왜냐하면 기업가정신은 여러 사례를 보더라도 명확한 정신을 정의하기에 다소 정답을 내리기 힘들기 때문이다. 그래서 기업가정신은 기업들에 경영하는 구간마다 조직을 리더하고, 참여하는 자들로부터 스스로 혁신의 내용으로 성장하는 것에 주안점을 둔다. 미래의 시장을 예측하고 응용하려면 경영자나 전문가들로부터 지속적인 기업가정신 학습이 되어야 자신만의 혁신을 완성할 수 있다.

기업가정신에 필요한 학습으로는
- 현실과 가상의 사회에서 서로 상호작용에 필요한 노력의 자세
- 사회는 사람중심 양질의 가치를 제공하는 공간
- 가치를 기반으로 성장이 가능한 기업가정신
- 사회적으로 협의를 하는 기업가 활동
- 기업이 성장하고 사회적 책임이 촉진되는 정신과 사회의 공동체에 함께하는 개념설계가 필요하다.

기업가정신 이념의 가치는 구성원 전체가 필요로 하는 것과 회사 주주의 가치실현, 구성원의 핵심자원 등이 현장 활동으로부터 이어지도록 하는 경영이 매우 필요한 영역이다.

기업가정신 개념설계는
- 시장에 필요로 하는 고객의 문제점을 발견하고
- 시장개념이 실행에 필요한 문제해결
- 전 구성원의 핵심활동이 지속적으로 가능한 지원
- 미래시장을 예측하고 경영하는 정보제공
- 사회로부터 존경받을 수 있는 책임경영 등이 필요하다.

특히 기업가정신은 책임경영의 활동과 사회공동체에 필요한 기업가의 기본 자질을 학습을 통해 갖추어야 한다. 경영자가 구성원을 구축할 때부터 전반적으로 지덕체에 가까운 우수한 인재와 구성원들을 리더 하는 사회적 공헌을 갖춘 사람들을 선호하기도 한다. 그래서 구성원들과 융합의 사고로 여러 정책적 협력이 가능하고 우수한 인재들과의 조직경영이 이루어진다.

세계적인 기업으로 성장시킨 삼성전자 이건희 회장의 기업가정신이 궁금했다. 삼성전자라는 글로벌 10대 기업으로 성장시킨 이건희 회장이 2020년 10월 25일 별세했다. 고인의 명복을 빌며 이 회장의 新경영이념을 통해 기업가정신이 무엇인지 조사해 본다.

살아생전에 "양은 0이라도 좋으니 질을 100으로 하라", "초일류기업은 최고의 품질과 최저 적정가격이다." 등으로 기업가정신의 경영의 이념을 전파하고 전 구성원들에게 혁신이 가능한 공간을 제공하고 지원을 아끼지 않았다.

삼성의 창업자인 이병철 회장은 무엇보다 인재를 중시하였던 이념의 실천가였다. "타고난 천재 1명이 10명, 20만 명을 먹여 살릴 수 있다." "천재 1명을 제대로 활용하면 경쟁력이 올라간다." 등의 인재중시 정책을 중요시 여겼고 우수 인력 확보에 주안점을 두는 경영이념을 실천했다.

기술혁신은 오늘날 국가에도 도움이 되었고, 삼성전자가 성장하는데 큰 힘이 되었다. 돈으로 살 수 있는 기술은 최대한 확보 한다. 21세기 초일류기업 진입을 위한 가장 필요한 조건은 기술 확보이다. 등의 기술 중시와 선진기술을 신속하게 도입하고 경영했던 이념의 기업가정신이다.

이건희 회장은 세계 경영을 하면서 너무나 많은 이념을 남겼다. 평소 존경의 대상이 되었던 나로서는 "마누라와 자식 빼고 다 바꿔라", "지금 변하지 않으면 영원히

2류에 그치고 말 것이다."는 어록을 접하며 극한 공감과 슬픔이 함께 했다. 기업가 정신을 극대화시켜 매출이 얼마나 성장했는가가 중요한 것이 아니라 불모지나 다름 없는 우리나라에서 세계적 기업으로 성장시켰다는 것에 배울 점이 참 많은 경영인 으로 대표적인 기업가정신을 남겼다는 것이 자랑스럽다.

기업가정신은 이래서 성공과 실패로부터 배우는 과정이 필요하다.

스타트업의 검증은 여러 개념들이 있겠지만 사람을 설득할 수 있는 능력이 우선 되어야 하는 것에 주안점을 두었으면 한다. 그리고 스타트업이 사업을 진행하는 여 러 과정에 관련된 사업의 중요한 변수와 의사결정이 신속하게 진행 할 수 있도록 스 피드 경영과 공간을 유연하게 운영하는 것도 좋은 사례가 된다. 특히 기업가정신의 경험을 가진 선배 경영자나 전문가들로부터 협력과 멘토링이 가능 한 학습의 시간 으로 때때로 일어나는 위기관리와 극복은 많은 기업가정신 확장성에 도움을 받을 수 있다.

여기에서는 개인과 팀들이 통제와 생존의 능력으로 기업가정신의 개념설계로 책 임감과 윤리의식으로 준비된 창업가정신에 학습을 진행해 본다. 학습에 필요한 준 비되는 창업가정신에는 스스로의 학습으로 전환이 가능한 성공사례와 실패사례 등 으로 학습을 하게 된다.

그리고 기업가정신을 향한 강력한 욕구와 기질이 자신의 경험과 학습을 통하여 혁 신적인 개념설계가 가능한 전문가와의 실습을 통해서 정리하는 학습구간이다.

다음은 아래 내용을 기반으로 기업가로서 본인이 생각하는 장점은 무엇이고 약점 은 무엇인가? 등에 체크리스트 하며 학습을 해보자

다음과정으로 순위 조사에 따른 필요한 학습을 진행한다.

1) 앙트러프러너십(Entrepreneurship) 학습

〈기업가정신, 학습 정리〉

혁신	내용	학습 내용
Creativity	새로운 아이디어 창출	
artifacts	아이디어를 개발	
action	혁신이 실행	

2) 앙트러프러너십(Entrepreneurship)자질

① 성공을 향한 내면적 욕구가 있는지 있으면 어떤 끼와 기질을 가졌는지 등에 체
크리스트 하며 자기 자신의 기업가정신을 정리 한다.

〈기업가정신, 개인학습 정리〉

내용	학습 내용
끼와 창의가 있는 사람	
생각을 창조 할 수 있는 사람	
창업, 도전정신이 있는 사람	

② 다음 단계는 개인이 기업가정신이 있다면 열정이 넘치는 에너지와 기질로 남
다른 활동이 가능한 기업가정신을 체크리스트를 통해서 정리 한다.

〈기업가정신, 개인학습 정리〉

내용	학습 내용
창의적인 인재로 도전이 가능한 사람	
역경을 뚫고 나갈 수 있는 지혜	
구성원과 상호작용이 가능한 성품	
포기하지 않은 끈기로 소통리더십	

③ 기업가정신이 창의적이고 창조가 가능한 정신이 필요했다면 사회에 필요한 헌
신의 정신과 책임감이 풍부하여 팀워크 소통이 가능한 부분에 체크리스트를 통
해 학습을 해 본다.

〈기업가정신, 개인학습 정리〉

내용	학습 내용
설득할 수 있는 능력	
의사결정 남다른 능력	
생존할 수 있는 능력	
책임감이 있는 사람	

3) 앙트러프러너십(Entrepreneurship)실행

① 기업가정신은 누구나 행동하는 취업의 실행도 있지만, 기업가정신 학습으로 자신의 운명을 스스로 결정하는 창업의 설계로 스스로 능력이 현실로 실행이 가능한 창업가정신으로 실행하는 정신으로 행동하는 것이다. 이러한 활동에 개인의 학습으로

〈기업가정신, 개인학습 정리〉

체크리스트 내용	실행하는 학습 내용
창업을 통해 사업의 꿈을 실현 능력	
도전정신으로 위험을 감수하는 능력	
문제해결 능력을 실행하는 능력	

② 기업가정신은 학습을 통해서 어떻게 기업가정신을 만들어 가는 능력도 필요하겠지만, 유사한 경험을 통해서 창업가정신으로 연결하는 것도 매우 중요한 기업가정신이다. 이러한 정신에 개인정보 테스트를 통해서 기업가정신을 구체화한다.

〈기업가정신, 개인경험 학습 정리〉

체크리스트 내용	실행하는 학습 내용
정신적 건강(지식경험 깊이)	
육체적 건강(인간관계 사슬)	
리더십 경영(문제해결 경험)	

③ What is Entrepreneurship?
스스로에게 묻고 대답할 수 있는 학습과 능력이 필요하다. 그리고 생각하는 아이디어를 기반으로 창업가정신을 구체화 해 본다.

〈기업가정신, 아이디어 학습 정리〉

내용	아이디어 학습 내용
Creating brand new ideas	
Converting them to creating a system	
It lead to make social changes	

3. 기업가정신 활동

20세기 후반에 등장한 디지털 혁명과 인터넷 혁명은 오늘날 모바일 혁명으로 진화할 수 있는 기반을 마련하였다. 이러한 인터넷 혁명과 변화의 중심에는 스타트업의 시작으로 벤처기업을 혁신적인 자세로 경영한 역할이 무엇보다 중요한 중추 역할을 했다.

특히 인터넷시대 변화의 중심에 선 다양한 벤처기업들의 성장은 오늘날 창업가정신을 확장하는데 큰 힘이 되었다. 또한 인터넷시대를 성공적으로 이끌어내면서 모바일시대의 플랫폼 혁명이 가능하여 누구에게 기회를 제공하는 시대정신을 제공하였다.

오늘날 네이버나 카카오 등은 스타트업을 시작으로 벤처기업을 성공적으로 경영, 그 경험을 기반으로 국내로는 대기업으로 세계적인 시장에는 글로벌 기업으로 성장하였기에 그 리더십이 자랑스럽다.

이러한 기업가정신은 사람이라면 자신이 하고 싶은 창의적 직장에서 인생을 보람차고 즐겁게 보내기 위한 선택의 결과이다. 그만큼 스타트업에서 기업가정신이 얼마나 중요한지를 알 수 있으며 시간과 비용을 투자하는 가치를 극대화시켜야 한다.

오늘날에도 젊은 인재들이 참신한 아이디어로 무장하여 창업 계획에 따라 다양한 스타트업으로 도전을 많이 하는 추세이다.

기업가정신은 잘 아시다시피 사회로부터 오랜 수련의 시간이 많을수록 여러 기회의 시장을 얻는데 있어 그 폭이 넓은 것은 사실이다. 또한 창업이 실패할 수도 있고, 성공할 수도 있는 것이지만 기업가정신을 제대로만 무장한다면 보다 더 발전적인 창업의 생태계를 만들 수 있다.

특히 기업가정신을 수시로 함양하고 전문 지식의 수련에 필요한 경험의 가치는 사람중심 현장에 항상 함께하는 것이므로 사람은 좋은 학습의 현장이다.

사전 기업가정신 학습의 활동으로는
- 창조자(Creator)
- 만드는 사람(Maker)

- 체인지(Changer)
- 기업가정신 확산 등의 각 단계별 학습에 따른 플러스 정신이 필요하다.

우리나라 기업가정신의 도전정신에는 다양한 활동의 주체와 비즈니스 발굴에 필요한 구체화된 학습이 익숙해져야 한다.

그러나 단순한 열정만 앞세운 아이디어 정보검색과 스케일 업 학습만으로는 부족하다. 그래서 필자는 본인들이 생각하는 상상의 가치에 스케일 업이 필요한 활동을 통해 글로벌시장으로 성장하는 반석으로 반드시 멘토의 자격을 가진 멘토링이 연결되어 창업의 생태계를 만들었으면 한다.

하지만 일반적으로 기업가정신은 명확한 답이 없다보니 초기의 기업가 활동은 본인들이 생각하는 아이디어가 구체화 되었다는 착각으로 고객을 컨트롤 될 수 있는 시작부터 함정에 빠지는 경우가 많다.

왜냐하면 스타트업은 팀 구축에 따른 사업계획서 작성에 기반을 두고 하기보다는 무작정 창업을 시작 하는 것의 창업가정신 활동만으로 도전하는 팀이 많기 때문이다. 이러다보니 참여하는 팀이나 조력자들이 지원기관 등의 관리가 있다고 하더라도 실패가 높아지는 실증이다.

또한 여러 기관들의 지원 또한 단순한 행정적 지원만으로는 거대 산업을 몰락을 막는 방편이 될 수 없다. 새로운 거대산업으로 희망지수를 높이려면 관련 기관 또한 기업가정신의 강화가 필요하다.

우리 주요 기업인들의 기업가정신을 학습해보면 가난한 나라에서 불과 60여년 만에 세계 경제의 재편을 이끌어 위대한 국민으로 거듭나게 하였으니 우리 민족이 탁월한 민족임은 분명하다.

대한민국처럼 전쟁 이후 40년 만에 빠르게 이룩한 경제성장은 세계 어디에서도 찾아 볼 수 없다. 우리는 바로 그러한 기업가정신을 갖고 있다. 유럽의 영국은 250년 가까이 혁신으로 성장 했다는 자료가 있다. 물론 미국, 독일, 프랑스는 80~ 100년 만에 이뤄진 산업화의 기업가정신 사례이다.

그러나 대한민국도 단 시간에 가파르게 성장한 것을 오히려 문제점으로 지적하는 분들도 많다. 왜냐하면 급성장의 혁신이 추진된 시장으로부터 기업가정신의 변화된 활동이 학습되거나 계승할 수 있는 시간적 여유가 없어 오로지 성장에 주안점을 두었다는 것이다. 맞는 말이기도 하다. 하지만 그 빠른 성장을 향후 실패로 종결될 때 비난받아야지 지금은 아니다. 이러한 오늘날의 정신은 매우 중요한 문제점이 되었고 다양한 혁신으로 변화된 학습을 통해서 실행이 필요한 시점으로 인식이 된다.

오늘날의 제4차 산업혁명의 핵심적인 변화를 일부는 데이터 혁명이라 하기도 하고 플랫폼 혁명이라 하기도 한다. 이 모든 시장은 잘 아시다시피 기계인간과 공존하는 사회로 발전이 된다. 그러나 모든 사실은 사람으로부터 시장의 변화를 시작으로 대 혁신적 기업으로 탄생되고 발전하게 된다는 사실이다.

이러한 기업가정신 활동을 정리해보면 다음과 같은 사례를 얻을 수 있다. 그리고 여러 기업가정신의 사례를 통해서 사질과 행동에 따른 기업가정신을 사전에 학습할 수 있으면 좋다.

역사 속에 남아 있는 도산 안창호 선생은
- 재무적
- 정신적
- 도덕적 자본을 갖추어야 독립이 가능하다고 정의했다.

오늘날 4차 산업혁명으로 초 국경 미래의 기술 데이터사회는
- 에너지
- 교통
- 문화
- 의료
- 농업 등의 플랫폼 경제에 스마트한 혁명이 필요하다고 한다. 그리고 새로운 융합의 혁신적인 기업가정신이 필요하고 했다. 그리고 안창호 독립운동가가 혁신을 이끌어낸 정신과 4차 산업혁명 혁신의 정신도 모두 사회적 필요로 시작된 것이다. 그 만큼 모든 일에는 사회적 협의가 우선시 되어야함으로 사람이 중심이라는 사실이다.

4차 산업혁명으로 기술의 진화는 인간은 물리적 노동에서 벗어나고 새로운 기계노동, 데이터노동에 대한 국면을 맞이한다. 어떤 방식의 노동이든 이윤추구 목적인

기업가들에는 새로운 기회의 시장이 존재하겠지만, 구성원으로 참여하는 사람들에게는 정보와 데이터, 기계에 노동력을 빼앗기는 위기의 직업군으로 퇴보의 시장을 맞이하게 될 것이다. 하지만 세상의 변화를 수용하지 못하면 퇴보할 수밖에 없다.

세계시장을 강타하며 현재 왕성하게 활동하고 있는 에어비앤비나 우버 등의 공유경제는 기존 기업의 환경과 구성 등 고정관념을 깨뜨렸다. 이러한 경영을 보면서 창의는 전에 없던 것, 또는 존재하는 구조나 기존의 틀을 비트는 것에서 시작되는 기업가정신임을 우리는 알 수 있었다.

이는 결국 4차 산업혁명으로 진보할 수 없는 생태계를 만들었다. 기존의 시장에 국한된다면 영업의 활동은 유지에만 필요로 하고 만다. 이제 기업가정신은 변화의 물결에 빠르게 적응하는 혁신적인 자세로 기존의 형식과 틀에서 벗어나는 창의적인 활동이 요구되는 시장이 되었다. 혁신은 이래서 살아 있는 생물체와 같아 아름답다.

1) 인간중심 경영

먼저 인간의 중심으로 고중유락(苦中有樂)이라는 말이 있듯이 사회로부터 사람들의 인생은 원래부터 즐거운 것으로부터 행복을 짓는다고 했다. 이렇듯 남들보다 다른 인간중심 경영과 인생을 즐겁게 보내기 위해서는 남다른 기업가정신이 필요하다. 그러한 정신은 일정하게 수행할 수 있는 계획과 체계적인 수련의 시간으로 인간중심 경영이 필요하다. 그래야 긴 인생 설계를 시작으로 남다른 직업군으로 살아가게 된다.

웃으면서 지나갈 수 있는 이야기지만, 다음과 같은 격언으로 정리된 내용을 이해해 본다. 사회는 누군가 경영을 하더라도 인간중심 사회에서 생계(生計)는 내 일생을 어떤 형태로 만들어 낼 것인가? 시작으로 신계(身計)는 이 몸을 어떻게 처신하는 계획의 행동을 중시 하였다. 다음으로 가계(家計)는 나와 가족을 어떻게 설정하느냐의 문제부터 해결하는 방안이고, 노계(老計)는 어떤 노년을 보낼 것인가 관한 계획과 설계의 행도이다. 마지막으로 사계(死計)는 어떤 모양으로 죽을 것인가 행동의 의미는 새롭게 살아갈 수 있는 학습이 된다.

이러한 인간사회를 어떻게 이해하고 참여하는 정신이 필요하며 또 어떤 아이디어로 어떤 기업가정신으로 필요한 시장을 준비할지를 정리 해 본다.

〈기업가정신, 아이디어 학습 정리〉

항목	어떻게	무엇을	어떻게
창조자(Creator)			
사람(Maker)			
체인지(Changer)			
나눔(Share)			

2) 인간중심 사회

긴 인생에서 한번쯤은 창업가정신을 겪게 되는 앙트러프러너십 학습과 설계가 필요하다. 준비된 창업으로는 기업가정신이 사회로부터의 나눔이 함께하는 그 확장성이 필요하다.

확장의 정신이 다음과 같은 내용으로 실행할 수 있는 학습이 필요했다면. 위 도표에서 나타난 데이터를 기반으로 인간중심을 중시하면서 아이디어를 구체화하고 사람중심 사회로부터 아이디어를 세분화하는 정신이 필요하다. 여기에서는 인간중심 사회에 필요한 사회적 행동모델이라는 출구전략까지 설계가 필요하다.

다음은 아이디어를 기반으로 사회를 설계하는
- 창조자(Creator)
- 만드는 사람(Maker).
- 체인지(Changer)
- 엑시트(Exit) 실행이 가능한 내용 또는 경험으로 기업가정신 학습을 진행한다.

우리는 배움의 사회를 거치면서 알 수 없는 시장이지만 현장을 중시하는 자세로부터 본업에 충실한 확장형으로 살아간다. 그러한 사회에서 취업을 통해서 창업가정신에 필요한 기획과 행동을 배우기도 하고 젊은 나이에 바로 사회에 도전하는 모험정신도 익힌다.

그러나 분명한 것은 세세한 사회를 알 수 없는 시장에 학습활동을 통해 팀원이 만들어지는 과정이 우수한 팀으로 인정받는 확률이 높다.

그래서 다음으로는 시장으로부터 배움이 필요한 사회적 경험 내용으로 실습을 진행한다.

〈기업가정신, 경험학습 정리〉

경험적 내용	학습한 내용
창의적 문제와 니즈 경험	
팀 구축에 필요한 경험	
기회를 포착한 아이디어	
적재적소에 필요한 자금 유치	
엑시트 경험 정리	

3) 앙트러프러너십 활동

사회생활에서 경험한 기업가정신의 활동은 스타트업을 설계할 수 있는 좋은 점도 많지만 자칫 그 경험의 자만이 스타트업 활동에서 실패하는 경우도 생겨난다. 그래서 경험을 기반으로 하는 여러 형태의 정신이 있겠지만 크게는 다음과 같은 실수로 인하여 실패를 줄일 수 있는 내용을 학습해 본다.

특히 경험이 없는 스타트업도 중심사회의 공간에서 고객중심 시장으로 진행하는 과정마다 다수는 성공보다는 실패에 따른 시련의 시간을 맞이하기도 한다. 그래서 스타트업은 본인의 기업가정신 테스트를 시작으로 가급적 다양한 기업의 성공사례와 실패사례의 학습을 통해서 새로운 시장의 기업가정신을 만들어 가는 것이 바람직하다.

아래의 내용은 사람들의 경험의 가치를 기반으로 공감을 이끌어내는 과정으로 학습될 수 있게 했다.

다음은 학습을 진행하는 강의에 참여하는 멘토는 경험적 가치를 공유하고, 멘토링 프로그램 등에 활동하는 것에 자격을 갖추는 성공과 실패사례로부터 줄일 수 있는 기업가정신 활동을 통해 리더 하는 것도 좋은 강의가 될 수 있다.

기업가정신 활동을 가급적이면 본인이 창업한 경험을 시작으로
- 아이디어 발굴
- 팀 구축 사례
- 팀 빌딩의 방법
- 성공을 위한 준비하는 팁
- 실패로부터 공유하는 팁
- 팀원의 조직 활동으로 아이디어 단계부터 성장으로 경영 했던 기업가
  정신 등을 응용하면서 강의와 멘토링이 가능하면 더욱 공감할 수 있다.

현재는 대기업이나 중소벤처기업 등의 활동에 있어 혁신의 4차 산업혁명의 창업 생태계를 한층 높일 수 있는 대안과 해결할 수 있는 준비된 기업가정신이 필요하다.
현대자동차의 혁신사례를 기반으로 앞날을 예측하고 투자를 늘려나가는 미래전략 사례를 통해 기업가정신 활동을 학습할 수 있다.
미래연구원의 대기업 정책은 3대 전략으로 하이 퍼 커넥티드 인텔리젠트 카 미래 실현으로 전략적 정책을 이해할 있다.(출처 미래연구원)

- 이동 자유성(Freedom in Motility)
- 연결된 이동성(Concocted Motility)
- 친환경 이동성(Clean Motility)

물론 대기업의 4차 산업혁명 혁신의 모델이지만 우리들은 유사한 아이디디어로 스타트업들의 도전정신들이 곳곳에서 다양하게 진행되고 있다. 또한 대. 중소기업 재단에서 추진하는 협력프로세스, 사내벤처 육성 등으로 기업가정신 활동을 지원 하고 있으므로 적극적인 참여정신도 필요하다.

창업은 혁신으로 '창업의 활성화'라는 문제를 해결하는 활동이다.
문제를 떠올리는 화두는 성공기업이나 또는 실패기업에 대한 문제가 먼저 떠오르게 된다. 창업진흥원 2018년 실태조사에 따르면 창업의 장애요인의 첫 번째로 '창업실패 및 재기에 대한 두려움', '창업 준비로부터 성공까지의 생계유지' 순으로 나타난 자료를 보면서 창업은 실패와 생계유지가 복합적으로 부담이 된다는 것을 알

수가 있었다.

창업진흥원의 창업실태는
- 창업실패 및 재기에 대한 두려움 27.4%
- 창업 준비로부터 성공까지의 생계유지 14.1% 로 나타나고 있다.

이에 창업의 실패에 대한 두려움을 줄이는 방법과 생계유지로부터 자유로운 창업은 없을까?

아래 내용을 기반으로 스타트업 혁신사례를 학습한다.

① 실패의 사례

〈기업가정신, 학습 정리〉

응용 할 우선순위 내용	번호	우선순위 학습
남 따라 뛰어들고 보는 막무가내 도전정신	1	
팀원의 부족으로 시장에 함정에 빠지는 행동	2	
엄청난 위험으로부터 성공 할 수 있다는 자만	3	

② 통찰하는 기회

〈기업가정신, 학습 정리〉

통찰하는 학습의 우선순위 내용	번호	우선순위
비즈니스는 실현과 이윤 창출이 가능한 아이디어	1	
사회적 참여로 위기를 기회로 만들어가는 용기	2	
나보다 똑똑한 사람을 만나 팀 활동 가능한 자세	3	
경험의 자원이 있고 경험의 창업이 가능한 자	4	
사물을 통찰하는 관심으로 문제 해결이 가능한 자	5	

③ 현대자동차 사례

〈기업가정신, 학습 정리〉

대기업의 혁신사례 응용	학습으로 정리될 내용
이동 자유성(Freedom in Motility)	
연결된 이동성(Concocted Motility)	
친환경 이동성(Clean Motility)	

4) 기업가정신 사례

기업가정신 경험을 통한 학습도 중요하지만 여러 경험적 사례를 중심으로 학습을 진행하면 좋다. 아래의 내용은 대기업의 경영자로 기업정신을 기반으로 성공한 사례를 통해 학습해 본다.

기업가정신 사례하면 현대그룹 경영자 정주정 회장님을 빼 놓을 수 없다.
책이나 TV드라마 등으로 너무나 많이 다룬 내용이겠지만 맨주먹으로 세계적인 기업을 일으키고 성장시킨 기업가정신이다. 살아생전 많이 했던 이야기는 참 운이 좋은 사람이야 말을 듣는 일이었다. 사실 자신도 운이 좋은 사람으로 특별히 나한테만 좋을 수 없지 않은가? 하면서 누구에게나 희망을 주었고, 누구나 똑같이 평등하고 신은 인간에게 공평하다는 기업가정신은 도전하는 사람들에 많은 영감이 되었다. 그러한 정신 중에는 보다 나은 삶 보다 나은 인간보다 나은 직장보다 나은 발전을 항상 생각하는 사람으로 살라고 했던 부지런하고 성실한 기업가정신이 뚜렷하게 남아 있다. 여러 경로로 많이 알려진 내용이지만 성공한 기업가정신 사례를 통해 배울 점이 많은 부분이다.

다음은 여러 기업가정신을 정리해 본다.
현대경영 기업가정신 50 자료에 의하면 아모레퍼시픽 서성환 회장님의 "진심을 팔아야 마음을 얻는다."
유한양행 유일한 회장님의 "나의 전 재산 학교 재단에, 아들엔 한 푼 없이 자립하라" 유언을 남긴 것으로 유명하다.

코오롱 이동찬 회장님은 "선행은 모래에, 악행은 바위에!"
효성그룹 조홍제 회장님의 "인격의 완성을 위해 사업했다." 는 기업가정신을 남겼다.

다음으로 스타트업으로 벤처창업을 하면서 크게 성공한 벤처기업가정신을 정리하였다.
- 스타트업으로
- 벤처기업으로
- 중소기업으로, 중견기업으로, 대기업으로 성장시키며 벤처경영의 기업가정신과 벤처기업을 경영했던 지도자들의 기업가정신 사례를 학습해 본다.

이러한 기업가정신은 다양한 특강으로 공감할 수 있고, 기업가정신 활동은 많은 사람들에게 꿈과 희망을 계승할 수 있으며, 나도 할 수 있다는 욕심도 가질 수 있게 한다. 또한 다양한 벤처기업의 정신 연구를 통해서 기업가정신으로 확산하는 창업의 생태계도 활성화 시킬 수 있을 것이다.

기업가정신의 사례학습을 활용할 가치가 있는 기업가정신은 수많은 창업가들의 사례 활동으로 이양하였으면 한다. 특히 벤처기업을 시작하여 대기업으로 성장하기까지의 과정학습으로 성공과 실패의 사례를 응용 했으면 한다.
다시 말하지만 기업가정신은 다양한 기업가정신의 성공한 활동도 중요하지만, 실패의 기업가정신도 조사하고 추가 연구를 통한 학습이 반드시 필요한 부분이다.

① 경영자 기업가정신 사례

〈기업가정신, 학습 정리〉

정주영 회장	현대그룹	"사업은 망해도 다시 일어설 수 있지만, 인간은 한번 신용을 잃으면 그것으로 끝이다."
이병철 회장	삼성그룹	"사람이 기업을 만든다."
이건희 회장	삼성전자	"마누라 자식 말고 다 바꿔"
김범수 의장	카카오	"작은 자본으로 세계를 상대로 도전할 수 있는 게 바로 스타트업이다"
이해진 의장	네이버	"일본인의, 일본인에 의한, 일본인을 위한 라인 서비스 철저한 현지화이다."

황철주 회장	주성엔지니어링	"교육 없이 혁신이 없고, 혁신이 없이 1등은 없다."
김봉진 의장	배달의 민족	"시장이 되는 법, 바로 최고가 되기 위해서 노력하는 것."
금용필 의장	벤처기업 엑시트	"콘텐츠로 승부하라. 그리고 기회가 있을 때 엑시트 반드시 하라."
김삼문 의장	벤처기업 엑시트	"현장의 경험은 위대하다. 그리고 기회의 시장이다."

② 본인이 생각하는 기업가정신

기업가정신은 실패사례에서도 중요한 학습이 된다. 물론 성공한 사례도 많은 공감이 가는 기업가정신이다. 하지만 본인이 통찰하는 학습으로 두 사례들을 면밀히 연구하여 본인이 생각하는 기업가정신을 확장해 나가는 것이 무엇보다 중요하다.

다음으로는 본인이 생각하는 기업가정신 우선순위로 정리해 본다.

　　정리내용:

본인이 생각하는 기업가정신이 정의 되었다면 그나마 다행이다. 중소벤처기업부 통계자료에 나타난 현 신설법인의 연령별 창업자 현황을 살펴보면 정부 및 지자체가 창업을 적극 지원하는 40대 미만의 청년층보다는 40대 이상의 중장년층 창업이 높게 나타나는 것으로 조사가 되었다. 이러한 세대는 주로 직장생활 경험과 사회 경험을 통한 창업시장의 공급원이 되고 있지만, 현재의 창업지원 정책은 다수 청년층으로 집중되고 있는 실정이다. 이에 연구하고 예산을 확보하는 기업가정신이 필요하다.

중소벤처기업부의 신설법인 동향을 볼 때 국내 창업 시장이 양적으로는 성장하고 있는 것으로 보인다. 그러나 양적인 성장이 있으면 질적인 성장도 있어야 하는데 질적인 성장은 미흡했다.

　그 양적인 신설법인을 분석해 보면

　　• 제조업 9.2%

- 도소매업 27.25%
- 음식, 숙박업 25.38%
- 개입서비스업 7.72% 등의 비중으로 나타났다. 이 자료를 보면 생계형 창업자의 비중이 높다는 것을 인식할 수 있다. 4차 산업혁명의 융합적인 사고로 기술집약적 산업이나 지식기반 서비스 등의 창업으로 더 진화되는 창업의 생태계가 필요함을 학습할 수 있다.

이러한 통계자료를 통해 본인이 생각하는 기업가정신이 미래 지향적인 사업과의 관계에 대해 정의가 되었으면 한다.

본인이 생각하는 양보다는 질적인 창업을 위한 기업가정신은 무엇이며 어떻게 정의할 수 있는가?

정리내용:

4. 멘토링(Mentoring)

1) 멘토링(Mentoring) 이해

네이버에 멘토링이란 검색을 했더니 경험과 지식이 풍부한 사람이 특정한 사람에게 지도와 조언을 하면서 실력과 잠재력을 개발시키는 활동이라고 했다. 그리고 멘토링(Mentoring)은 다른 사람을 돕는 자격으로 보다 나은 미래를 위한
- 좋은 조언자
- 상담자
- 후원자를 멘토(Mentor)라 한다.

이 책에서는 멘토의 자격을 갖출 수 있도록 학습이 가능하게 지원하고 멘토가 필요한 시장에 멘토링 활동을 단기 또는 장기로 활동이 가능하게 자격을 부여하고 고

객을 대상으로 실습을 통해 멘토링(Mentoring) 역량을 학습할 수 있는 프로그램을 제공하려고 한다.

다시 멘토(Mentor)의 유래를 통해서 이해할 수 있는 학습을 해 본다. 멘토의 유래는 그리스 신화에서 비롯된 내용으로 이해할 수 있다. 그 내용을 정리해보면 고대 그리스의 이타이카 왕국의 왕(오디세우스)가 트로이 전쟁을 떠나면서 자신의 아들(텔레마스코스)를 살펴 달라고 한 친구에게 맡겼는데 그 친구의 이름이 바로 멘토(Mentor)였다고 한다.

이러한 환경에서 멘토(Mentor)는 다음과 같은 존재였고, 멘토는 선생님, 아버지, 상담자, 친구가 될 수 있어야 했고, 그를 잘 돌봐주는 계기로 그의 이름 멘토(Mentor)는 오늘날까지 지혜와 신뢰를 기반으로 한 사람의 인생을 이끌어 주는 지도자라는 의미로 사용하게 되었다.

오늘날까지 사용하는 멘토(Mentor)의 참여정신으로 멘토링(Mentoring)이 활성화 되고 있다. 그리고 멘토(Mentor)는 개인 활동 영역에 멘토링 활동도 있지만, 예비 기업이나 스타트업에서도 많이 적용하며 멘토(Mentor)와 멘토링(Mentoring)프로그램이 운영되고 있는 추세이다.

각종 프로그램은 현장 훈련을 통해서 인재육성 활동과 기업성장 등으로 교육의 정책지원과 회사 성장업무 등에 멘토의 역할을 많이 부여하게 된다. 특히 멘토(Mentor)는 그동안 풍부한 경험과 전문지식을 갖춘 자격으로 지원을 하는 기관을 통해서 다음과 같이 멘토링 활동을 지원하고 있다.

- 멘토(Mentor)의 전담으로 1:1코치
- 조언하면서 멘티(Mentee)실력과 잠재력을 개발
- 여러 정책으로 성장하는데 후견인 할 수 있는 활동 등으로 멘토링(Men-toring)프로그램을 활용한다.

다음으로 유사한 형태로 프렌토(Frientor)이다. 뜻풀이 내용을 찾아보면 프렌드(Friend)와 멘토(Mentor)의 합성어로 청소년의 입장에서 또래 간 공감할 수 있는 눈높이 멘토링을 통해 새로운 네트워크를 만들어간다는 의미를 담는다고 한다.

현재는 한국장학재단에서 전국적으로 사회리더 멘토 구축으로 멘토링 프로그램을 운영하고 있다. 참여하는 장학재단 학생과 유 경험 전문가와 1:1매칭으로 장기간 운영하는 프로그램이다.

다음으로는 멘토링을 위한 멘토의 역량을 체크리스트 한다. 그리고 멘토링이 가능한 학습으로 역량강화를 한다.

2) 멘토링(Mentoring)제도

① 멘토링을 위한 멘토의 요건

한 개인(멘토, Mentor)은 그동안 축적된 지식과 경험을 기반으로 산업 분야별 세분화된 내용을 기반으로 스승 역할을 하여 지도와 조언할 수 있어야 하는 요건이 필요하다. 그러하기 위해서 개인의 이력관리 체크리스트와 그동안 노하우 활동을 체크리스트 정리가 필요하게 된다.

멘토는 개인의 이력을 기반으로 핵심내용 우선순위에 따른 핵심활동 가치제안이 필요하므로 아래와 같이 정리하며 개인의 역량이 부족한 부분은 추가 학습을 하면서 역량강화 학습을 진행한다.

〈멘토 정보, 학습 정리〉

항목	핵심내용	세분화된 핵심가치 제안
학 력		
경 력		
전문분야 정의		
전문분야 사례		

② 지식과 경험의 기회

아무리 개인(멘토, Mentor)의 지식과 경험이 많다고 하여도 신뢰하지 못하는 행동은 유능한 멘토로 성장할 수 없다. 그래서 멘토는 멘티를 위해서 배움과 성장을 이루는 것에 지속적으로 학습을 해야 한다.

또한 서로 간의 깊이 있는 신뢰가 있을 때까지 경청하는 자세와 배려하는 정신으로 리더 하는 열정이 필요하다. 왜냐하면 멘토의 역량을 기반으로 축적된 필요자원을 활용할 수 있어야 하기 때문이다.

다음은 멘토링이 가능한 사례 정리로 멘토 리스트 프로필 관리에 필요한 자료 정리이다.

〈멘토 정보, 학습 정리〉

항목	노하우 정리	멘토링 대안
실패사례		
성공사례		
공감사례		

③ 노하우 공헌과 책임감

멘토(Mentor)의 자격을 갖추게 되면 여러 전문시장에 멘토링을 할 수 있다. 그리고 일반적으로 멘토링 프로그램은 유료 형태와 무료 형태로 참여하게 된다. 또한 멘토링은 단기 프로그램과 장기프로그램으로 운영하는 프로그램 형태로 대다수 운영되고 있다.

특히 창업관련 멘토링 프로그램은 단기 프로그램으로 운영되는 경우가 많다. 그러나 지난 정부에서부터 운영되고 있는 한국청년기업가정신재단에서 운영하고 있는 「K-ICT창업멘토링센터」에서는 단기프로그램보다 전담제 프로그램으로 운영하며, 멘토가 장기적 멘토링을 지원하도록 운영된다.

다음으로는 각종 기관에 참여하는 멘토는 그동안 축척된 노하우를 기반으로 스승과 같은 조력자 역할을 할 수 있겠지만, 멘토는 사회에 공헌하고 봉사하는 책임감 경영이 반드시 필요하므로 아래도표에 정리해 본다.

또한 더 나은 창업의 생태계를 만들기 위한 참여의 정신으로 멘토는 창업의 공감 사회로 기업가정신에 앞장서는 모범적인 활동이 필요하다.

〈멘토 정보, 학습 정리〉

항목	주요기관	주요 민관 영역
공헌한 내용		
봉사한 내용		

5. 멘토링(Mentoring) 설계

1) 멘토링 자세

멘토링은 스승과 친구 같은 때로는 부모님 같은 존재로 활동 설계가 필요하다. 특히 세대가 다른 멘토와 멘티가 만날 경우 서로간의 소통방식이 일반적으로 진행되는 것에 유의해야할 부분이다.

멘토링은 직급과 살아온 경험의 차이가 많기 때문에 서로간의 신뢰 관계를 형성하기 위해서는 상호 노력이 필요한 영역이다.

멘토와 멘티가 만났다고 해서 멘토링이 모든 것을 해결할 수 있다는 일방적 생각부터 버리는 자세가 필요하다.

멘토링을 하기 위하여 멘토는
- 멘토의 이력분석
- 멘토의 전문분야
- 멘토링의 유형분석

등을 살펴 공개할 수 있는 자세가 필요하다.

멘토링은 초기부터 신뢰로 멘토와 멘티의 관계 형성을 위한 시간부터 멘토링은 시작된다. 처음 미팅으로 단순히 멘토가 아는 지식과 기술을 전수 하는 것에 머무는 것이 아니라 멘티의 정보와 멘티의 현황을 지속적인 소통의 시간이 필요한 시간으로 리더하고 경청하는 자세가 매우 필요한 부분이다.

그리고 멘토링은 지속적인 소통과 격려에 머무는 것이 아니라 현재 멘티가 어떤 문제점을 가지고 있는지 또 그 문제를 해결할 수 있는 조언과 피드백 등이 필요한 영역이다. 특히 상호작용을 통해 네트워크 하는 가능성을 개발하고 네트워킹 할 수 있는 발전적인 멘토링 프로그램을 실행해나가는 긴 과정이다.

이러한 긴 과정에 멘토의 역할은
- 경청과 학습
- 경험과 질문
- 피드백과 확장 스킬을 반복적으로 진행할 수 있는 참된 학습자세가 필

요하다.

또한 개인(멘토)영역도 중요하지만 시장전문가와 기술전문가 등과 협업(멘토)하는 멘토링은 반드시 필요한 프로그램이다. 왜냐하면 각 개인의 이력이 다르고 다른 가치를 제공할 수 있는 자원을 확보할 수 있기 때문이다. 또한 수시로 협업을 하면서 멘토링을 통해서 개인 멘토와 협업 멘토가 공유하는 가치들로 공감하는 좋은 멘토링을 만들 수 있기에 협업프로그램은 필요한 영역이다.

멘토링은 전담(멘토)가 연결될 멘티 정보를 기반으로 멘토가 종합 멘토링 설계를 할 수 있는 경험이 필요하다 또한 멘토의 자격을 갖추기 위해서 가능한 멘토의 유경험을 학습하기 위한 활동이 필요하고 부족한 멘토의 역량은 협업멘토링을 통해서 해결 될 수 있는 마인드 자세가 필요한 영역이다.

2) 멘토링 유형

멘토링 유형은 대학에서 재학생들에게 멘토(선배, 전문가)가 되어 선배가 제공하는 정보를 바탕으로 취업이나 창업의 준비에 효율성을 높일 수 있도록 하는 것과 같다. 또한 단순히 취업의 정보를 알려주는 것으로 끝나지 않고, 자신이 경험 했던 사회와 현재 사항을 자세히 멘토링으로 지원하게 된다. 학생들은 그동안 알지 못했던 기업정보나 네트워크로 지원, 취업 후에도 다양한 정보를 얻을 수 있는 프로그램으로 볼 수 있는 것이다.

다음으로는 선배 창업가들이 후배 창업인들의 준비과정을 멘토링으로 지원하는 창업가정신 시장이다.
창업은 취업보다도 더 광범위하고 숨어 있는 보석을 찾은 것과 같은 활동으로 기존의 시장을 파괴적인 경제로 만들 수 있어야하는 영역이다 보니 더 많은 멘토의 역량과 멘토링 프로그램이 필요하게 된다.
그러다보니 창업자가 많은 아이디어 주제로 준비하다보니 다양한 분야의 경험과 지식을 갖춘 멘토가 필요하게 된다. 그래서 각자가 창업하고자하는 분야마다 멘토로써 멘토링(Mentoring)이 필요한 시장이 열리고 활동할 수 있는 영역이 되는 것이다.

또한 지원하는 기관의 유형이 너무나 다양하다. 각 기관에 예비 기업이나 초기기업이 각자가 생각하는 아이디어로 생생한 내용을 기반으로 한 비즈니스 모델이 구체화가 가능하고, 창업지원정보를 기반으로 창업 계획을 세우는데 멘토의 역할은 중요한 영역이 된다. 특히 많은 정책을 수행한 경험으로 여러 분야로 도움을 주는 멘토링 프로그램 유형을 통한 성공적인 멘토링 진행이 필요하게 된다.

각 기관에서는 정책들이 다를 수 있지만, 각종 정책에 PM이나 멘토의 참여로 멘토링이 가능하게 지원하는 정책이 추세이다. 그러다보니 멘토의 축적된 지식과 경험으로

- 기술전문가
- 시장전문가
- 전문직의 자문 등의 활동으로 멘토링 참여하게 된다.

또한 각 기관에서 사전에 배정할 멘토 풀 구축으로 멘티 배정에 필요한 멘토 정보 제공으로 1:1 멘토링을 지원하게 된다. 그리고 지정된 멘토 활동은 각 기관에서 제공하는 문서 서식으로 멘토링 보고서를 작성하게 된다.
멘토는 각 기관에 참여하면서 심사역을 진행하는 프로그램도 수행이 가능하고, 추가 멘토링 프로그램 등에 소정의 비용도 획득이 가능할 수도 있다.

멘토의 자격을 갖추게 되면 창업기획 전문가 활동도 가능하다.
중소벤처기업부 엑셀레이터 등록 기관으로부터 요건에 맞는 엑셀레이터 등록을 하게 되면 지식과 경험이 풍부한 전문가 회사 등록으로 엑셀레이터 회사 경영이 가능하게 된다.
엑셀레이터 등록된 회사는 각종 프로그램으로 여러 기관의 기존 멘토링 프로그램에 참여가 가능하고, 자체 투자기능이 조성되면서 투자자 역할도 할 수 있게 된다.
특히 민간 투자자 영역이 활성화 되고 있는 투자기관인

- 엔젤투자 및 매칭 펀드
- 크라우드펀딩 투자기능
- 벤처캐피탈(VC)투자기관 등

투자자 활동으로 인한 한 단계 높은 멘토링 설계를 할 수 있는 투자 기회의 시장이다.

3) 멘토링 사례

예비 창업이나 스타트업을 중심으로 멘토링 사례는 너무나 다양하다. 그래서 다음은 많이 알려진 스타트업으로 한국의 유니콘 기업으로 성장한 벤처기업을 각자가 조사하면서 멘토링 사례에 응용해 본다.

〈멘토링 정보, 학습 정리〉

항목	투자자 조사	멘토링 사례 조사
배달의 민족		
본인이 생각하는 멘토링 내용		

유니콘 기업으로 많이 알려진 기업이지만 각자가 조사한 내용과 제안은 다를 수 있다. 그래서 다음 과정은 각자가 발표를 통해서 멘토링 사례를 분석해 본다. 특히 조사한 내용에서 본인이 생각하는 멘토링 방식을 정리 공유하며 멘토의 사례를 통한 역량강화에 필요한 학습으로 응용한다.

IV

학습내용❷

디자인씽킹
design thinking

창의적
상상공간

공감

아이디어화

구현

반복 학습

Ⅳ. 디자인 씽킹design thinking

1. 디자인 씽킹(design thinking)

1) Why 디자인 씽킹

디자인 씽킹은 사회가 변화된 환경 가운데 새롭게 디자인 할 수 있는 학습과정으로 많이 활용이 된다.

디자인 씽킹(Design Thinking)은 디자인 과정에서 디자이너가 인간 사회를 위해 사용할 가치들에 창의적인 기술과 확장이 가능한 세상의 혁신을 위한 것으로 반복적인 학습이 필요한 영역이다.

디자인 씽킹 프로그램에 디자이너는 문제를 더 폭 넓게 해결할 수 있는 기법을 이해하고, 사람들의 요구를 충족하기 위하여 교육을 통한 실습이 가능하게 운영해야한다. 특히 실행 가능한 사업 전략이나 고객의 가치 활동에 필요한 기회로 만들 수 있는 디자이너 역할은 디자인 씽킹에서 매우 중요한 리더이다.

디자인 씽킹의 주요 프로그램으로는 교육 워크샵을 통해 컨설팅을 지원하는 형태가 대다수다. 그래서 디자인 사고는 실용적이며 미적 감각이 반영된 디자인을 위해 학습에 참여하면서 공감하는 결과를 얻게 된다.

디자인 씽킹은 디자인 사고, 디자인 실행, 디자인 계획 등으로 정리해 본다.

① 디자인 사고 정신

디자인 사고는 미래를 위한 의도를 가진 문제를 기반으로 그 사고 방안을 해결하는 과정이다. 그러기 위해서는 생각하는 문제점 가설을 제기하고 반복적으로 피드백을 통해 상호적으로 해결하는 학습이 필요하다. 특히 과학적인 정보도 중요하지만, 제품 또는 서비스를 위해 상호작용에 구체화 되는 정보에 의해 학습이 진행되는 과정이다. 교육의 과정으로 제공되는 주제나 가치들에 주안점을 두고 각종 피드백 정보에 의해 발전적인 역할을 할 수 있게 교육자(멘토)는 리더 하는 것이 중요한 디자인 사고 영역이다.

미래학자 앨빈 토플러는 미래 경제의 돌파구는 비즈니스 섹터나 단일한 기술이 아닌 융합(Convergence)을 통해 찾아야 한다고 포럼을 통해 융합 기술의 중요성을 강조하였다. 특히 융합 인재 교육방식을 제안한 미국의 마에다 학자는 컴퓨터 공학과 예술가의 융합으로 예술과 디자인, 기술을 경계 없이 넘나들며 휴머니즘(Humanism)에 디자인과 기술 융합의 필요성을 제시했다.

디자인 사고는 미래 학자들이 정보를 예측하는 것도 중요하지만, 미래를 예측하는 것을 스스로 만들어 보는 사고가 디자이너 자세이다. 그리고 교육에 참여하는 자는 주제를 다루는 발굴의 단계부터 주제를 구체화하는 과정으로 융합의 정신이 주제를 세분화하는데 공감을 이끌어내야 한다.

참여하는 멘토는 이 수업을 통해 다음과 같은
- 문제점 영역
- 통합적 사고
- 미래 예측
- 협업 정신
- 실행 능력을 학습할 수 있는 디자인 사고의 학습이다. 아래 도표를 통해서 디자이너 사고 정신을 기반으로 구체화 해 본다.

항목	디자이너 사고	주제 구체화 실습
문제점 능력	영역에 대한 이해 능력	
통합적 사고	사고와 분석의 능력	
미래 예측	시장과 기술의 융합	
협동 정신	프로젝트 수행	
실행 능력	프로젝트 계획	

② 디자인 아이디어 융합

디자인 사고는 어찌 보면 융합(Convergence)의 정신이라 볼 수 있다. 융합적인 사고는 다른 종류의 문제들이 융합의 정신으로 녹아서 서로간의 구별이 없는 영역의 하나로 합하여지거나 주제로 선정된 가치들이 정의된 내용을 의미한다.

교육에 참여하는 자는 이미 세계는 하나가 되어 국경 없는 경쟁의 시대로 인문, 과학, 기술 등이 각각의 세분화된 지식과 채널로 통합할 뿐만 아니라 더 체계적이고 응용하는 분야로 경제가 이동되고 있음을 인지해야한다. 그러므로 아이디어 융합 정신에 많은 목적을 두고 시장을 예측 실행하고자 한다.

최근 미국과학재단(NSF)은 「인간 능력의 향상을 위한 융합기술」 이라는 보고서에 다음과 같이 정의 했다.

- 나노기술(N)
- 생명 공학 기술(B)
- 정보화 기술(I)
- 인지과학 신경기술(C)

위 네 가지 결합된 과학기술을 통해서 미래의 사회는 인간의 능력 향상과 산업의 혁신으로 융합기술을 정의했다. 아마도 4차 산업혁명이 현실화 되면서 인간과 컴퓨터 간 상호작용의 합리적 가치를 예측하고 인간사회에 기계인간이 함께 살아가는 시대를 예고했다.

이러한 시장에 디자인 씽킹(Design Thinking)으로 디자이너는 각종 주제들을 구체화된 내용으로 세분화된 미래를 실행할 수 있는 시장설계가 필요하다.

현재 우리나라도 4차 산업혁명으로 미국과학재단에서 예측한 시장보다 더 세분화된 정책으로 미래 시장을 예측하고 투자를 늘리고 있는 추세이다. 특히 4차 산업혁명 실증사업을 늘리기도 하고, 정책적으로 규제 센드박스를 정책을 확대하여 민간 투자 영역도 이끌어 내고 있는 현실이다.

다음으로는 디자이너 사고로 융합학습을 할 수 있게 실습을 하고 발표를 진행하며 피드백을 한다.

〈디자이너 사고, 학습 정리〉

항목	주제 문제점	주제 해결점
사용자 경험 시나리오 작성		
제품 또는 서비스 디자인		
시스템 및 서비스 설계		
비즈니스 설계		
실행 능력		

실습자료가 정리될 수 있게 교육자(멘토)는 이론지도로 전체적인 내용 작성에 필요한 배경과 지식 정보 작성이 가능하게 리더 한다.

교육자는 이론 중심의 기초 학습으로 자신의 경험을 토대로 한 시나리오 사례 중심의 디자인 씽킹 인지에 필요한 자료를 정리한다. 다음으로 각자가 해결하고자 하는 아이디어가 융합적 사고를 바탕으로 기술성 융합으로 구현되는 메커니즘을 이해할 수 있는 시장으로 구체화 한다.

교육자(멘토)는 지식과 경험을 통해 창의적인 주제로 디자인 설계가 가능하게 이론과 실무로 연결하는 교육을 지원한다.

참여한 교육자는 강화된 기업가정신을 통해 아이디어는 구체화 시키고 구체화된 내용을 기반으로 투자가들을 설득할 수 있는 활동을 추가하면 좋다.

다음은 구체화된 주제의 내용으로 정의될 수 있게 실습을 진행하고 발표를 통해 피드백을 한다.

〈디자이너 주제, 학습 정리〉

항목	아이디어	아이디어 구체화 내용
나는 누구인가?		
무엇을 하려는가?		
나의 고객은?		
차별성은?		
원하는 비즈니스는?		

교육은 시간을 충분하게 부여하여 교육 참여자가 정리된 내용을 기반으로 각 팀원들이 5분 스피치를 진행할 수 있게 진행한다. 교육 참여자는
- 프리젠테이션 학습
- 피드백 학습
- 공감의 시간으로 학습이 가능하게 진행한다.

다음으로는 발표를 통해서 피드백 한 학습과 내용을 정리 한다.

교육을 진행하는 방식은 교육자들이 각자가 정의한 내용을 모두가 발표하는 기회를 제공하면 더 좋은 리더이다. 각 개인 아이디어를 발표하게 하는 이유는 다함께 참여하는 교육자나 리더 자도 고객이 될 수 있기에 고객의 관점에서 협업하는 정신으로 공감의 시간을 만드는 목적이 있기 때문이다.

특히 각자의 관심분야로 진행하는 것을 시작으로 각 주제들을 공감학습으로 이끌어내기 위함도 있지만, 교육에 참여자는 각자 팀을 구성해서 팀원 학습으로 스스로 리더해 주기 위함에 있다.

일반적으로 교육의 참여 형태에 따라 다를 수는 있으나 각자 팀원은 소속된 회사나 서로 모르는 구성원으로 보통 5명 이하로 구성한다. 가급적이면 각자 전공이 다른 분야로 구성이 될 수 있게 조언을 한다.

특히 팀이 구성되어 활동을 진행하면 브레인스토밍이 자유롭게 진행되도록 지원하고 팀의 아이디어를 발표하여 긴장을 주는 학습으로 실무 행동이 가능하게 리더한다.

학습 실무를 진행하면서 중간 시간에는 발표를 통해 아이디어가 실행되는 과정마다 수정을 주문하고 그 행위들을 반복하면서 아이디어를 구체화할 수 있게 또는 피봇을 할 수 있게 조력자 역할을 한다.

디자이너 실습으로
- 각자 주제가 구체화될 수 있게 조력자 역할
- 멘토는 튜터(Tutor)의 역할로 전반적으로 팀을 효율적으로 지원
- 시간에 충실하고 행동은 코치(Coach)하는 역할로 공감하는데 바람직한 행동의 리더가 필요한 영역이다.

리더의 역할에는 개인이나 팀의 의사를 존중해야 하고, 절제된 개입으로 협력을 이끌어 낼 수 있도록 한다. 그리고 가급적이면 왜, 어떻게 등으로 논리적이고 비판적인 사고로 디자인에 집중할 수 있도록 지원한다. 그리고 열띤 토론으로 팀원들이 원만하게 진행이 가능하도록 지원을 한다.

교육자 학습과정은 긴 시간으로 운영이 되는 만큼 중간발표를 수시로 진행하고 최종 발표로 이어질 때까지 조력자 역할에 충실 한다. 참여자가 공감하면서 스스로 평가를 할 수 있도록 프로토타이핑(페이퍼 또는 비디오 영상)으로 발표하게 지도하고 최종 자료는 페이퍼나 동영상으로 최종 보고서 양식으로 또는 포스트 형태로 발표를 진행하여도 좋다.

평가에 치중하는 것도 중요하지만 피드백 학습이 무엇보다 중요하다.
교육(멘토)과 멘토링이 가능한 영역의 리더는
- 창의성 발상
- 실현 가능성
- 상품 가능성 등으로 평가를 진행하면서 공감의 시간에 함께 한다.

아래 도표는 일반적으로 디자인 씽킹 프로그램 내용이다. 각 기관에 맞게 제안하는 방식으로 진행하면 좋다.

항목	이론 및 과제	멘토링 형태
오리엔테이션	개인 소개 및 팀	멘토가 강의 소개
	디자인 씽킹 소개	
	창의적인 디자이너	
주제 및 중간발표	디자인 씽킹 주제	멘토 이론
	디자인 프로세스	
	엘러베이터 피치	
디자인 씽킹	사용자 경험 시나리오	멘토 이론 및 실기
	서비스 디자인 컨셉	
	지속 가능한 디자인	
디자인 설계	창의 융합기술	멘토 이론 및 실기
	창의 융합시장	
	프로젝트 구현	

항목	이론 및 과제	멘토링 형태
디자인 실행	사용자 중심 디자인	멘토 이론 및 실기
	사용자 프로세스	
	프로젝트 구현	
최종 결과물, 발표	디자인 결과	멘토 및 외부 전문가
	디자인 결과물 평가	
	피드백 학습	

③ 디자인 아이디어 계획

디자인 씽킹으로 구체화된 내용을 기반으로 활동을 촉진하는 구간이다.

각자 교육에 참여하는 스킬에 따라 다소 다르겠지만, 일반적으로 창업을 준비하는 경진대회, 각종 정부정책 등으로 디자인된 아이디어 등 계획 활동이 가능한 정보로 디자인 내용을 공유하는 활동이다.

디자인 계획이 수립되는 단계인 만큼 여러 기관에 지원이 가능한 정책에 참여가 가능하다. 특히 프로토타이핑으로 구체화된 내용을 더 세분화된 가치는 지식재산권 확보로 차별화된 디자인 계획이 가능하다. 특허출원, 프로그램 등록 등의 활동은 확장성이 가능한 아이디어 계획으로 멘토가 멘토링이 많이 필요한 디자인영역이다.

교육 참여자의 디자인 씽킹을 통한 디자인된 아이디어 계획은
- 기술 협업 분석
- 시장의 수요 시장
- 시장규모 등으로 도전하는 정신과 실행설계가 필요하다.

또한 교육의 참여자가 최종결과물을 기반으로 디자인 계획이 가능한 부분에 많은 경험의 사례를 중심으로 멘토링을 하면 된다.

아래 내용을 기반으로 각자 주제로 선정된 디자인 내용, 계획에 필요한 멘토링으로 실습을 진행한다.

항목	디자인 씽킹	디자인 내용	디자인 계획
각자 팀	주제 :		
최종 결과물			

다음으로는 최종결과물이 제화로 정리되면 다음은 평가를 통해서 피드백 학습이 가능하게 멘토링을 통해 자금 유치에 필요한 활동을 지원한다.

디자인 설계는 여러 기관을 통해 발표하는 과정을 통해 평가의 가치로 가급적 사용자 경험을 중심으로 성장의 시장이 검증되기도 한다.

그래서 평가를 진행하고 제품 또는 서비스가 실제로 글로벌 시장에 적용이 가능한 판단과 국내시장으로 차별된 가치들로 시장에 진입이 가능한 평가에 집중하며 멘토는 멘토링을 함께 진행해도 좋은 구간이다.

여러 기관에서 진행하는 평가는 여러 형태가 있겠지만,

- 유용성
- 사용성
- 도입성
- 확장성 등에 필요한 내용으로 총괄적으로 최종평가를 진행하는 경우가 많다.

물론 학습 단계로 객관적, 과학적 측정이 어려운 환경으로 평가 내용을 중시하는 것보다는 평가를 통해서 피드백 학습이 가능하게 조언하는 것이 무엇보다 중요한 멘토링 기법이 된다.

여기서 여러 가지 기능을 활용하면 좋겠지만, 페르소나(Persona) 기반 시나리오 기법으로 피드백을 지원하는 방법도 좋을 듯하다. 페르소나는 가상으로 상상된 구체적 사용자를 일컫는 말이다.

각자 교육의 참여자가 제품이나 서비스를 사용한다고 가정을 하고, 각 구간마다 일어날 수 있는 일들을 여러 분야의 사람들이 또는 멘토(교육자)가 다양한 관점에서 순서대로 나열하는 방법으로 정리하게 지도하는 것이다. 이러한 방법은 디자인 씽킹 전에도 많이 사용해온 기법이다.

이 방법은 우선순위로 각자 기능들이 본 시스템에서 어떻게 이용되는지 또는 어떻게 사용자가 생각하는지 등을 알려주는 내용으로 정리한다. 다음으로는 스토리보드 작성이 필요한데 스토리보드는 상황에 대한 설명으로

- 관련된 고객
- 직업군
- 환경적 가치
- 수행한 내용 등이 포함된다. 즉 무엇이 특정한 가치를 이끌어 내는가? 어떠한 그림으로 설명할 수 있는가? 왜 고객은 써야 만 하는가? 어떤 리즈를 충족시켜주는가? 등으로 설명하는 스토리보드를 우리는 시나리오라고 하므로 발표 때 적용할 수 있는 영역이다.

유명한 디자인 씽킹 회사 팀 브라운 대표는 브레인스토밍을 강조 했다. 특히 디자인 설계 단계는 팀원들이 어떤 사고로 어떤 내용들이 구체화되기 위한 주제에 집중하게 된다.

이러한 학습 구간에 브레인스토밍을 통해 더 세분화된 가치로 학습이 가능하게 지원하며 각자 학습자가 얻을 수 있는 시간으로 리더하게 정의 하였다.

이러한 내용을 정리해보면 다음과 같이 정리할 수 있는데, 문제를 보다 구체적으로 정리 하고 묘사가 더 명확하고 쉽게 할 수 있게 출발하는 것으로 브레인스토밍이 필요하다고 볼 수 있다. 그리고 어떤 아이디어를 비판하거나 반박하는 것은 바람직하지 않다고 했다.

다음으로는 아이디어가 구체화되는 과정에 순위를 두고, 아이디어를 전체 팀원들이 볼 수 있게 매체를 기록하라고 한다. 마지막으로 스케치, 마인드 매핑, 도형 등으로 비주얼 자료에 충실하게 리더 하고 워밍업 시간을 가질 것을 권고한다. 교육의 참여자에게 스스로의 시간을 많이 부여하는 조력자 역할이 필요함을 알 수 있다.

2) 디자인 씽킹 확장성

인간의 사회는 점점 기계와 함께 사는 사회를 지향한다.

인간은 더 낳은 삶의 질을 추구하고자 디자인 씽킹 확장성에 의해 소비자들에게는 제품 또는 서비스로 디자인과 브랜드가 글로벌 관점으로 더욱 중요해지고 있는 시장에 확장성 활동이다.

필자가 존경하는 이미 고인이 된 세계적인 혁신 모델인 스티브 잡스는 "디자인은 제품이나 서비스의 연속적인 외층에 표현되는 인간 창조물의 영혼이다."고 말했다. 그만큼 강조한 인간의 창조물이 전 세계 사람들에게 영혼까지도 욕구를 충족시킬 수 있는 디자인 씽킹을 요구하고 확장성은 바로 기회의 시장이다.

디자인 씽킹은 고객을 만족시킬 수 있는 다양한 활동으로 제품 또는 서비스가 개발단계나 적용될 제품 또는 서비스 기획, 융합, 마케팅 등의 전 과정에 각자의 디자이너들의 경험과 사고방식이 적용될 수 있도록 하는 인간의 창조물이다.

그래서 디자인적 사고로 참여하여 통합적인 결과물이 인간의 영혼까지 담을 수 있는 것에 전략적 사고를 둘 필요성이 있는 유한의 시장이 된다.

디자인 씽킹을 통한 통합적 사고를 만들기 위해서는 어떤 아이디어도 일반적인 사고 접근보다는 양방향적인 사고의 아이디어를 창의적으로 만드는 창조의 정신이다.

그러다보니 교육받는 또는 참여자는 새로운 해결책을 찾기 위한 활동이므로 다소 상충되는 아이디어 사고도 모두 포용하는 능력이 있어야한다. 또 리더를 하면서 통합적인 사고에 주안점을 두고 소통하는 리더십이 필요하다.

즉 디자인 씽킹을 많이 다루다 보면 교육자와 공감(Empathy)하는 것은 기본이고 주제를 다루는 부분에도 공감하는 것들로부터 시작이 될 수 있게 해야 한다고 리더에게 주문하게 된다. 결과적으로 정책 접근을 해보면
- 무엇이 필요한지
- 어떤 부분이 더 좋은지
- 어떤 것이 싫은지 등의 의제들을 듣고, 느끼고, 이해할 수 있는 행동이
  바로 디자인 씽킹을 통해서 공감하는 디자이너 자세이다.

디자인 씽킹은 이론적으로 많이 다루는 것이 아니라 특정 공간을 사용하며 사람

중심의 시간을 통한 디자인 설계가 될 수 있도록 하는 프로그램을 운영한다.

특히 사람 중심의 공감을 확대하고자 문제의 맥락을 잘 이끌어내는 것부터 시작하여 통찰하는 방법론으로 교육자는 합리적인 리더의 시간운영이 되어야 한다. 운영에는 이론적 관점으로 학습이 가능해야 하고, 실습을 조화롭게 진행하면서 해결하는 문제를 도출할 수 있도록 지원이 가능한 문제해결 방법이다.

디자인 씽킹은 단계별 프로그램에 리더가 필요하다.

교육 참여자는 공통 주제로 학습을 하거나 각자의 개별주제로 학습을 진행하더라도 초기에는 수렴하는 시간이 필요하다. 먼저 자유롭게 주제를 선정하고 또는 지정된 학습 주제들을 수렴적 사고에서 분산적 사고로 이동이 가능하게 지도해야한다.

즉 디자인 씽킹은 하나의 주제로 문제들에 대한 각종 의제들로 교차점에 도달하는 것들로부터 스티브 잡스가 모바일시대의 스마트폰의 창의적인 결과물을 만들어 냈듯이 모든 아이디어가 혁신적인 아이디어로 변환이 가능하게 참여하는 정신이 필요하고 교육자(멘토)는 리더를 한다.

디자인 씽킹은
- 수렴의 사고
- 분산의 사고
- 집중의 사고는 참여하는 교육자가 많은 생각과 대화로부터 시작할 수 있도록 지원하면 좋다.

아이디어 사고는 수직적인 방식이 아니라 수평적인 사고로 적용되는 시간마다 교육자(멘토)는 집중적 사고와 확산적 사고로 지원이 가능하게 양방향 정신이 현장에 있도록 리더 한다.

디자인 씽킹 진행은 초기시간부터 소통하는 대화를 이끌어 내고 디자이너 스스로 브레인스토밍이 가능하게 지원한다. 도출되는 모형은 다이야몬드 형태로 이전과 이후의 의제들이 현실적으로 필요로 하는 주제들을 멘토링 한다.

각자 다듬어 나가는 방식 론으로 분석적 사고를 수렴적 사고를 통해 구체화된 모형으로 확장성 사고의 멘토링 등을 진행한다.

82

2. 디자인 씽킹(design thinking) 실무

1) 디자인 씽킹 비즈니스

디자인 씽킹은 개인이나 팀이 생각하는 수제를 비즈니스 정신으로 만들어 내는 과정이다.

서비스 디자인의 특징은 서비스 디자인 기업이나 멘토가 함께 진행하면서 고객과 고객사의 접점 내용을 기반으로 문제를 찾고, 그 문제로부터 본인들이 생각하는 비즈니스로 정의할 수 있어야 한다. 물론 교육을 통해서 빠른 시일 내 해결할 수 있는 환경으로 해결책을 만들어가는 의미도 중요하지만, 해결책이 있는 비즈니스 정신이 확장할 수 있는 정신으로 이양도 중요한 활동이 된다.

이래서 디자인 씽킹은 매번 활동이 필요하며, 각자가 원하는 서비스 디자인 방법론으로, 사용하는 기법으로 상용화 과정까지 연결하는 작품의 활동이다.

디자인 씽킹은 가능한 사용자 중심의 필요한 가치들로 서비스에 대한 모든 것을 빠르게 가설을 통해 시각화하는 설계 관점으로 구체화하는 환경을 지원해야한다.

특히 디자인 씽킹 비즈니스에서는 고객의 관점으로 서비스 디자인 전략을 펼칠 때는 고객의 중심이 되는 학습은
- 상품의 가치(Customer Value)
- 고객 측의 비용(Cost to the Customer)
- 편의성(Convenience)
- 커뮤니케이션(Communication) 중심 등으로 진행한다.

그리고 멘토링은 4C로부터 응용하면서 그 동안 경험으로 정의된 내용에 대하여 학습을 통해 공감하는 시간의 리더활동을 한다.

또한 고객의 확장성으로 창출하는 추가 활동은 4C로부터 도출되는 내용을 기반의 도전하는 정신을 격려하고, 추가 활동 전략의 조언이 필요한 부분에 멘토링 설계가 가능하게 지원한다. 다음으로 비즈니스 4C 전략으로 수립하고 고객으로부터 실행하는 전략으로 응용된 4C 학습을 통해 비즈니스 구현하는 가설로 진행해 본다.

디자인 씽킹은 무엇보다 팀원들의 융합적인 사고이다.
세계적인 디자인 씽킹 실무에 모범적인 모델자인 팀 브라운은 스스로 디자인 앤 이노베이터(Innovator)를 중시했다. 디자이너는 디자인을 통해서 혁신을 만들 줄 알아야 된다고 강조했다고 볼 수 있다. 즉 디자인 씽킹 실무는 사람들이 느낄 수 있는 필요한 시장을 충족시키는 디자인 모형 도출이 필요한 영역이다.

팀 브라운(Tim Brown) CEO 지식을 인용해보면 디노베이터(design Innovator)라고 볼 수 있다.
즉 디자인 씽킹은 사람이 느끼는 필요를 충족시키는

- 호감도(Desirability for human) 충족시키는 것
- 기술적 가능성(Feasibility for technology) 기반의 경제적으로 생존
- 경제적 생존 능력(Viability for business)을 조화시키는 일이라고 했다.

디자인 씽킹으로 실무는 리더의 역할이 중요하다. 교육에 참여하는 자가 아무리 분산적 사고와 수렴적 사고를 익숙하게 다룬다고 해도 교육자(멘토) 리더로 브레인 스토밍을 적재적소에 잘 응용하지 못하면 실패하는 디자인 씽킹이 될 수 있다.

다음으로 팀 브라운이 단계별로 다루는 실무를 다루어 보자
먼저 이론적 내용을 정리해보면 세 단계로

- 영감(Inspiration)
- 아이디어화(Ideation)
- 구현(Implementation)으로 학습을 반복적으로 한다고 정의 했다.

그리고 영감을 할 수 있도록 모든 구성원들에 도출되는 내용을 관찰하고, 공감하는 일들로 협력이 가능하고 영감을 얻을 수 있게 리더 하는 것이 중요한 활동이다. 그리고 아이디어화는 전체적으로 통합적 사고로 분산적 사고 과정을 통해 팀원들이 원하는 아이디어가 구체화 될 수 있게 지원하면 된다. 마지막 구현은 고객들에 가

설할 수 있는 제품 또는 서비스가 프로토타입을 만들 수 있게 지원하고 테스트 할 수 있게 리더 하면 된다.

여기서 실무를 진행하다보면 실패에 가까운 내용으로 정의 될 수 있다. 이러한 내용을 개선하기 위해서 반복적으로 학습의 실무를 하는 것도 중요하지만 빠르게 포기를 할 수 있는 것에도 멘토링이 필요하다.

다음은 영감, 아이디어 구체화, 구현에 필요한 이론학습을 끝으로 실무를 통해서 실습이 가능하게 진행한다.

① 아이디어 4C의 학습

각자가 생각하는 아이디어로 또는 교육자가 선정한 주제로 스토리보드로 정리된 내용을 기반으로 상품의 가치, 고객 측의 비용, 편의성, 커뮤니케이션으로 4C학습 이론과 실습을 병행하여 학습을 리더 한다.

보편적으로 비즈니스 모델을 구체화하는 비즈니스 모델 캔버스와 유사할 수 있으나, 4C의 학습은 디자인 씽킹을 통해서 개인이나 팀원들이 집중하고 소통하면서 목표를 달성하기 위한 학습으로 구체화 하는 방법이다.

다음은 페르소나 시나리오를 중심으로 주제를 확장형으로 4C학습을 진행해 본다.

〈디자이너 주제, 학습 정리〉

학습 할 항목	4C 학습 내용
상품의 가치 (Customer Value)	
고객 측의 비용 (Cost to the Customer)	
편의성 (Convenience)	
커뮤니케이션 (Communication)	

② 아이디어 가설과 경험 창출

스토리보드는 작성된 내용을 발표를 통해서 피드백 학습을 한다. 그 다음으로는 비즈니스 전략으로 시나리오 실행을 하면서 고객의 사용자와 고객의 경험을 창출할 수 있는 상호작용 전략이 필요하다. 또한 현장을 중심으로 인터뷰나 각종 수요 조사한 내용을 기반으로 개발시스템의 인터랙션 협업으로 고객가설이 가능하게 리더 한다.

제품 또는 서비스가 개발하는 과정에 협업의 스토리보드가 완성이 되면 커뮤니케이션을 통해서 미래의 시장이 예측되는 시나리오로 바로 비즈니스는 상용화로 지원이 가능한 결과물 정리가 되게 조언한다.

다음으로는 미래시장을 설계하고, 예측하는 리더로 협력을 이끌어내는 역할이 필요 하다. 즉 페르소나를 만들고 우선순위에 따라 실제 사용자에 필요한 가설로 고객의 경험을 창출하는 요소를 다루게 한다. 다음으로는 비즈니스를 하기 위한 디자인 설계를 실습한다.

〈디자이너 주제, 학습 정리〉

학습 할 항목	주제로 학습한 내용
페르소나 사용	
사용자 경로의 경험	
경험의 창출 테스트	
핵심목표 설계	

③ 아이디어의 디자인 설계

비즈니스는 무엇보다도 제품 또는 서비스를 유용하게 만들고, 소비자 경험을 통해서 성장이 가능하다. 그래서 사회적 경험과 지식의 노하우가 많은 멘토는 강의와 멘토링이 가능한 자질을 갖추고 있으면 경험의 디자인 설계가 용이할 수밖에 없다.

특히 경험의 디자인 설계가 가능하면 지속 가능한 디자인(Sustainable design)은 시장으로부터 제품 또는 서비스가 시장 진입에 사회적, 경제적, 생태계적 영향을 기반으로 고객가설과 검증이 가능하다. 또한 고객가설 단계에서부터 디자인 씽킹을 통해 지속 가능한 디자인 설계가 가능한 학습 구간이다.

아래 내용으로 이론적 학습은 사회적 가치를 서비스 질, 일자리, 사회적 협의 등에 주안점을 두고, 비용 대비 수익, 공정한 경쟁, 공정거래 등으로 경제적 가치를 해결할 수 있는 부분으로 각 주제별로 구체화 할 수 있도록 리더 한다. 마지막으로 창업의 생태계적 가치를 부여하여 글로벌 비즈니스가 가능한 시대정신으로 차별화 전략으로 리더하며 조언을 한다.

〈디자이너 리더, 학습 정리〉

학습 할 항목	학습으로 가치 내용 정리
사회적 가치	
경제적 가치	
생태계적 가치	

아이디어 설계는 개인적으로 해결이 어려운 부분을 극복하기 위해 디자인 씽킹 학습을 통해 세계적으로 전파한 www.openideo.com 정신에서 찾을 수 있다.
이 프로세스는 다음과 같은 내용으로
- 영감(Inspiration)
- 컨셉화(Concepting)
- 칭찬(Applause)
- 평가(Evaluation)
- 구현(Realization)으로 구성된 부분으로 학습을 진행하게 지원을 하고 있다.

종합적으로 아래 도형으로 학습을 진행 할 수 있도록 이론적 기반과 실무가 가능하게 리더(멘토)자격을 갖추기 위해 노력하고 사례를 중심으로 반복적인 학습으로 진행 한다.

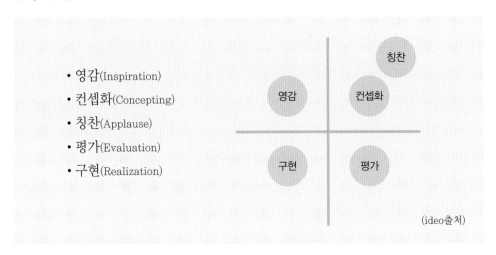

- 영감(Inspiration)
- 컨셉화(Concepting)
- 칭찬(Applause)
- 평가(Evaluation)
- 구현(Realization)

(ideo출처)

Ideo 출처를 보면 관찰하고, 고객의 관점, 맛보기 평가 등으로 참여하는 그룹을 팀원의 영역으로 구체화하고 디자인씽킹을 학습할 수 있다. 필자가 생각하는 디자인씽킹은 영감, 상상, 실행을 할 수 있는 기업가정신을 기반으로 하는 반복적인 학습이다.

3. 디자인 씽킹(design thinking) 사례

1) Workshop Agenda

① Design Thinking 사례
- 주제: 멘토 역량강화
- 참석: 교육 참석 및 멘토
- 교육: 참여형 워크샵
- 목적: 디자인 씽킹 방법론 및 마인드셋을 체득
- 방식: 디자인 씽킹 마인드셋, 아이디어 창출, 긴밀한 공감대

② Workshop Time line

〈디자이너 리더, 학습 정리〉

시작 시간	진행 내용	진행자
10:00~10:10	워크샵 취지 및 목적 소개	멘토 및 보조연구원
	디자인 씽킹 이해하기	
	각자 소개	
12:00~13:00	점심	
	디자인 첼린지	
	인터뷰	
	포인트 멘토링	
14:00~14:20	쉬는 시간	
	아이디어 콘텐츠	
	브레인스토밍	
	아이디어 콘텐츠	
	비즈니스 모델	
	프로토핑	
16:30~16:40	쉬는 시간	
	테스트	
	피드백 학습	

③ Workshop 노하우

워크샵은 가급적 2박3일이나 1박2일로 진행한다. 위의 내용은 어떻게 진행한다는 내용을 예시 했을 뿐 이론 학습을 응용해서 일정에 따라 편집해서 진행한다.

아이디어 챌린지는 지정한 주제로 가능할 수도 있고, 자율 주제로 참여할 수 있게 진행한다.

인터뷰는 30분 정도 사용하여 각 팀이 고객과의 인터뷰를 통해 각자 주제에 관련한 고객의 경험에 깊이 있게 관찰하고 공감하여 개선을 위한 문제점과 인사이트를 파악하는 것에 리더 한다.

인터뷰 내용을 기반으로 교육자(멘토)는 고객과 동일한 입장에서 문제를 인식하고, 열린 질문, 이유를 묻고, 직접 요청하고, 공감하는 것에 집중하고 해결책을 제시하지 말 것 등으로 현상 그 자체 의미와 가치를 파악하는데 집중한다.

프로파일, 백그라운드, 인터뷰 내용, 포인트, 리더 등을 파악하여 정리하게 하고 발표를 할 수 있도록 한다.

포인트 멘토링은 공감 과정에서 나온 인사이트를 통해 고객의 입장에서 문제를 정의(사용자, 가치, 공감)하게 하고, 어떻게 하면 할 수 있을까에 …는 …하므로….할 수 있는 방법으로 정의했다. 는 등으로 리더의 자세가 필요하다.

브레인스토밍은 고객관점의 문제정의를 기반으로 해결하는 아이디어를 개발하는 단계로 리더 하고, 팀원이 포스트잇으로 작성하게 한다. 우선은 질보다는 양으로 아이디어 구체화하여 각자가 소개하게 하는 팀원 활동을 촉진한다. 다음으로 아이디어 설명 간에 자유롭게 질문하고 토의할 수 있는 시간을 충분하게 사용한다.

다음은 베스트 아이디어를 뽑는다. 이 구간은 팀원이 소외 되지 않게 목소리 크기, 말의 양 등에 유의 있게 관찰하고 피드백 학습을 진행 한다.

아이디어 평가는 5분 이내로 도출된 데이터로 고객이 원하는 바인가? 시간, 비용, 기술, 시장 실현이 가능한 것인가? 등 즉 고객에게 임펙트가 높은 아이디어를 평가

90

한다.

아이디어 내기가 마무리되면 비즈니스 모델 캔버스를 사용해서 프로토타이핑으로 아이디어를 물리적으로 또는 세계적으로 고객이 rudga할 수 있는 형태로 피드백을 유도한다.

디자인 팀의 아이디어 제시로 니즈를 듣고, 고객의 욕구와 목표를 듣기로 하고 아이디어로 무엇을 할 수 있는지, 어떤 가치를 줄 수 있는지, 고객의 입장에서 리더한다. 물론 교육의 참여자는 각 단계별로 정리할 수 있게 교육 자료를 미리부여하고 진행 한다.

교육의 참여자는 프로토타입까지 완성된 제품 또는 서비스로 구체화된 가치로부터 세분화하는 내용을 기반으로 테스트에 임한다. 테스트는 각 팀당 5분 이내 사용하고 5분 이내로 피드백 공유로 좋은 점, 아쉬운 점, 개선점 위주로 공감하게 리더한다.

[디자인씽킹 차이점]

■ 디자인씽킹과 린스타트업의 통합방법론 필요 : 차이점

What	Design thinking	Lean Stadup
목표	혁신	혁신
벽시	일반적인 혁신	스타트업을 위한 첨단기술 혁신
접근방식	사용자 중심	고객중심
불확실성	사악한 문제 해결	불명확한 고객문제
테스팅	더 빨리 성공하려면 일찍 실패	피벗(pivoting)은 '빨리 실패하다'라는 개념의 핵심입니다. 가설이 잘못되었다는 사실을 빨리 깨달을수록 더 빨리 업데이트하고 다시 테스트 할 수 있다.
반복	예("반복")	예("피보팅")
아이디어	아디이어는 과정의 일부 입니다. 그 과정에서 솔루션이 생성됩니다.	아이디어는 과정의 일부가 아닙니다. 제품비전은 처음에 회사 창립자가 제공합니다.
질적방법법	강한초점 : 정교한 민족지 학적 방법, 사용자 연구, 관찰 등	초점이 아님

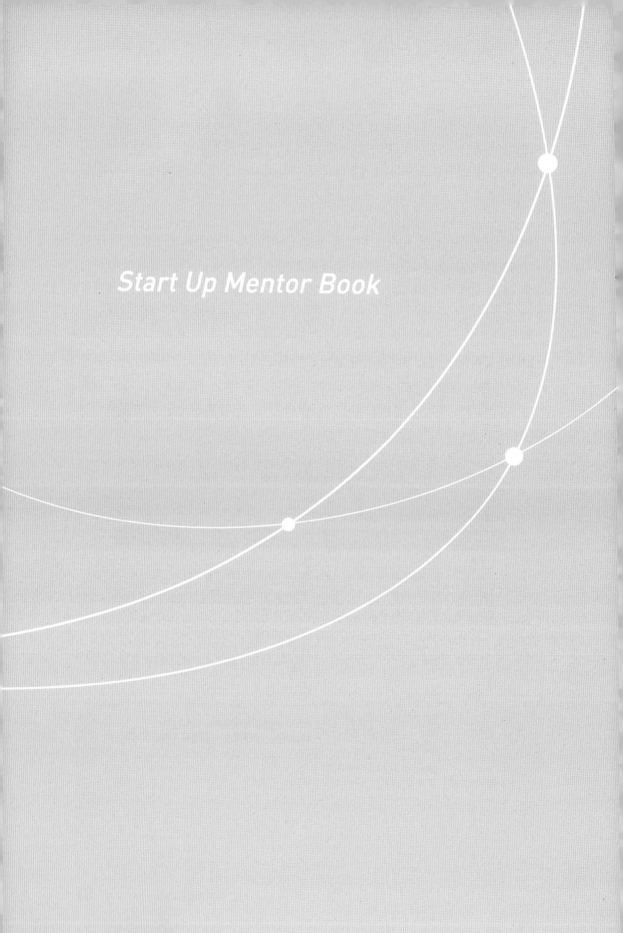

Start Up Mentor Book

캡스톤 디자인
Capstone Design

비즈니스
모델

만나고

협업하고

구현하고

평가하고

Ⅴ. 캡스톤 디자인Capstone Design

1. 캡스톤 디자인(Capstone Design) 개요

1) 캡스톤 디자인(Capstone Design)이란

① 이론/실습 교과목을 통하여 개인의 역량과 팀 별로 창의적인 주제에 대한 프로젝트를 수행하며 이를 통한 다양한 주제에 대한 설계와 구현을 실행한다. 특히 개인보다는 팀워크로 하는 매력이 있다.

② 팀 별로 프로젝트 주제에 있어서는 관련 산업체 전문가들과의 논의를 통하여 실제 산업분야에서 활용될 수 있는 실무적인 주제가 선정될 수 있도록 협력한다. 특히 스타트업의 사전학습을 할 수 있는 기회의 시장이 될 수 있다.

③ 팀 구성 활동으로 산업체 주제들 분석으로 팀이 캡스톤디자인 설계를 진행하며 지도 교수, 산업체 등의 멘토링으로 구현이 가능하게 종합설계 한다. 그리고 일반적인 대상의 교육은 본인이나 팀이 이뤄하는 자율 방식으로 할 수 있다.

2) 캡스톤 디자인(Capstone Design) 설계

① 팀 구성은 2~3명으로 구성한다. 별도사항은 사전확인 후 가능하도록 한다. 그리고 일방인 대상의 교육은 본인이나 팀이 원하는 자율방식으로 할 수 있다.

② 팀 구성 후 팀명, 팀원 역할, 조장선임으로 팀원들이 상호작용이 가능하게 활동 지원한다. 그리고 지도교수, 산업교수의 멘토링으로 협력한다.

③ 각종 공모전, 대회, 전시회, 논문, 학술대회 등에 활동이 가능한 성과 활동을 한다. 그리고 가급적이면 졸업논문 연계나 스타트업 활동을 할 수 있게 지원한다.

④ 기타 성과에 필요한 활동을 지원하고 대학수업에 참여할 경우 학점 부여에 적용할 수 있도록 한다. 그러나 일반인을 대상으로 학습을 진행할 때에는 아이디어가 프로토타입 과정까지 진행할 수 있도록 학습을 진행한다.

3) 캡스톤 디자인(Capstone Design) 수업 목표

① 팀 별로 프로젝트 설계를 위한 요구사항 획득기술의 이론을 이해하고 실습을 통하여 기술을 습득한다.

② 다양한 설계 기법들의 이론을 이해하고 실전을 통하여 기술을 습득한다는 목표를 기반으로 수행계획서나 사업계획서를 작성하도록 지도한다.

③ 팀 별로 프로젝트 주제를 선정하고 설계를 통한 결과물을 구현한다는 목표로 학점이나 스타트업 활성화를 할 수 있게 한다.

④ 구현된 최종 결과물에 대한 결과 보고 발표를 통하여 목표 대비 달성 정도를 평가 받고 개선점을 파악한다.

⑤ 팀 작업의 흐름의 이해를 높이기 위한 시각적 현장 중심 체험에 협력한다는 지향하는 가치들에 협력할 수 있게 지원한다.

4) 캡스톤 디자인(Capstone Design) 평가

이공계 수업시작으로 요즘은 다양한 학과가 참여하며 종합디자인 설계과목 수업을 진행한다. 그리고 다음과 같이 평가를 진행하지만, 각 학과에 준하여 보통 평가 항목을 정하여 평가한다. 보통 평가 항목은 다음과 같다. 평가항목, 평가 내용, 취득 점수, 배점 순으로 정리한다.

〈학습 평가 정리〉

평가항목	학습
① 창의성(25점)	
– 아이디어의 독창성	
– 아이디어 계획성	
– 아이디어 팀 활동	
② 계획성(25점)	
– 문제도출 및 해결방법의 논리	
– 자료조사 방법의 타당성	
– 계획내용 수시 활동성	
– 팀원 협업성	
③ 기술성(25점)	
– 실현 가능성	
– 기술의 난이도	
– 구현 접합성	
– 비즈니스 확장성	
④ 완성도(25점)	
– 과제 완성도 및 수준	
– 결과보고서 내용의 충실성	
– 결과물 및 발표	

① 보통 합계 100점으로 운영을 한다. 그러나 학생들의 외부 활동을 독려하고 본인들이 종합 설계한 가치가 다른 기관으로부터 어떤 평가를 받는지, 우리는 어떤 피드백을 응용하여 추가 프로젝트가 완성될 수 있도록 활동하는 가에 가점 제도를 준다. 보통 가점은 공모전, 학술발표, 지식재산권, 해카톤대회 등 기관으로부터 인증된 가치를 준하여 적용한다.

5) 캡스톤 디자인(Capstone Design) 협력 학습

① 팀 구축은 보통 자율, 산학, 강제 등으로 구축한다. 그러나 가급적 본 프로젝트 수업을 기반으로 졸업 작품, 산업체 적용, 사회 로드맵 등에 응용이 가능한 프로젝트 진행이 목표가 된다. 따라서 팀의 구축은 자율적 구축 및 주제는 산업체융합으로 기획하여 설계하는 것이 좋다.

② 팀 구축이 완성되면 팀의 역량으로 주제가 구체화 될 수 있도록 팀 빌딩을 수시로 진행한다. 또한 팀의 각 분야별로 구현될 수 있는 활동을 진행한다.

③ 프로젝트 주제가 정해지는 단계부터 지도교수, 산업 멘토, 지원기관 활용 등에 종합적인 멘토링을 지원하고 평가한다. 또한 프로젝트 진행하는 과정에 주간 보고, 중간보고용 자료 제출, 발표, 최종발표, PPT자료, 각종 활동 자료 제출 등으로 평가하고 보관한다. 물론 공학인증 참여하는 학과는 추가 자료를 정리하여 평가하고 평가기관으로부터 평가를 받는다.

④ 본 프로젝트는 이론과 실습을 병행하여 진행하며, 개인이 아닌 팀 수업으로 진행된다. 그러므로 팀의 역량 평가, 개인 평가가 동시에 진행이 되기 때문에 평가 프로세스가 명확하여야 하며 각 주제별 성숙도, 완성도, 협업 활동성 등의 추가 평가가 반영된다.

⑤ 프로젝트의 주제별 프리젠테이션이 잘 만들어지고 팀의 주제들이 구체적으로 발표 도구로부터 표현이 잘 될 수 있도록 하는 팀 발표가 중요하다. 그리고 그 동안 프로젝트를 진행하는 과정별 외부 활동도 추가 정리하여 가점 평가를 받는 것이 좋다.

6) 캡스톤 디자인(Capstone Design) 비즈니스 학습

① 비즈니스 모델 캔버스(Business Model Canvas)

Key partners	Key activities	Value propositions	Custorner Relatlonshlps	Custorner Segments
	Key Resources		Channels	
Cost Structure			Rvenue Streams	

② 린 캔버스(Lean Canvas)

Problem	Key activities	Value proposition	Customer relationships	Customer Segments
	key resources		Channel	
Cost Structure				Revenue Streams

7) 캡스톤 디자인(Capstone Design) 기술사업화

① 창업동아리, 캡스톤디자인 기술사업화로 정부정책자금 유치 등을 위한 최소 자금 유치 활동이 필요하다. 창업자금 시장에 필요한 자금유치로 제품 또는 서비스 MVP 활동으로 비즈니스 확장성이 가능한 기술사업화가 가능하다.

〈학습 평가 정리〉

기술사업화 구성	기술사업화 유치
• 창업동아리 연계 활동	• 정부 정책자금 유치 활동
• 교수 연계 창업	• 지식재산권 확보
• 캡스톤디자인 사용화	• 아이디어 대회 등

② Capstone Design 설계과정은 많은 부분 도움이 필요하다. 참여하는 학생들은 진로설계, 창업도전 연계 린 스타트업의 기술사업화의 도전정신이 중요하다. 왜냐하면 캡스톤디자인 설계로 그동안 팀으로 활동한 역량으로 창업에 필요한 추가 학습의 비즈니스 분석, 사업계획서 작성 등을 통하여 현재 시점의 기술사업화 설계가 가능한 학습을 진행한다. 그리고 미래의 창업가정신에 필요한 비즈니스 종합설계를 작성하여 한 번도 가보지 않은 창업의 시장에서의 문제발견, 문제해결, 문제정의, 비즈니스 구체화의 기업가정신 학습도 함께 진행하면 더욱 좋다.

2. 캡스톤 디자인 설계

1) 캡스톤 디자인(Capstone Design) 학습 지표

① Capstone Design 핵심지표(공학인증출처)

〈학습 평가 정리〉

순서	학습 성과	학습 내용
1	지식응용	수학, 기초과학, 전문교양에서 습득한 이론과 지식을 전공에 응용할 수 있는 능력
2	이론검증	자료를 이해하고 분석할 수 있으며 프로그램 기반의 실험을 통해 검증할 수 있는 능력
3	문제해결	주어진 문제와 자료를 분석하고 요구사항을 이해하여 모델링할 수 있는 능력
4	실무활동	컴퓨터 정보기술 관련 실무에 필요한 최신기술 방법, 도구들을 활용할 수 있는 능력
5	팀웍능력	팀 구성원의 역할을 해낼 수 있는 능력. 그리고 팀이 가산점을 받는 능력
본인이 생각하는 핵심지표 만들기		
핵심지표	학습 성과	학습 내용
1		
2		
3		
4		
5		
6		

② Capstone Design 종합설계 구성요소

〈학습 평가 정리〉

순서	학습 성과	학습 내용
1	합성	설계 구성요소가 여러 분야 및 학문 이론을 합성하여 구체화
2	분석	분야의 업무에 대한 분석을 수행하여야 한다.
3	제작	목표 시스템을 구현하여야 한다.
4	시험	구현된 시스템을 다양한 조건과 환경에서 시험해 본 데이터화
5	평가	시험 결과에 대한 평가를 통하여 문제점을 분석하고 형상화
본인이 생각하는 학습 내용		
순서	학습 성과	학습 내용
1		
2		
3		
4		

③ Capstone Design 설계보고서

〈학습 설계 정리〉

항목요소	팀명 :	팀원 :
경제성		
안정성		
신뢰성		
미 학		

④ Capstone Design 문제 수준의 평가 항목

〈학습 평가 정리〉

문제 평가 내용	문제 수준 설명	문제 해결 내용
문제의 속성		
지식의 깊이		
상충되는 요건의 범위		
분석의 깊이		
생소한 주제		
문제의 범위		
고객요구수준 및 범위		
상호의존성		
다양한 영향고려		
비즈니스 윤리성		
문제 수준 설명		

⑤ Capstone Design는 수업을 진행하는 학과 및 담당교수가 지표를 다양하게 설계하여 지도학생에 성장이 가능한 지표로 평가하며 피드백을 한다.

2) 캡스톤 디자인(Capstone Design) 주제 기반 기술사업화 사례

① 개요: 캡스톤디자인(Capstone Design) 주제: 레시피 게임
② 팀 프로젝트: Capstone Design 종합설계 3명이 프로젝트로 완성했다.
③ 팀 창업: Capstone Design 게임 주제로 창업 팀으로 전환 활동 진행했다.
④ 팀 활동: 공모전 당선으로 초기자금 유치했으며, 동아리활동으로 기술개발 자금 유치, 정부정책자금 유치로 게임개발 완성하여 실제 고객들로부터 마케팅 요소별 어떠한 반응이 있는지 등을 파악하여 개발과정을 수정하여 반복 학습으로 마케팅과정으로 진행했다.
⑤ 정부정책 자금유치로 개인 사업자 등록을 하면서 Capstone Design 프로젝트가 스타트업으로 전환이 가능했다.

3) 문제(Problem)

① Capstone Design 프로젝트의 주제로 공모전, 정부자금유치로 해결하고자 하는 게임개발의 문제를 해결하기에는 여러 가지로 많이 부족했다. 무엇보다 고객의 입장에서 마케팅으로 전환하여야 하나 추가자금, 경쟁관계 조사부족 등으로 해결책을 분명하게 제시하지 못하였다. 그래서 처음부터 서비스를 고객들로부터 구체화하기 위해서 반복적인 학습 등이 필요했다.

4) 해결책(Solution)

① Capstone Design 주제로 해결하고자 하는 기술 분야의 특징을 잘 고려하여 개발하는 과정에서 게임구현이 해결은 잘 되었으나, 스타트업의 중요한 시장의 해결책 특징과 시장 진입에 필요한 조사가 부족하였다. 그래서 차별적 접근이 가능한 시장조사로 추가 고객가설, 투자자 미팅 등 게임개발서비스로부터

고객의 필요로 하는 시장으로의 전환에 시간과 비용이 필요했다.

5) 핵심가치제안(Unique Value Proposition)

① 본 게임개발 서비스 해결책의 핵심요소인 레시피 스토리에 따른 재미와 레시피 기반 상품정보가 고객의 사용으로 정의가 되었다. 그러나 기존의 게임 서비스보다 차별적 가치제안 요소가 부족했다. 그래서 고객으로부터 빠른 MVP, 인터뷰로 반복적인 학습이 진행 되어야 했다.

6) 고객 세그먼트(Customer Segment)

① Capstone Design 주제가 1인 가구 혼밥, 혼족 사용자 중심의 고객이 필요한 재미와 탈출로 레시피 획득성과의 쾌감을 얻게 한다. 그래서 세분화된 고객들 타깃으로 초기 서비스 마케팅이 필요했다. Capstone Design으로 MVP 활동이 용이하므로 고객의 발굴에 따른 지속성으로 해결책을 분석하고 소비자와 직접 대화나 구독고객을 대상으로 문제점 활동 등의 세그먼트 활동이 필요했다.

7) 경쟁우위(Unfair Advantage)

① 본 Capstone Design 프로젝트는 경쟁자 모방이 어려운 형태가 아니다. 그러므로 유사 서비스 경쟁사보다 초기에 시장선점이 필요하고, 깊이 있는 전문가 스킬업이 가능한 퍼블리셔 협력으로 확장성의 시간이 필요했다.

8) 채널(Channel)

① 게임개발에 따른 직접 마케팅으로 고객의 가설을 했다. 그러나 게임시장이 모바일시대 가열경쟁 부분을 퍼블리셔를 통한 마케팅 성장이 필요했다. 그렇게 하므로 고객의 사용경로 이해, 평가, 구매, 전달, 사후관리, 구입단계 등으로

사용 접점분석으로 고객을 확보할 수 있었다. 특히 추가적인 채널의 필요성을 퍼블리셔를 통해 비용구조(Revenue Structure), 수익원(Revenue Stram), 유지보수, 광고, 홍보 등으로 확장이 가능했다.

9) 스타트업으로 고객의 관계성

① Capstone Design 팀 활동의 스타트업 시작으로 각종 정책에 참여하여 스타트업 정신을 함양하고 실제 고객으로부터 본 프로젝트가 주어지는 매출로 저조한 관계로 실패의 경험을 했다. 그러나 엔지니어 출신 팀이 Capstone Design 학습을 통해 Startup 경험을 축척한 창업가정신은 남이 가질 수 없는 가치로 고객의 관계성으로 성장하는 기업을 알게 되었다.

② Capstone Design 팀원들이 Startup 시작으로 사업자등록 시작은 게임개발 서비스로 신규고객, 구독고객, 마케팅, 인센티브, 리텐션 등으로 성장하는 것이 필요했다. 그래서 고객의 관계성에 필요한 전문가 팀원이 필요했다.

3. 캡스톤 디자인(Capstone Design) 응용

1) 캡스톤디자인 기업 수요조사

〈주제조사 정리〉

기업 수요조사 개요	제안 내용
개발목표 및 내용	
연구개발 동향 및 파급효과	
시장동향 및 규모	
개발기간 및 연구비	
연구개발 추진 체계	
주제 평가 주안점	

2) 캡스톤디자인 산학 협력

〈학습 평가 정리〉

기업 주제 정리	제안 내용 선정

4. 캡스톤 디자인(Capstone Design) 멘토 참여

① 캡스톤디자인 주제 및 멘토링

• 캡스톤디자인 멘토 신청서

〈전문가 정리〉

인적사항	전문가 이력	전문가 활동 계획
학력사항		
경력사항		
자격증 보유		
회사 정보		

• 캡스톤디자인 멘토 및 멘토링

〈학습 평가 정리〉

순번	팀명	팀원	캡스톤디자인 주제	멘토/멘토링

② 학습 사례 전시회 및 평가

<학습 평가 정리>

캡스톤디자인 주제	평가 준비	평가 내용	성과 총평

③ 학습 참여 및 총평

• 캡스톤디자인 수업은 지도교수가 진행하면서 산업체 멘토 참여로 멘토링으로 성과를 도출하는 과정이다. 특히 산업체 주제 및 개인별 주제가 각 팀 활동으로 고객의 문제와 니즈로부터 기회를 포착하여 팀을 만들고 팀 프로젝트로 학습한다.

• 각 주제가 캡스톤디자인 기획 단계부터 수행계획서, 주간일지 활동, 중간평가, 종합평가 단계로 진행이 된다. 각 주제별 필요한 재료, 자원을 확보가능하게 적재적소에 지원하여 학습을 통해 프로젝트 수업에 지장이 없도록 지원을 한다. 특히 캡스톤디자인 경험을 쌓는 프로젝트 과제는 진로설계, 사회경험, 스타트업 수행 등의 학습중심으로 상, 중, 하 형태로 평가가 진행되는 만큼 멘토의 멘토링은 산학융합에 많은 도움이 될 수 있도록 지원을 해야 한다.

• 주제별 모험을 선택하여 도전한 지식의 깊이, 기술 구현, 실험 데이터, 완성도 등으로 평가가 진행 되지만, 주제의 각종 변수에 대한 인식 개선을 통해 내부 및 외부로부터 종합 평가에 필요한 활동을 한다.

• 캡스톤디자인 종합설계는 총 몇 개 팀이 활동하였으며, 팀은 2~4명 이하로 한정되게 하였다. 본 프로젝트 수업에는 몇 명이 전공 필수 과목으로 운영하였으며, 주제는 산업체 주제 몇 개, 팀 자율 주제 몇 개로 운영하고 자체 평가 사전

통보로 전시회를 통하여 평가 하였다. 학습 평가를 통해 학점을 이수하는 관계로 평가는 공정하게 진행하였다.

이번 수업에 참여하면서 특허출원 몇 개 등록, 공모전 응용 몇 개 등으로 실제 참여하는 학생들로부터 멘토의 만남과 멘토링 지원을 통한 추가적인 수업 활동을 얻어 낼 수 있도록 지원을 했다. 멘토는 팀 프로젝트를 구체화하는 지원을 하는 것도 중요하지만 평가 총평으로 학생들이 필요로 하는 시장에 참여하는 정신도 중요한 자세이다.

〈멘토링, 평가 정리〉

멘토링 내용			
멘토링 총평			
건의 사항			
작 성 자	멘토 성명:		확인:

④ **평가표는 다음과 같이 진행한다.**(평가 방식은 학과 기준 표준 필요)

〈학점, 평가 정리〉

평가 내용	비중	피드백 학습	학습 응용
출석	20		
수시	10		
과제	20		
프로젝트	50		
가점	5		
중간평가 결과물			
최종평가 결과물			

VI

학습내용❹

비즈니스
Business

고객중심

인간지능

인공지능

상생지능

연결산업

VI. 비즈니스 Business

1. 새로운 시장(New Market) 이해

비즈니스는 상상을 초월하는 시대정신으로 어떤 제품 또는 서비스가 소비자가 원하는 가치 창출로 이어지도록 어떠한 가치를 제공하고 그 가치에 대한 대가를 획득하는 활동이다.

스마트폰 기반 차량 비즈니스 기업의 우버는 2009년 센프란시스코에서 서비스를 시작했다. 운이 좋게도 투자자들은 우버의 기업 가치를 단 기간에 500억 달러 이상이라고 평가를 했다. 비즈니스 시장을 만들기 위해서는 제품 또는 서비스가 기존의 산업보다 경쟁우위로 차별화 전략이 구체화가 되었을 때 성공할 확률이 높은 것을 알 수가 있다.

세계적인 우버(Uber)회사가 공유경제 기업으로 성공할 수 있었던 것은 기존의 전통적인 택시 산업에 새로운 서비스와 기술로 비즈니스를 하였고, 이에 따른 택시 산업은 위협의 시장이 되었고, 우버(Uber)회사의 대체할 비즈니스는 고객으로부터 사랑을 받게 되었던 것이다.

우버(Uber)는 승객과 운전기사를 스마트폰 버튼 하나로 연결하는 기술 플랫폼으로 정의 할 수 있는 비즈니스이다. 기술 플랫폼은 어떤 의미일까. 우버(Uber)는 택시를 소유하지 않는 택시와 유사한 서비스이다. 또한 새로운 비즈니스는 소비자에게 새로운 가치와 서비스로 수익을 얻는 과정이다. 본격적인 세계적 기업으로의 성장을 가져온 것은 기존의 틀을 벗어난 새로운 비즈니스가 고객중심으로 확산 되었기에 성공할 수 있었다.

이런 비즈니스 모델이 확산되면 가까운 미래는 더 위험한 시장을 맞이할 수도 있다. 기존의 택시업체나 기사들을 위협하는 시장으로 지금 우리가 알고 있는 많은 직업들이 사라지고 그와 함께 새로운 비즈니스에 의해 새로운 직업들이 등장하게 되기 때문이다.

서울산업진흥원 조사에 따르면 2019년 미래를 여는 새로운 직업의 영역은
- 기술과 혁신(AR. VR, 모빌리티, 인공지능, 사물인터넷(IoT) 등)
- 창의와 비즈니스(창작 마케팅 분야, 콘텐츠미디어 분야, 융합서비스 등)
- 인간과 행복(공간 및 주거, 라이프스타일, 반려동물, 헬스케어 등)

구분해서 미래의 직업군 조사가 되었다. 더 세분화 된 11개의 미래직업 키워드를 AR. VR, 모빌리티, 정보보안, 헬스케어 등으로 新직업군으로 분류 했다.

〈2019년 미래를 여는 새로운 직업〉

분야	新직업	분야	학습 응용
VR, AR	VR 에듀 크리에이터	사물인터넷	스마트 팩토리코디네이터
	VR 공간 디자이너		스마트 센서 관리자
	AR쇼핑플랫폼 설계자		스마트 홈 개발자
			스마트 커넥티드
인공지능	머싱러닝 엔지니어	융합소프트웨어	NCI전문가
	비전인식 전문가		아이트레킹프로그래머
	교통시스템개발자		공간정보시스템기사
	게임콘텐츠개발자		오감인터렉션개발자
모빌리티	자율비행드론 개발자	정보보안	디지털재해복구관리사
	커넥티드카 개발자		블록체인 전문가
	플라잉카 개발자		동물매개 심리사
공간 및 주거	LED식물공장개발자	헬스케어	간편대용식 개발자
	생태복원 전문가		유전자상담 전문가
	신재생에너지 전문가		디지털디톡스지도자
라이프스타일	메이컬투어 컨덕터	창작마케팅 및 콘텐츠미디어	빅데이터 큐레이터
	지능형 홈로봇 개발자		소셜미디어 컨설턴트
	복지주거환경코디네이터		지역 콘텐츠 창작자
	중장년일자리코디네이터		크리에이터 매니저
	사이버 분쟁 조정사		디지털 카토그래퍼
			기술윤리 변호사

세계적인 서비스모델로 본질의 비즈니스 가치는 기존산업의 파괴적 혁신과 신산업 혁신에 의해서 일어나는 것을 배울 수 있었다.

우리도 할 수 있다.

정부에서 추진하는 4차 산업혁명의 정책으로 미래 산업을 혁신하는 기업가정신의 학습을 빠르게 변화는 사회를 통해 배워야한다.

1) 인구 변화는 기회인가?

① 인구 변화 부의 트렌드
- 4년제 대학 50여 곳 통폐합 위기, 초중 위기(2020)
- 남성 20%, 여성 10% 평생 독신으로 산다. (2020)
- 신규 고용 연 90만 명 수준으로 감소한다. (2030)
- 교사, 의사, 변호사 등 신규 진입 급감으로 전문직이 위험한 시장으로 예측했다. (출처: 조병태 교수가 내다보는 미래한국)

② 새로운 세상에서 비즈니스는 단순해 보이면서도 비즈니스와 경제는 사회를 철저히 바꾸는 매우 혁신적인 개념이고, 생존을 위해 고용과 재취업이라는 기존의 기업가정신 형태에서 새로운 비즈니스에 의한 기업가정신으로 규정했다. 또한 창업 비즈니스에 필요한, 기계가 해내지 못하는 능력을 먼저 길러주는 비즈니스 학습은 매우 중요한 교육 시책이 될 것이라고 전했다.

2) 새로운 기술 기회인가?

① 4차 산업혁명 시대는 무엇보다 신기술에 의한 혁신이다.

혁신적으로 우선시 되는 기술은 인공지능(AI), 로봇, 빅데이터, 사물인터넷 등으로 혁신시장이 이동이 가능할 것으로 보인다. 새로운 시장의 진입에 따른 사회는 변화의 시장이기 때문에 일하는 방식과 일자리 변화가 예상되어 혁신의 학습이 반드시 필요하다.

이미 한국고용정보원 조사에 의하면 기존의 일자리 구조가 2025년 1,800만 명

일자리 위협의 시장이다. 즉 전체 활동 인구의 40%에 해당이 되는 인구 활동 구조의 변화로 국내 현 직업 종자사의 절반 이상이 일자리를 위협받는다는 연구결과가 나왔다. 주목하지 않을 수 없다.

- 대체 가능성이 높은 직업은 청소원, 매표원, 주차관리원, 주방보조원 등
- 전문직 대체 가능성은 다소 낮은 결과로 회계사, 항공사, 조종사, 변호사 등
- 신규 고용 연90만 명 수준으로 감소하는 일자리 문제(2030)
- 전문직 교사, 의사, 변호사 등 신규 진입 급감한다.(한국고용정보원 출처)

② 혁신사례:

IBM 인공지능 왓슨은 한국어를 모두 습득해 모 보험사 콜센터 상담사 서비스 발표로 단순 상담 업무가 인공지능으로 대체되는 일자리 위협이다.

③ 혁신사례:

미국에 선보인 올리(OLLI)라는 자율 주행 버스를 선보였고 대한민국에서는 로봇으로 암을 예측하고 수술을 진행하는 로봇기술을 선보였다.

3) 산업혁명 속의 발전하는 기회는?

- 1차 산업혁명의 1780년 시점으로 주도국은 영국, 독일로 핵심기술 산업은 증기기관 방식의 유럽이 부상하는 기계혁명으로 경제부흥으로 연결이 되었다.

- 2차 산업혁명은 1900년 시작으로 미국의 등장으로 일본, 독일의 전력, 철도, 자동차, 항공기 산업이 미국의 주도로 에너지 혁명의 전력산업이 주도했다.

- 3차 산업혁명 역시 1970년대 미국, EU, 일본의 인터넷, IT, 신소재, 제약 등으로 정보통신과 자동화 산업의 IT혁명이 시작되었으며, G1미국 중심으로 신흥국의 제조, 선진국의 소비 형태로 세계화 시장이 활성화 되었다.

- 4차 산업혁명은 2010년 미국, 중국, EU의 ICT, 인공지능, 빅데이터, 로봇,

020. 자율 주행, 드론 등으로 중국의 G2 진입이 가능하였으며, 현재도 초지능 혁명으로 초연결 대융합의 플랫폼 경제로 이동하고 있다.

〈산업의 변천사〉

노동화 > 자동화 > 정보화 > 지능화

4) 4차 산업혁명 관련 주요 기술 혁명은?

- 물리적 기술은 무인운송수단, 3D프린팅, 로봇공학, 신소재 시장으로 성장 견인 하는 시장으로 예측
- 디지털 기술은 사물인터넷(IoT), 빅데이터, 인공지능(AI)중심으로 시장을 선도할 것으로 예측
- 생물학적 기술은 스마트의료, 유전공학, 합성생물학 등으로 변화되는 시장으로 예측 했다.(홍남기 2017 지능정보사회 출처)

5) 일본의 H 호텔 로봇서비스 사례로 부의 지도는?

플랫폼은 단순해 보이면서도 비즈니스는 강했다.

일본의 도쿄 중심에 있는 H 호텔에 공룡 로봇에 여권을 스캔하면 체크인으로 방을 배정받을 수 있고 일본어, 한국어, 중국어 능통한 로봇이 안내한다. 방문고객의 어린 아이들이 있는 가족의 인기로 즐거운 경험을 하기 위해 찾는다는 고객방문 이력은 매력적인 서비스 사례이다.

먼저 일반 여행객을 호텔에서 맞이하는 방식으로 고객이 객실에 들어서면 고객이 말하는 대로 음성인식이 가능하고 전자제품 제어로 140대 로봇이 근무하는 것이다. 즉 기존의 사람이 하는 직업과 서비스 시장을 대체하며 음식 제조, 가방배송 등의 서비스로 로봇무인시스템화로 사람처럼 일을 하며 로봇이 대체한 서비스 시장으

로 인간사회를 위협 하게 하는 시장이 되었다.

6) 아마존 로봇 물류 창고 서비스 사례로 부의 지도는?

이미 세계적인 10대 기업에 포함되었다.

아마존94 설립의 CEO 제프 베조스(Jeff bezos)가 아마존을 세울 때의 야심은 언론을 통해 알 수 있지만 대단하기로 유명하다.

설립자의 "모든 사람들이 아마존을 통해 세상의 모든 물건을 사도록 하겠다."는 야심이 현실로 다가 왔다. 이미 온라인 서점은 기존의 오프라인 서점들을 사라지게 한지 오래되었고 기존의 시장은 파괴의 경제 시장으로 만들었다.

그리고 무선통신 기술 발전으로 로봇을 이용한 로봇 물류창고 시스템 구축이 가능하여 현재는 사람이 하던 업무를 로봇이 대체되는 직업군으로 근무 노동자가 해고 통지되는 사태가 발생한다.

한번 잃은 일자리는 새로운 일자리로 찾기가 싶지 않은 근무 환경으로 혁신의 변화를 실감하고 있는 직업군이 되었다.

산업의 혁신은 거듭되는 시장이 되고 말았다.

1970년대의 산업화 로봇은 사람의 행동을 하면서 느리게 걷는 등의 한계가 있었다. 하지만 지금은 인간의 한계를 넘어서고 있는 강한 로봇의 등장으로 인간사회와 함께 살아가는 로봇시대가 되었다.

이러다보니 로봇 시장의 경제로 2020년에는 710만 일자리가 무너지고 인간은 무엇을 해야 하는지, 불안한 상황이 나타나고 있다. 기존의 사람이 노동시간 법규를 지키면서 노동의 의문에 분쟁이 일어나는 반면 로봇은 24시간 노동 근무가 가능한 형태로 대체가 가능하다.

미래 산업화는 그만큼 여러 일자리에 있어 부의 지도를 바꿔 놓는다.

미래에는 기계인간으로 살아갈 수 있게 자율주행자동차, 로봇, 인공지능(AI) 등이 세계 경제를 바꾸어 놓아 부의 재편성을 가져올 수도 있다고 예측이 된다.

2. What is business는 무엇을 요구하는가?

 디지털 시대의 기업은 경쟁력으로 비즈니스의 확정성이 가능해야 한다.
 비즈니스 모델로 사업의 기회를 찾기 위해서는 사회의 공간 속에 인간의 삶의 방식과 사람들의 습관 생활 과정에서 비즈니스 모델을 찾을 수 있다.
 비즈니스 모델 발굴로 문제점과 니즈를 찾는 과정은 새로운 시장으로 진입하는 것으로 성공할 수도 있고 실패할 수도 있다. 그래서 비즈니스 모델은 누구나 변화와 혁신으로 새로운 트렌드로부터 기회를 포착하는 기회의 시장이기에 학습이 필요하다.

 What is business는 무엇을 요구하는가?
 모든 사물에 대한 꾸준한 관찰의 생활화로
  • 사회의 성장
  • 경제의 이동
  • 문화의 공감
  • 기술의 진화
  • 시장과 정부의 관계성 등에 남보다 다른 관찰 능력을 갖고 서로 연결해
   주는 가치들에 대한 환경이 비즈니스 모델의 시작이다고 볼 수 있다.

 특히 상품 또는 서비스는 사회적 재화와 가치들로 여러 공간 속에서 기회를 찾아 사업에 착수하게 된다.
 비즈니스 요소는 일반적으로 혁신을 시작으로 하며
  • 가치 제공 차별화
  • 경쟁우위 획득
  • 수입을 확보 하는 것으로부터 확장성이 가능한 혁신이 비즈니스 재화
   로 볼 수 있다.

 2008년 혁신 내용을 보면 Clayton Christiansen "Reinventing Your Business Model" 4가지 방식을 다음과 같이 연구논문을 통해 발표 하였다.

  • 고객가치제안(Customer Value Propositions)
  • 이윤공식(Profit Formula)

- 핵심자원(Key Resources)
- 핵심프로세스(Key Process) 방식은 이론적 교육이 용이하다.

이와 같은 교육 지식은 4가지 방식을 기반으로 발표한 것으로 얼마 되지 않아 뒤따라 이론정리의 학습에서 더 구체화 실습이 가능한 2010년 Business Model Generation학습의 내용이 발간되었다.

현재의 교육방식은 여러 기관들이 응용하면서 이론과 실습이 가능한 교육학습 방법으로 사용하게 되면서 많이 사용하고 있다.

교육을 통해서 학습자는 빠르게 아이디어를
- 구체화 할 수 있고
- 고객 검증이 가능 하고
- 여러 기관으로부터 평가받는 시장으로 사용하고 있다.

학습의 과정은 인터넷 플랫폼 회사를 성공적으로 운영하고 있는 카카오 회사 사례 중심으로 새로운 비즈니스 모델 서비스 비교 분석 학습으로 진행한다.

국내 서비스 카카오 톡이 모바일 메신저 시장의 혁신으로 성공한 과정을 조사하고, 한국의 국민 메신저 서비스로 성장한 시장을 조사 한다.

그리고 인터넷 모바일 플랫폼은 대부분 장악한 시장의 가치를 분석하고 자신들의 서비스를 이용하는 커뮤니티로부터 창출하는 다양한 서비스를 조사해 본다.

다음은 네이버 회사 사례의 지식경제로 성장한 사례학습이다.

인터넷 플랫폼 네이버는 이미 인터넷 산업 군에 많은 변화를 가진 포털에선 국내 서비스의 절대 강자로 자리를 내어주지 않았다. 그 서비스 형태를 분석해 본다. 그리고 일본시장의 진입이다. 네이버의 자회사 라인은 일본에서 소프트웨어기반을 승부수로 던져 국민메신저로 성장하였다. 이미 태국, 인도네시아 등으로 세계적 인터넷 플랫폼 경제로 성장하고 있는 사례중심 학습활동을 해 본다.

유사한 사례중심 학습은 각자가 생각하는 아이디어의 구체화 활동을 하는데 많은 도움이 되므로 강사가 자료 정리된 내용으로 이론 수업을 할 때 그 대상으로 실습 할 수 있으면 더 좋다.

다음은 비즈니스 모델에 필요한 학습을 해보기로 한다.

〈사례, 평가 정리〉

항목	카카오	네이버
개요		
가치성		
솔루션		
기술성		
확장성		

1) Business는

숨어있는 문제와 개선은 어떻게 하는가? 비즈니스는 내 것으로 만들기 위한 노력이 필요하다. 아래내용은 아이디어를 기반으로 비즈니스를 해결했으면 하는 내용의 학습으로 이론적 기반으로 실습까지 진행해 본다.

- 인간의 행동을 고찰하고 대화, 취미, 여행, 행동 등에 욕구를 찾아낸다.
- 더 좋게, 더 빠르게, 더 싸게, 더 혜택 등 시장 조사 한다.
- 더 재미있게, 더 쉽게, 더 경제적 등으로 사람의 삶을 전환이 가능하다.
- 기존제품과 서비스에 대한 고객의 불만족을 파악한다.
- 사람의 현장에서 고객의 패턴을 꾸준히 관찰하는 피드백 학습이다.

2) Business의 해결

문제점 해결 방법은 가급적이면 경험을 통해서 얻을 수 있으면 더 좋다. 그러나 각자가 비즈니스의 문제점을 해결하기 위해서 아래의 내용을 토대로 학습하고 실습을 진행 한다.

- 우리의 고객은 어떤 분야이고 실제 고객은 누구인가?
- 기존의 방식과 어떤 차별화가 있는지 명확하게 찾아낸다.
- 우리는 어떤 내용으로 어떻게 해결 할 것인지 찾는다.
- 고객의 어떤 문제와 니즈를 해결하는지 정의하고 표현이 가능한 활동인가?

3) Business Model은

아이디어를 창조하는 교육으로부터 시작하는 것이 필요하다. 다음의 내용으로 이론과 실습을 진행해 본다.

- 고객이 안고 있는 문제점을 해결해 줄 수 있는가?
- 고객의 시간과 비용을 크게 절약해 볼 수 있는지?
- 고객에게 편리함을 제공하고 성장의 속도가 빠른가?
- 기존 환경에 무리 없이 결합이 되는지?
- 기존의 방식을 파괴할 수 있는 혁신적인 제품, 서비스인가?
- 접근 가능한 시장이 크게 존재 하는가?
- 성장의 언론을 끄는 제품 또는 서비스인가?

4) 시장에 적용이 가능한가? 고객의 입장에서 생각해 보자

- 내가 얻게 될 이익이 분명하여 돈을 지불할 의사가 고객은 있는지?
- 내가 안고 있는 문제를 해결해 주어 돈을 지불하는지?
- 사용 적용 단계에 저항감이 있는지 또는 실제로 적용이 가능한지?
- 단순한 개념에 불과한 것인지 아니면 혁신이 가능한지?
- 제품 또는 서비스가 복잡하지 않은 편리성으로 사용이 가능한지?

5) Business Model은 고객으로 부터

아이디어는 현장에서 답을 찾는 것이 좋다.

비즈니스 모델은 기존의 고객의 문제를 배경으로 해결하고자 하는 아이디어를 추출, 그 문제를 해결하기 위하여 현장으로 나가서 답을 찾는 것이 좋다. 현장에서 답을 찾는 것도 무한한 상상력과 시장에서 우리가 생각하는 아이디어를 어떻게 해결할 것인지에 대한 문제의식으로 시작되어야 한다.

현장에서 해결책을 찾기 위한 질문지를 사전에 만들어 고객의 니즈 중심으로 인터뷰 활동을 한다거나 또 다른 모습의 현장 활동을 통해 답을 얻는 새로운 교육의 방식이 될 수 있다.

현장에서 답을 얻는 과정도 논문이나 유사한 제품 또는 서비스로부터 차별성이 있는 해결방법을 찾는 것이 필요하다. 특히 학습의 진행 방법은 이론적 관점으로 반복적인 실습학습으로 하는 것이 바람직하다.

아래 도표는 하나의 예로 각자가 생각하는 아이디어 중심의 질문지를 만들어 사용하는 것이 바람직하다.

〈멘토링, 평가 정리〉

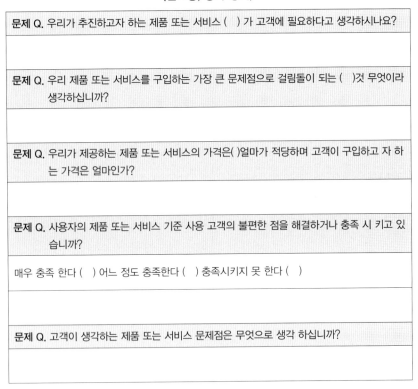

문제 Q. 우리가 추진하고자 하는 제품 또는 서비스 ( ) 가 고객에 필요하다고 생각하시나요?
문제 Q. 우리 제품 또는 서비스를 구입하는 가장 큰 문제점으로 걸림돌이 되는 ( )것 무엇이라 생각하십니까?
문제 Q. 우리가 제공하는 제품 또는 서비스의 가격은( )얼마가 적당하며 고객이 구입하고 자 하는 가격은 얼마인가?
문제 Q. 사용자의 제품 또는 서비스 기준 사용 고객의 불편한 점을 해결하거나 충족 시 키고 있습니까?
매우 충족 한다 ( ) 어느 정도 충족한다 ( ) 충족시키지 못 한다 ( )
문제 Q. 고객이 생각하는 제품 또는 서비스 문제점은 무엇으로 생각 하십니까?

6) 고객 또는 사용자의 MVP

　제품 또는 서비스의 시장을 시험할 MVP 활동은 고객으로부터 문제점을 해결하는 것도 중요한 활동이다.
　우리가 해결하고자하는 MVP 제품 또는 서비스의
- 기준 정의
- 표준 활동
- 사용할 고객의 불편성 등을 해결하기 위한 활동이 필요하다.

　추가 진행되면 사전 고객들로부터 얻는 가치들로 완전한 제품 또는 서비스를 만들기 위한 활동으로 실패를 줄일 수 있는 활동이다.

　아래 내용은 MVP사전 활동 예시로 실습이 가능하다.

- 고객의 문제 해결책 작성 리포트 작성하기
- 고객으로부터 구체화 하는 제품 또는 서비스의 구성과 동작 그리기
- 제품 또는 서비스 기능과 기존 고객사 대비 장점은 무엇이고 단점은?
- 현장으로 인터뷰 활동 및 리서치 내용을 비즈니스 모델로 정의하기
- 제품 또는 서비스의 존속 가능한 최소 기능은 무엇이며 그 기능을 그림으로 지식재산권 확보하기

〈멘토링, 평가 정리〉

①	고객의 문제 해결책 작성 리포트 작성하기	
②	고객으로부터 구체화 하는 제품 또는 서비스의 구성과 동작 그리기	
③	제품 또는 서비스 기능과 기존 고객사 대비 장점은 무엇이고 단점은?	
④	현장으로 인터뷰 활동 및 리서치내용을 비즈니스 모델로 정의하기	
⑤	제품 또는 서비스의 존속 가능한 최소 기능은 무엇이며 그 기능을 그림으로 지식재산권 확보하기	

7) 고객의 문제는 창조의 정신

비즈니스 모델은 어떤 문제로부터 해결하는 것이 좋은가? 아래 내용을 기반으로 문제를 하기하기 위해 각자의 아이디어를 배경으로 정리하며 피드백 한다.

〈멘토링, 평가 정리〉

문제 1. 고객의 문제해결 하고자 하는 배경은 무엇인가?
문제 2. 고객의 문제해결 하고자 하는 방식은 무엇인가?
문제 3. 기존의 산업과 무엇이 다르며 해결하는 방법은 무엇인가?
문제 4. 현장 중심으로 차별적 우월성은 무엇으로부터 해결해야 하는가?
문제 5. 지식재산권 확보와 보호는 어떻게 준비하는가?

3. 비즈니스 모델 캔버스(Business Model Canvas) 이론

비즈니스 모델 캔버스는 스타트업에서 중요한 학습이다.

기업을 하고 있는 구성원이나 신규로 창업할 때 주로 사용하는 학습이다. 먼저 이론과 실습으로 진행하는 교육과정이다. 그러다보니 개인이나 팀원들이 기업이나 스타트업들에 필요한 제품 또는 서비스를 구체화된 내용을 기반으로 제3자에게 전달하는 방법의 학습도구로 사용하기도 하고, 기업들의 사내벤처 촉진활동에 사용하기도 한다.

학습 과정에는 각 분야별 학습자가 각자가 생각했던 아이디어를 학습을 통해 구체화된 가치로 변모하여 기업들이나 스타트업들이 추구하고자 하는 제품 또는 서비스를 만들어낸다. 특히 비즈니스 모델이 도표로 만들어진 라인(9)블록에 채우기 위한 이론학습으로 각 구간에는 실습을 통한 아이디어를 구체화하는 방식으로 학습진행이 된다.

가급적이면 기업의 신규시장이나 기존의 영역에서 성장 전략에 필요한 영역으로 학습을 진행하는 방법도 유익하다. 특히 기업의 생존영역은 지속적인 이윤창출 과정이다. 신규시장에 진입하는 전략과 방법을 도출하는 팀 빌딩 활동은 비즈니스 표현의 도구로 경영자 기반의 협업을 이끌어내는 활동으로 충분한 학습이 필요한 과정이다.

대학에서 창업교과목이나 실제 비즈니스 모델은 빠르게 검증하고 빠른 수정을 통한 스타트업의 학습과정으로 많이 사용되는 추세이다. 초기 기업이 지속적으로 이윤을 창출하기 위해 제품 또는 서비스를 생산하기 전에 비즈니스 모델 사전학습을 통해 스타트업의 성장이 가능하게 하는 학습과정이다. 하여 멘토나 멘토링에는 반드시 필요한 학습 내용이다.

멘토(강사)는 이론을 사전학습으로 지도하고 각 구간에 실습내용 작성이 가능하게 조력한다. 그러한 과정에는 발표를 통해서 여러 문제점을 같이 해결해 나가는 교육과정의 멘티와 멘토의 팀 빌딩이 필요하다. 그리고 교육을 통해 구현하는 표현할 수 있는 학습개념의 리더가 가능해야하고, 학습자가 각자의 생각을 포스트잇으로 적으며 실습을 통한 아이디어를 구체화하는 과정으로 리더 한다.

실습한 내용은 하나의 비즈니스 모델 캔버스에 채워서 작성이 될 수 있게 한다. 그렇게 작성한 비즈니스 모델 캔버스는 누가 보아도 한눈에 볼 수 있는 내용의 비즈니스를 이해 할 수 있도록 정리하도록 지도해야 한다.

학습을 진행하면서 팀 또는 개인이 비즈니스 모델 캔버스 작성을 시작으로 라인블록(9Block)이 비즈니스 Model로 도출이 가능하게 이론과 실습활동을 중심으로
- 팀 빌딩이 동시에 가능해야하고
- 학습의 과정마다 가급적이면 개인의 생각의 함정에 빠지지 않게
- 비즈니스 모델 캔버스 학습은 팀 빌딩으로 또는 조력자 리더로 다양한 학습이 가능하게 지원해야 한다.

라인블록의 중심에 있는 가치제안을 중심으로 보았을 때 좌로는 주로 기술적 활동이나 부족한 부분의 파트너를 통해서 얻을 수 있는 상상의 가치들이 협업으로 비즈니스가 구체화 될 수 있도록 하는 개념설계의 구간이라고 볼 수 있다.

반대 영역의 우로는 좌로부터 기술적 개념 활동으로 비즈니스 확장이 가능한 영역으로 개념설계가 가능하다. 즉 고객으로부터 유통과 홍보 과정에서 고객의 관계성과 시장의 다양한 접점으로 검증하는 실행설계 단계구간으로 볼 수 있다.

팀이나 개인이 참여하는 교육자를 위한 비즈니스가 시장으로부터 새로운 비즈니스로 진입이 가능하게 조력자 역할에 충실해야 하는 의무를 가지고 교육에 임해야 한다. 특히 상상의 가치들이 설계되는 과정이므로 교육의 참여자들이 필요로 하는 자료 찾기, 자료 넣기, 자료정의, 자료실행이 가능하게 이론과 실습을 동시에 진행해 나가는 반복적인 학습진행이 바람직하다.

특히 신규 스타트업이나 벤처 창업자가 투자자의 투자유치가 가능할 정도로 비즈니스 모델의 캔버스 작성은 구체화되어야 함으로 멘토는 멘토링이 필요하고 창업 생태계가 더욱 발전하는 모델이 될 수 있도록 한다.

이미 해외에서는 왕성하게 활성화 되고 있는 학습과정이다.

실리콘 벨리, 이스라엘 등에서는 양극화가 다소 있더라도 창업자 누구나 비즈니스 모델 캔버스 학습 활동으로 스타트업들에 많은 도움이 되고 있는 실증이다. 특히 페이스북 경영자가 투자자로부터 몇 번의 피보팅으로 비즈니스 모델 기반의 캔버스 작성을 통해 투자유치까지 가능했다는 내용을 이해할 수 있었다.

그만큼 스타트업이나 벤처기업의 창업 문화에 필요한 것은 무엇보다 초기에 사업 수행이 될 수 있는 좋은 모델을 통해 팀 빌딩의 학습을 할 수 있도록 지도하고 상용화 시장에 연결해야 한다.

이미 세계적인 기업들로 성장한 기업을 학습모델로 하면 이해도를 높일 수 있다. 좋은 예로 사내구성원이나 외부 우수 인재들이 페이스북, 에어비엔비, 우버 등의 기업에 직접 적용하며 신규 사업을 촉진하거나 신규 투자자들에게 기회를 제공하는 학습도구로 삼아 진행하는 추세이다. 특히 실행과정을 통해 본인들이 생각하는 가치를 평가 받으며 투자자의 멘토 역할로 동반성장이 가능하게 멘토링까지 지속적으로 진행하는 것으로 유명하다.

우리나라도 여러 기관에서 교육의 프로그램을 진행한다. 기존의 벤처기업이 존재하는 공간 판교벨리, 구로디지털벨리, 센텀시티, 대전특구, 전국의 창조경제 등에서 벤처기업의 정신을 확산하고 있는 추세이다.

특히 벤처기업의 정신을 교육타운으로 벤처기업 정신을 공유하고 있는 한국청년기업가정신재단, 한국장학재단, 민간영역의 엔젤기관, 엑셀레이터기관 등에서 벤처기업의 교육과 멘토 활동지원을 하고 있다.

기업가정신을 다양하게 교육하는 지원도 많지만 다양한 분야에서 경험과 지식을 가진 멘토의 멘토링 지원 프로그램을 운영으로 아낌없는 지원을 하고 있는 시장에도 멘토의 역량으로 참여할 수 있는 시장이다.

지난 정부(미래창조과학부)에서 정책적으로 4차 산업혁명 육성과 글로벌 육성 지원의 대기업과 지역정부의 참여 프로그램으로 지원하는 분야는 현재까지 전국적으로 창조경제혁신센터로 운영이 되고 있다. 특히 멘토의 참여가 가능한 K-ICT창업멘토링센터, K-글로벌지원센터, 구글캠퍼스, 창업진흥원 민간TIPS 등으로 예비, 스타트업을 지원하고 있다.

주요 지원프로그램은 각 기관마다 다소 다른 형태이지만, 참여의 멘티와 멘토의 매칭으로 멘토링 지원이 가능하게 한다. 멘토링은 멘티가 필요한 영역의 전반적인 내용을 기반으로 멘티의 사업 수행이 가능하게 지원하는 제도이다.

즉 멘토로 참여하는 멘토는 여러 경험적 가치와 지식으로 멘티의 필요한 영역에 멘토링이 지원된다. 그리고 부족한 부분은 협업 멘토링이 가능하게 인적네트워크를 활용한다. 멘티로 참여하는 멘티는 단기로 멘토링 받는 것도 중요하지만 장기적 멘토링으로 성과에 필요한 지식네트워크와 인적네트워크 지원을 받을 수 있는 것이 바람직하다.

이러한 시장에 비즈니스 모델 캔버스 학습과 교육은 새로운 창업의 생태계를 만들 수 있다. 다시 말하지만 참여자는 이론과 실습을 병행하며 학습을 진행하는 방식으로 멘토는 자격을 갖추고 교육에 임해야 한다. 그리고 이론의 학습은 각 라인블록(9칸 교육교재)이 가지고 있는 교재의 특성에 채울 수 있도록 사전 교육이나 사례중심으로 학습 교육을 진행할 수 있다.

또한 이론 수업을 중심으로 각 팀원이나 개인의 실습은 주도자 한 개인의 생각으로 진행되기보다는 각 팀들이 참여, 각 개인의 생각들을 포스트잇을 사용하도록 자문을 한다. 왜냐하면 개인이나 팀원들이 각자가 가지고 있는 역량이 팀의 영역으로 협업하도록 지도하는 방식이다.

비즈니스 모델 캔버스 교육이 이론학습과 사례중심 실기학습으로 지도하는 것도 중요하지만 발표를 통해서 단계별 변화의 비즈니스 모델로 성장이 가능하게 하는 것이 좋다. 수업은 가급적 개인이나 팀원의 의견을 존중하여 공감의 스토리가 함께 할 수 있어야 하는 현장 조역자 역할로 협업하는 학습에 익숙해야 한다. 다음은 비즈니스 모델 캔버스 사례 중심으로 학습을 지도해 보자

① 비즈니스 모델 캔버스 사례

〈멘토링, 평가 정리〉

핵심 파트너 Key	핵심활동 Key	가치제안 Value Propositlons	고객관계 Custorner Relatlonshlps	고객 에그먼트 Custorner Segments
배달의 민족 배달통 배달BUS 마켓컬리 요기요(yo gi yo) 아마존 전국 음식점 마트 1인 가구 제휴카드사 앱 디자이너 App 개발자 인터넷뱅킹 결재(앱 카드) 인터넷 사이트 디자이너	음식, 장보기 등 통합배달서비스 여러 음식점과 음식의 종류, 마트에 있는 물품들을 한번에 조회 및 확인 가능 시장조사/후기조사	배달의 민족, 요기요, SSG, 마켓컬리 등 여러 개의 다른 앱(APP)을 설치할 필요없이 한번에 조회가 가능 배달의 민족, 요기요, SSG, 마켓컬리를 사용하여 현재 나의 위치와 가까이 있는 음식점, 마트를 쉽게 찾을 수 있다.	카드 제휴로 음식을 시켜먹거나 장을 보면 포인트가 앱에 자동으로 쌓이거나 디저트 제공 자주 이용하는 가게 지정할인 직접 방문시에도 할인가능	1인 가구 배달을 필요로 하는 시장 직접 방문을 귀찮아 하는 사람 비교하기 귀찮아서 하나의 앱만 사용하는 사람 여러 다른 가게의 물품을 알리고자 하는 사람
	핵심자원 Key Resources	미리 필요한 물품을 생각날 때마다 장바구니에 추가해 까먹지않고 구매할 수 있다. 엡 카드로 더 쉽게 결재가 가능하다. 직접 방문하지 않아도 구매물품을 받을 수 있다.	**채널** Channels	음식, 물품을 대신 배달해 주려는 사람 거동이 불편한 사람 마트 이용자 음식점 이용자 집과 멀리 있는 음식점
	프로그래밍 기술력 음식점 마트와 앱 (APP)간의 연동 웹페이지 디자인		마트폰 앱 또는 웹 사이트 사용자 기반 니즈 추천 서비스 빅데이터를 기반한 사용자의 요구 충족 제휴 할인 서비스	

비용구조 Cost Structure	수익원 Revenue Streams
서브와 데이터 통신, 로그인 서비스, 위치기반 서비스, 제휴 연동서비스, 결재 모듈결합에 필요한 인건비 인력 등	카드제휴 광고비/배너 광고수입 여러개의 어플을 통합하는 것은 인건비, 서브유지에 감소

1) 비즈니스 모델 캔버스 학습 목표는 다음과 같이 정의 할 수 있다.

교육의 참여자는 학습을 통해 비즈니스 모델을 구체화 할 수 있다. 그리고 구체화된 비즈니스 모델을 기반으로 사업계획서나 창업의 활동에 추가 활동이 가능하다. 그리고 린 스타트업으로 할 수 있는 확장성 학습이 필요하다.

- 사업을 보다 명료하게 이해하는 과정의 협업으로 이끌어 내는 학습
- 개인보다는 그룹 사고를 통해 사업 모델을 빠르게 발전시키는데 협력
- 시각적인 사고를 통해 의사소통과 활발한 참여로 공감을 이끌어 내는 토론
- 영역간의 상호 연관성으로 가치들이 시각적 표현으로 빠르게 변환
- 팀 사업 모델을 전파하기 위한 도전정신으로 스타트업에 응용
- 가급적 개인의 의견을 존중하며 공감에 스토리텔링
- 비즈니스 모델 캔버스 기반 투자유치 활동 등이 학습을 통해서 정의할 수 있는 정신이 필요하다.

다음은 개인이 생각하는 아이디어를 기반으로 학습목표를 정리해 본다.

2) Business Model Canvas이론

학습은 다음과 같이 할 수 있다.
교육에 참여하는 분야에 이론적 학습은 빠르게 주입식으로 이해를 시키기보다는 각 개인이나 팀들의 문제점을 배경으로 쉽게 아이디어를 구체화 할 수 있게 지도한다. 또 포스트잇에 각자의 생각을 정리하여 작성이 가능하게 코칭 해야 한다.

교육에는 사례를 통해 이해를 시키고 개인이나 팀원들이 이론학습으로 실습이 가능하게 수업을 진행하여 경험과 지식을 바탕으로 조력자 역할을 한다.
세계적 기업으로 성장한 스타트업의 살아 있는 전설 실리콘밸리에서도 사례중심의 비즈니스 모델 캔버스, 린 캔버스 학습모델은 투자자의 요람이 되고 있다. 그래서 본 교육을 통해서 개인이나 팀원들이 비즈니스 모델을 구체화 하고 빠르게 피보팅이 가능하게 지원할 수 있어야 세계적인 기업으로 성장시킬 수 있다. 그리고 멘토(강사)는 모든 잠재적 고객으로 빠르게 현장에 적용하는 방법으로 투자자 연결과

투자기관으로부터 많이 찾는 시장에 연결하고 견인할 수 있는 네트워크 활용도 좋은 사례가 될 수 있다.

도전하는 정신은 위대하다.

스타트업이나 벤처기업으로 성공하기도 하고 실패 할 수도 있지만 도전하는 시장은 계속 늘어나는 추세이다. 특히 고객들로부터 필요로 하는 사업 모델로 성장하기 위해서는 비즈니스 모델 캔버스 학습을 시작으로 고객의 빠른 평가와 수정을 하고 싶어 하는 학습 방법이다 보니 교육에 참여하는 멘토는 위대한 기업가정신이 필요한 영역이다.

그래서 이론과 실습에 필요한 학습은 9가지 블록에 핵심요소를 채움으로써 비즈니스 모델을 추구하는 기관이나 투자자들에 한눈에 볼 수 있도록 구체화된 내용들로 채워지게 조력해야 한다.

그리고 종합 설계하는 Business Model Canvas는

- 가치제안(Value Propositions)
- 핵심자원(Key Resources)
- 핵심활동(Key Activities)
- 유통채널(Channels)
- 고객관계(Customer Relationships)
- 고객 세그먼트(Customer Segments)
- 핵심 파트너(Key Partnerships)
- 비용구조(Cost Structure)
- 수익원(Revenue Streams) 등

아이디어 확정성이 가능하며, 라인블록의 비즈니스 모델 캔버스를 채움으로 고객 가설이 되는 긴 창업의 교육과정을 다음과 같이 이론학습과 실습을 해보자.

① **가치제안**(Value Propositions)
- 우리가 생각하는 제품 또는 서비스를 구매하는 고객이 우리가 제안하는 가치로 얻을 수 있는 핵심 가치의 차별화 전략적 가치 제안
- 새로운 브랜드, 기술, 적당한 가격, 비용, 디자인, 접근성 등으로 고객이 원하는 형태로 설계가 가능한 중요한 가치 제안

② **핵심자원**(Key Resources)
- 우리가 하고자 하는 제품 또는 서비스 활동에 우리는 어떤 자원이 있으며, 어떤 자원을 투입해야 하는지 활동이 가능한 자원
- 인적자원, 기술자원, 지식재산, 영업, 마케팅 등의 자원들이 필요로 하는 구성이 필요한 핵심자원

③ **핵심활동**(Key Activities)
- 제공하는 가치를 위하여 가장 우선순위로 어떤 활동을 해야 하는지?
  그리고 구체화 하는 과정에 무엇이 필요 하는지 행동하는 활동은
- 개발, 생산, 자원, 자금 등의 활동이 진행되어 차별화적 접근이 가능해야 하는 핵심활동

④ **유통채널**(Channels)
- 어떤 방식으로 고객들에 접근 할 것인가?
  그리고 가장 효과적인 채널이 어떤 형태인지, 효율적으로 접근이 가능한 채널은
- 비용측면 접점의 유통채널이 가능한 부분에 마케팅 연계 활동하는 구간
- 오프라인, 온라인으로 구분이 가능한 유통, 홍보 채널

⑤ **고객관계**(Customer Relationships)
- 고객이 제품 또는 서비스를 지속적으로 이용하도록 돕고, 촉진하는 활동으로 어떤 방식으로 고객관계가 지속되는지, 고객들과 소통하는 관계성
- 가장 중요한 고객이 누구인지, 고객은 누구로부터 어떤 경로부터 유치하고, 관리하는 활동
- VIP, 뉴스레터, CS, 행사, 알림, 메시지, 쿠폰, 마일리지 등으로 장·단기 고객, 신 규 고객, 해지고객, 이탈고객, 기존고객 등의 관계성에 필요한 활동

⑥ **고객 세그먼트**(Customer Segments)
- 우리가 어떤 아이디어로 누구에게 팔 것인가 또한 누가 우리에게 고객(타깃)인지, 고객이 참여하는 시장의 크기에 의한 안전적인 수익, 접점
- 기존 고객의 편리성, 비용절감 등의 영역으로 고객들이 다양하게 연결이 가능한 고객 대상이 만들어지는 구간

⑦ **핵심 파트너**(Key Partnerships)

- 우리의 비즈니스 모델 파트너는 외부에 의존하며 우선적으로 생각해 볼 수 있으며 우리의 핵심공급자로 고려해보는 활동
- 개인, 팀들이 부족한 부분에 필요한 파트너십으로 협업정신에 필요한 업체 발굴, 협력, 아웃소싱 등의 영역

⑧ **비용구조**(Cost Structure)

- 비즈니스 모델에 실현하는데 가장 중요한 비용부터 정리 집적비용, 간접비용 등
- 인건비, 재료비, 라이센스, 수수료, 설비비, 홍보비 등의 지출구조
- 우선순위부터 정리, 후 순위는 점차적으로 정리

⑨ **수익원**(Revenue Streams)

- 자체적인 수익을 우선적으로 어떤 방식으로 지불하는지 각각 비용을 산출하여 수익으로 정리, 경영에 응용
- 제품, 판매, 라이센스, 이용료, 중개수수료, 가입비, 구독료 등으로 기업의 이윤 창출로 성장하는 수익원

4. 비즈니스 모델 캔버스(Business Model Canvas) 실습

Key partners	Key activities	Value propositions	Custorner Relatlonshlps	Custorner Segments
	Key Resources		Channels	
Cost Structure		Rvenue Streams		

5. 비즈니스 모델 캔버스(Business Model Canvas) 사례

① 비즈니스 모델 캔버스(Business Model Canvas)

〈카카오, 평가 정리〉

Key partners	Key activities	Value proposition	Customer relationships	Customer Segments
	Key resources		Channel	
Cost Structure			Revenue Streams	

② 비즈니스 모델 캔버스(Business Model Canvas)

〈네이버, 평가 정리〉

Key partners	Key activities	Value proposition	Customer relationships	Customer Segments
	Key resources		Channel	
Cost Structure			Revenue Streams	

132

③ 비즈니스 모델 캔버스(Business Model Canvas)

〈토스, 평가 정리〉

Key partners	Key activities	Value proposition	Customer relationships	Customer Segments
	Key resources		Channel	
Cost Structure			Revenue Streams	

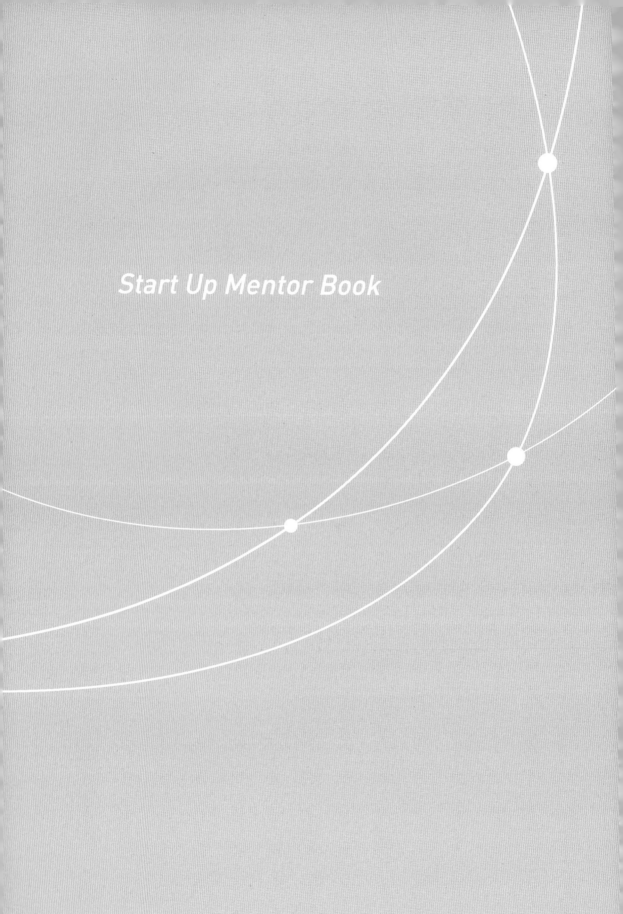

Start Up Mentor Book

VII

학습내용⑤

린 스타트업
Lean Startu

Data
Lean
만들고
측정 하고
반복 학습

Idea
만들고

Build
측정 하고

Product
Measure

Lean
반복 학습

Ⅶ. 린 스타트업 Lean Startup

1. 린 스타트업(Lean Startup) 이해

린 스타트업은 비즈니스 모델 캔버스의 확장성 학습모델이다.

그동안 창의적인 디자인 사고방식으로 비즈니스를 구체화하는 활동의 학습을 했다면 다음으로 린 스타트업 시작에 필요한 린 캔버스 작성에 필요한 학습이다.

교육에 참여하는 여러 참여자는 평소 자기가 생각하는 아이디어 사고로 다양한 관찰과 공감에 필요한 데이터 수집, 환경 구축 등에 구체적으로 정의할 수 있는 이론과 실습이 병행되는 학습이기도 하다.

누구나 비즈니스 모델이 구체화 될 수 있는 환경을 만들고 제공하는 비즈니스와 수익모델로 창업활동을 통해서 성장할 수 있다. 그러나 고객들이 가지고 있는 가치를 시장에 제공하여 얻는 결과에 따라 실패하는 기업과 성공할 수 있는 기업으로 환경이 달라지기에 린 스타트업은 매우 중요한 교육과정이다.

예비 기업이나 스타트업의 활동에는 불확실한 시장이다.

그러다보니 수익성 도출과 수익모델 제안의 차이로 서로 다른 창업의 길로 가기도 한다. 그래서 불확실한 시장으로부터 확실한 시장을 만들기 위한 기능적 사고의 학습으로 확장성이 필요하다. 특히 창업자가 수익성 활동을 통해서 예비 기업이나 스타트업이 다양한 형태로 얻을 수 있는 창업의 과정으로 이윤창출이 가능하게 지원하는 조력자 활동이 멘토의 역할기도 하고 멘토링이 필요한 영역이기도 한다.

린 스타트업은 수익성 분석으로 단기적인 결과를 얻는 과정에 필요한 시장으로 가급적이면 설계가 필요하다. 즉 참여하는 교육자는 각자가 가지고 있는 아이디어를 중심으로 한 수익과 수익모델을 광범위한 영역에서부터 학습을 통해 익히는 것이다. 또 그 변화 속에 찾아낼 수 있는 비즈니스 확장성이 가능하도록 캔버스 작성이 시작 되어야 한다.

예비기업이나 스타트업 창업자가 다양한 경험과 사회의 모든 네트워크 활용이 가능한 멘토로부터 이론적 학습을 익힌다. 특히 팀 빌딩 실습으로 시대적 비즈니스 인식과 시장에 협업하는 정신에 린 캔버스 작성으로 리더 해야 한다. 즉 소비자의 경험이 공유되는 것에 끊임없는 상호작용으로 얻어지는 가치로 단순한 구조에서 시장의 광범위한 범주로 얻는 구조적 이동이 가능하게 설계와 지도가 필요하다.

그래서 예비 기업이나 스타트업이 제품 또는 서비스 활동이 개인의 강한 몰입된 정신의 함정에 빠지는 경우도 많으므로 팀 빌딩으로 통해 협력해서 해결할 수 있는 학습이 필요하다. 또한 팀 빌딩에는 멘토의 경험과 지식으로 고객 중심과 가치제공에 따른 변화의 시장으로 가급적이면 경험을 공유해 반복적인 학습이 가능하게 지원해야 하는 교육 프로그램이다.

교육자는 제품 또는 서비스가 수익의 구조에서 불확실한 시장은 가급적 냉정한 판단으로 과감하게 새로운 확실한 시장을 찾을 수 있도록 자문역할에 솔직함과 충실해야 한다. 또한 교육에 참여하는 교육자는 개인의 범주에서 팀 빌딩의 범주로 확장하는 정신으로 교육에 임하는 자세가 필요하다.

이미 전 세계의 시장은 플랫폼 경제로 빠르게 변화하고 이동하고 있는 것에 종합적으로 이해하고 연구해야 할 필요성이 있는 시장이 되었다. 그래서 비즈니스 모델 캔버스를 통해서 비즈니스 모델을 구체화 했다면, 다음 교육 단계는 린 캔버스를 통해 비즈니스 구체화로 확장하는 학습이 필요하다. 그래야 린 스타트업으로 사업계획서 작성 등 창업이 용이하다.

린 스타트업(Lean Startup)은 개인이나 팀들이 아이디어가 구체화 되면서 아이디어 가치평가로 혁신적인 제품 또는 서비스로 고객을 통해 접점이 가능한 시장으로 성장이 가능하게 된다. 다수의 대중적 관심으로 확장된 가상의 시장이 현장으로부터 정착이 가능한 실행설계가 가능하게 시작할 수 있다.

그 과정에는 고객이 안고 있는 심각한 문제를 해결해 줄 수 있는

- 편리함
- 정확성
- 절약으로 혜택
- 비용의 시간 등의 관심으로 활동이 가능하다.

특히 기존 사용고객 환경에 무리 없는 검증된 시장을 통해 고객가설이 가능한 투자자의 관심으로 연결시켜 MVP 활동으로 동반성장이 가능한 기회의 시장을 창출한다.

린 스타트업(Lean Startup)의 수익이 보장되는 제품 또는 서비스 실현이 가능한 유형으로는 지식재산권 확보에 따른 무형자원을 통한 성장이 필요하다. 특허출원이나 등록이 완료되면 가치평가 기관으로부터 평가를 받아 금융거래나 회사채발행 등 무형의 자원으로 성장을 촉진할 수 있다.

린 스타트업은 정부의 정책자금과 조직경영 등 경험이 충분한 자격을 갖춘 멘토의 만남으로 멘토링이 반드시 필요한 시장이다. 특히 초기 기업으로 각종 고객을 직접 체험하는 고객 발굴 단계부터 문제해결을 집중할 창업의 구간이므로 어느 구간보다도 멘토의 역할이 필요한 시점이다.

실제 고객의 제품 또는 서비스 중심의 시장이 검증되는 것에 멘토가 직접 경험했던 지식이 추가되면서 각종 네트워크 기반 효과가 극대화되어 고객이 무엇을 원하고, 추가적으로 무엇을 필요로 하는지 알 수 있다. 직접 고객가설을 통해 가치를 순위별로 파악하며 단계적 성장에 필요한 멘토링으로 린 스타트업 실현이 비즈니스 정신학습으로 성장이 가능하게 지원하는 실행과정이다.

린 스타트업(Lean Startup)은 성장을 구체화 하는 활동도 필요하지만, 빠르게 피보팅 하는 방법으로 포기의 시장도 중요하다. 또한 동 시점에 빠른 행동으로 반복적인 학습으로 아이디어를 재구성하는 출구전략의 구간이기도 하다.

다음으로 몇 가지 유의 할 점을 학습해 보자

〈고객의MVP, 평가 정리〉

① 고객을 알고 고객으로 인지되는 것들을 필요로 하는 아이디어 그리기

② 최소 미니제품 또는 서비스로 사전 MVP 활동이 가능한 설계도

③ MVP 데이터 중심에 필요한 고객 인터뷰 정리하기

1) Lean Startup의 기본 개념 학습이다.

• 스티브 블랑크의 창업가 매뉴얼(The Startup Owners Manual)의 핵심은 고객 발굴과 검증을 빠른 속도로 가설하고 검증을 반복하는 Manual이다.

• 애릭 릭스(Eric Lies)는 스티브 블랑크 제자로 기존의 연구 이론에서 모티브를 얻어 Lean Startup이라는 추가 연구로 서적을 발행하므로 쓸데없는 자원의 낭비를 최소화하면서 고객의 가치를 극대화하는 동그라미 지론을 정의한다.

• Lean은 군살을 뺀 즉, 기름이 없는 형태, Startup은 극심한 불확실성 과정에서 새로운 제품, 서비스를 만들어 가는 조직으로 Build-Measure-Lean 반복적으로 초기 경영단계의 조직, 기업의 활동이다.

2) Lean Startup의 학습 방법이다.

• 다음과 같은 방법으로 아이디어를 구상하고 구상하는 아이디어 과정에서 피봇

이 필요하면 빠르게 포기하는 학습도 필요하다. 이런 과정에 멘토(Mentor)의 역량으로 팀 빌딩의 이론지도와 실습이 필요하며 린 스타트업(Lean Startup)의 학습 방법이 반복적으로 필요하다.

〈린 스타트업 평가 정리〉

① Lean Startup의 학습을 팀을 통해 한정된 자원을 가지고 빠르게 검증할 수 있는지 반복적으로 학습이 필요하다.

　– 아이디어 구상은?

　– 아이디어 피봇은?

② 스타트업은 불확실한 환경이다. 이에 지속 가능한 사업을 린 스타트업 이론 학습을 시작으로 실기에 필요한 어떻게 만들고(Build), 측정하고(Measure), 배우(Lean)는 피드백의 학습으로 반복적인 학습하는 생태계이다.

　– 어떻게 만들고(Build)

　– 측정하고(Measure)

　– 배우(Lean)는 반복적 학습은

③ Iteration Cycle은 다음과 같은 사설이 필요하다. 실습으로 학습을 진행하며 아이디어를 구체화 한다.

　– 고객을 제대로 추정했는가?

　– 고객을 제대로 해결하고 있는가?

　– 고객이 돈을 지불할 의사가 있는가?

- 아이디어가 비즈니스 모델 캔버스 학습으로 구체화 되었다면 린 스타트업은 최소(Minimum), 존속(Viable), 제품(Product), 검증이 필요한 학습이다.

〈린 캔버스-배달앱 창업 에플리캐이션〉

Problem (문제)	Solution (해결책)	Unique Value Proposition (가치제안)	Unfair Advantage (경쟁유무)	Customer Segments (고객군)
■ 어 플 리 캐 이 션 (App)과 해당 음식점, 마트와의 연동	■ 마트 사용시 쿠폰 적립, ■ GPS (위치확인 가능) ■ 배송정보재공 (출발, 도착, 위치)	■ 음식점뿐만 아니라 마트에서 장 본 물품들까지 쉽게 배송 가능	■ 쿠폰 적립으로 할인 ■ 배달음식 + 배달장보기 ■ 현 위치 기준 주변 마트, 음식점 확인 가능	■ 배달음식을 자주 시켜 먹는 사람들 ■ 1인 가구
■ 각각의 음식점과 마트의 개별적인 사이트가 존재 ■ 지정된 카드 사용시 소액할인 (제휴할인)	**핵심자원** Key Resources ■ 고객들이 자주 쓰는 매장 ■ 웹사이트 운영방식 ■ 통합 앱(App) 운영방식	■ 카드사 제휴 할인과 적립쿠폰 등으로 보다 싸게 구매 가능. ■ 현재 나의 위치 주위에 있는 음식점. 마트를 알 수 있다.	**채널** Channels ■ 해당 음식점, 마트에서 직원을 통한 주문 ■ 휴대폰 앱(App) 또는 웹사이트	■ 직접 매장에 방문하여 구매하기 귀찮은 사람 ■ 앱(App) 개발자 배달 어플 최다 이용자 ■ 최신 어플 많이 쓰는 사람

Cost Structure(비용구조)	Revenue Streams(수익원)
■ 카드, 음식점, 마트별 배너이용 서비스 로그인 서비스, 위치기반 서비스 쿠폰 적립 서비스	■ 하나의 앱으로 통합시킨 만큼의 인건비 감소 배달비 포함된 가격 배너광고 수익 서버유지

아이디어가 구체화된 비즈니스 모델이 가능한 최소의 제품 서비스 제작으로 고객의 반응에 필요한 가치를 창출하는 실험의 단계로 사업성의 목적에 맞는 고객 발굴 테스트 학습 구간이다.

특히 예비 기업이나 스타트업 시작에 필요한 비즈니스 모델 기반 고객 세그먼트로 선 구매활동으로 고객들의 의견반영이라는 검증 단계로 진입이 가능하다. 그리고 밀착 가이드 정책으로 출시 전 사전 고객의 예측, 판단 얼리아답터 발굴의 피드백이 동시에 진행되면 더욱더 좋은 활동이다.

현장 체험으로 고객을 관찰하고 펀딩으로 구현 수정이 가능하고, 문제점 개선 관심 우선순위 등으로 반복적인 학습을 진행한다.

〈린 스타트업 평가 정리〉

구분	텍스트 기반 정리	제품, 서비스 그리기
최소 (Minimum)		
존속 (Viable)		
제품 (Product)		

• Idea － Build － Product －Measure －Data －Lean
  (아이디어 구체화하여 제품/서비스를 측정하여 고객들로부터 반응으로 반복적
  인 학습을 진행한다.)

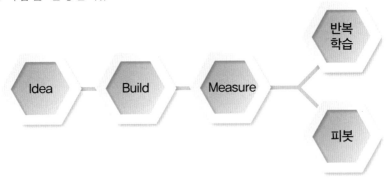

⑤ 사례 실습하기

주 제 :
팀빌딩 :

3) Lean Startup의 프로세스 학습이다.

팀 구축은 기업의 성장에 중요한 역할이다.

일반적으로 사람들은 자기가 최고 위치의 A라고 생각하는 경우다. 그러다보니 자기보다 뛰어난 사람을 얻기보다는 자기보다 낮은 C를 팀원으로 구축한다고 한다.

그러나 선신국의 사례를 보면 C라고 생각하고 A를 팀원으로 구축하는 것으로 조사가 된다. 즉 자기의 역량이 부족하면 더 뛰어난 구성을 찾기 위한 노력이 필요하다는 것이다.

다음은 팀원을 구축하는 방법으로
- 우리가 팀으로 구축하는 방법은 무엇인지
- 우리는 어떤 역량이 포함되어 있는지
- 우리는 어떤 팀으로 팀원활동을 하는지 등에 자기의 역량과 팀원의 역량을 체크하며 서로가 원하는 팀 구축을 평가하고 구축한다.

그리고 우리가 원하는 팀을 구축하기 위하여 필요한 협업의 정신으로 무장하여 기존사람, 새로운 사람, 뛰어난 사람, 융합이 가능한 사람 등으로 더 좋은 팀 구축에 필요한 활동을 조사하고 수행할 수 있게 한다.

① Lean Startup의 팀(Team)구축에 필요한 자기 자신 분석의 학습이다.
- 주제: 팀 구축 사례의 구성원 A−C

     (   )

- 주제: 팀 구축 사례의 구성원 C−A

     (   )

② Lean Startup의 팀 비전(Team Vision)으로 팀원의 학습이다.

팀원 구축이 완성되기까지는 사업목적은 매우 불확실한 영역을 갖추고 있다. 그래서 최소의 미니제품으로 팀원의 활동이 필요하게 된다.

팀의 구축은 어떤 아이디어에서 출발하는 것보다는 어떤 비전으로 기업가정신을 구현시킬 수 있는지에 대한 비전의 연합체이다. 그 다음의 활동이 디자인 씽킹을 통해 아이디어 도출이 가능하고 구체화된 아이디어는 최소의 미니제품으로 Problem

144

solution Fit 고객의 문제 또는 문제해결을 위한 니즈가 고객을 중심으로 가능한 존재의 활동이고 창업자의 활동의 과정에 팀들이 아이디어를 제대로 해결하고 있는가? 에 대한 협력의 정신이 필요하다.

최적화 지속 가능한 변화는 Business Model Fit 그동안 축적한 실행한 가치로 사업 확장을 통해 검증하는 것이 필요하다. 우리의 팀이 바라는 규모로 성장 할 수 있도록 비즈니스 모델을 체계적으로 실행할 수 있는가? 고객의 의문과 신뢰의 시장으로 가능한가? 등의 시장검증이 동시에 중요한 행동으로 실행할 수 있는 비즈니스 모델 접점의 단계 검증이다.

추가적으로 사업 확장에 필요한 검증도 필요하게 되는데
- 자원 확보에 필요한 활동
- 미니제품 또는 서비스 개발
- 팀원 조직경영 지원
- 확장 지식의 깊이 등이 현장 중심의 아이디어 가치들이 고객의 중심가설 활동에서부터 마케팅의 연결이 가능하게 하는 변화와 자금이 많이 필요한 구간이다.

다음은 서로가 팀원으로 수행하는 과정에 협력으로 팀원의 비전과 실행에 공감을 하고 있는지 학습을 진행 한다.
- 불확실한 아이디어를 Problem solution Fit 고객의 문제 또는 니즈가 존재하고 팀원의 팀들이 아이디어로 해결하고 있는가?
  (   )

- 팀원 활동으로 방향전환(Pivot)은 Product Market Fit 고객의 문제들이 우리가 제안하는 가치로 제품 또는 서비스에 대한 궁금증은 긍정적으로 반응하는지? 그리고 관심의 고객이 비용을 지불할 의사가 있는지?
  (   )

- 우리는 문제점 해결이 방향전환(Pivot)에 더 많은 시사점을 두면서 팀의 역량으로 방향전환이 필요한 것인지? 새로운 아이디어로 팀원은 적극적으로 투입이 되어 새로운 가치로 진행하고 있는지?
  (   )

③ 왜(Why), 어떻게(How), 무엇을(What)의 스토리텔링 학습이다.

창업은 혼자보다는 팀의 조직 활동이다.

팀의 역량은 위에서 다루었듯이 개인의 관심과 역량보다 더 참여와 협력이 가능한 우수한 정신의 팀원이 매우 필요하다고 했다. 그리고 예비 기업이나 스타트업을 하고자하는 아이디어 가치에 왜 팀이어야 하고, 팀원들은 또 어떤 가치로 어떻게 해야 하는지, 아이디어가 필요로 하는 시장들에 어떻게 협력을 해야 하는지 등에 대한 팀원의 활동이 필요하게 된다.

그래서 팀원들은 스스로
- 왜(Why)
- 어떻게(How)
- 무엇을(What) 하는지 팀원들의 활동이 가능하게 멘토(강의)는
  경험과 지식의 형태로 많은 분야로 지원해야 한다.

하지만 일반적으로 개인의 창업이 대다수 하게 된다. 그래서 개인이 팀으로 준비된 창업을 진행할 수 있는 네트워크 환경을 진행하고, 그래도 혼자서 창업으로 진행 되어야 하는 과정에 각 구간의 분야별 세분화된 가치제안에 필요한 멘토의 멘토링 요건은 무엇보다 중요하다.

창업은 혼자보다는 가급적 팀 구축으로 조직 활동이 필요하다. 그래야 개인의 역량을 팀의 관심과 참여의 정신으로 보다 나은 창업문화를 만들기가 용이 하다. 예비 기업이나 스타트업을 하고자 하는 가치에는
- 왜 팀이어야 하고
  (   )
- 어떤 가치로 팀원이
  (   )
- 무엇을 어떻게 해야 하는지
  (   )

등에 왜(Why), 어떻게(How), 무엇을(What)의 스토리텔링 학습이다 보니 팀원이 필요로 하는 시장들에 체크리스트 하는 학습으로 진행한다.

그리고 예비기업이나 스타트업들이 추진하는 아이디어나 사업에는 팀원으로서 고

객들에게는 무엇을 제공하고 어떻게 준비하는지에 대한 학습한 내용을 자기 것으로 정리할 수 있도록 공감의 스토리텔링 체크 북이 가능하게 리더 한다.

④ 사업의 기회 찾기에 필요한 학습이다.

사업의 기회는 일반적으로 아이디어 준비단계에서 찾게 된다.

개인이나 팀이 아이디어가 구체화 되었다면 사업계획서 작성을 시작으로 준비한다.

사업계획서의 작성 부분은 뒤에서 별도로 다루게 되겠지만, 보편적인 사업계획서는 첫 부분에 사업의 배경과 사업의 개요로 정리하는 구간으로 시작 된다. 그러나 예비기업이나 스타트업들은 경험의 기반이 없다보니 막상 사업에 필요한 사업계획서를 접하게 되면 평소 생각하는 아이디어를 중심으로 작성하지만 무척 힘들게 느껴진다.

그래서 아이디어 발굴과 아이디어 기회를 찾기 위한 단계부터 학습이 지속되면 사업하기가 더 용이하다. 그래서 예비 기업이나 스타트업들이 초기에 학습을 진행하는 배경과 경로가 여러 형태가 있겠지만 이 책에서는 멘토가 강의가 가능하고 멘토링이 가능하게 할 수 있게 하려고 한다.

초기에 교육을 진행하는 과정에는
- 인간의 삶
- 생활 속에 문화
- 관심 전공분야에서 고객들의 문제점과 고객이 필요한 시장을 만들기 위해 기존의 시장에서 변화된 가치를 창출하도록 하여야 한다. 멘토는 이러한 기회의 시장을 리더하는 학습을 진행한다.

다음으로는 국내외 고객이 있는 장소나 시간들 속에서 시장을 찾는 것도 중요활동의 고객발굴이다. 특히 고객발굴은 여러 국가의 문화와 관습을 잘 활용하여 기회의 시장으로 볼 수 있기에 아이디어를 적용한다. 아이디어 적용성에는 여러 곳에서부터 있겠지만, 평소 꾸준한 정보구축을 통해 경제, 사회, 정부, 기술, 산업 등을 관찰하는 능력을 키워 내 것으로 만들 수 있다.

또한 코로나19를 맞이하면서 마스크나 바이오 키드 등은 위기의 시장에서 기회의 시장으로 혁신이 가능하고 서비스 할 수 있는 관찰능력과 창조의 정신에도 공감할 수 있는 학습의 리더가 필요하다.

　이미 우리는 국경이 무너지는 연결의 중심 국가들로 발전하고 있다.
　아이디어 창조는 국제사회나 국내사회의 변화를 잘 감지하여야 한다. 트렌드는 아이디어 창조 기회로부터 기회의 포착을 할 수 있는 기회의 시장이 될 것이다.
　예로 코로나19로 인해 여러 사회가 변화고 있는 것은 위기로부터 기회의 시장을 찾는 절호의 시기인 셈이다.

　다음은 사업 진입의 방법으로 기회의 시장에서 아이디어를 발굴하는 학습을 체크리스트 형태로 진행한다.

〈 아이디어 정리, 평가 〉

구분	학습1	학습2
위기의 시장		
기회의 시장		
아이디어 정리		

⑤ 사업의 차별적 진입에 필요한 학습이다.
　아이디어 구상은 누구에게나 있다.
　그러나 아이디어는 구상에 그치는 경우가 많다. 아이디어를 구상에 그치지 않고 사업의 현실화로 삼아 이전에 본적이 없는 또는 특별한 도전의 시장으로 만드는 것이다. 하지만 누구에게나 기회가 많은 시장이지만 차별화 전략이 없다면 실패할 수 있는 시장이다.

　상상한 아이디어가 다양한 산업측면 한 영역이 존재하는 가운데 아이디어가 구체화 되는 창조물 경우도 있고 서로 다른 두 기능에서 결합이 가능한 융합한 제품 또는 서비스 시장도 많기에 각자의 단계별 설계도 좋은 성장의 사례가 된다.

　아이디어로 참여하는 산업은 무한의 시장으로 언제나 경쟁자가 있으므로 경쟁사가 놓치고 있는 부분 또는 경쟁사 분석으로 각자가 생각하는 아이디어를 더 구체화시킨 차별화 전략이 필요하다. 이러한 방식으로 경쟁사 대비 차별화의 종합 설계단계로 진행하는 것도 좋은 사례가 된다.

누구나 생각하는 창조의 산업은 유사한 아이디어가 많다. 그러다보니 서로 다른 방식으로 변화시킨다는 지나친 의욕이 함정이 될 수도 있다. 그러므로 유사한 아이디어를 차별화 전략으로 준비할 때는 아이디어 못지않게 정확한 정보구축이 필요하게 된다. 이러한 시장에 경험이 풍부한 멘토의 멘토링은 기회를 만드는데 많은 도움이 될 수 있다.

다음은 경쟁사분석을 통해서 아이디어를 정리해 본다.

〈아이디어 정리, 평가 〉

구분	학습1	학습2
아이디어 정리		
차별화 전략		
경쟁사 분석 1		
경쟁사 분석 2		

⑥ 사업 아이디어의 가치제안을 시작으로 구체화 할 수 있는 학습이다.

아이디어가 유사한 제품 또는 서비스로부터 성장하는 차별화 전략으로 수립이 되었다면 다음에는 고객에 어떠한 혜택을 부여하고자 하는지에 대한 충분한 가치제안이 되고 있는지 등을 사업화계획으로 하는 중요한 활동 영역이다.

다음의 아래 내용으로 활동의 체크리스트에 정리하는 학습이다.

〈아이디어 정리, 평가 〉

문제1. 우리가 생각하는 가치제안은 무엇인가?
문제2. 우리가 추진하는 사업이 시간과 비용을 크게 절약해 주는가?
문제3. 우리가 제공하고자 하는 가치가 편리함을 제공하는가?
문제4. 사업의 영역에서 기존의 환경에 무리 없이 결합이 되는가?

성장속도가 초기 기업에 중요한 활동이 된다. 특히 기존사업에 비해 많은 비용을 차지함으로 빠른 성장속도는 기업의 성장에 비례하게 된다. 각자의 제품 또는 서비스가 차별화 전략으로 진행되고 있는지 그리고 혁신적이고 차별화로 확장성이 가능하는지 등에 대한 체크리스트를 정리하게 하고 피드백 한다.

〈아이디어 정리, 평가〉

학습 구분	아이디어 정리	아이디어 평가
혁신은 왜(Why)		
혁신은 어떻게(How)		
혁신은 무엇을(What)		
학습 구분	아이디어 정리	아이디어 평가
팀은 어떻게 만들어야 하는지		
팀은 어떤 일들을 해야 하는지		
제품 또는 서비스 성장속도는		
제품 또는 서비스 비용 비중은		
제품 또는 서비스 우선순위는		

다음은 예비 기업이나 스타트업에 신규산업의 문제해결은 필수 사항이다.

필수 사항은 신규산업 성장에 있어 중요한 활동이며, 팀원들이 열정적으로 참여하는 기회가 되기도 하고 이탈할 수도 있는 구간이다. 특히 기존사업에 비해 전략적으로 해결하는 과정이 필요한 학습으로 다음과 같이 체크리스트 하여 학습으로 피드백 한다.

문제1. 현재 고객들이 안고 있는 심각한 문제를 해결해 줄 수 있는가?

문제2. 성장속도는 초기, 기존사업에 많은 비중을 차지하므로 빠른 성장속도 제품 또는 서비스로 혁신이 가능 하는가?

문제3. 신규산업은 접근이 가능한 시장으로 다수 대중의 관심을 끌 수 있는가?

문제4. 신규산업 실험, 적용 단계에서 저항감은 없는가?

문제5. 고객들이 사용하는 패턴이 불편하고 과도한 고객 지원이 필요한 것은 아닌가?

4) 스타트업의 실패는 왜 할까?

창업을 하면 모두가 성공할 수 있는 것인가 하는 생각들로 누구나 한번쯤은 도전하려고 하는 시장이지만 누구에나 두려운 것이 창업의 시작이다.

스타트업을 시작하기 전에 그런 생각들이 있다면 실제 창업을 진행하면 의문과 두려움이 많아서 실패할 수도 있음을 전제한 뒤, 치밀한 준비를 해야 한다.

창업을 지원하는 기관이나 성공한 기업들로부터 실패를 줄이기 위해 기업가정신의 교육을 많이 다루지만 실패의 학습이 부족한 실증이다. 왜냐하면 스타트업을 시작으로 사례를 찾아 공유하고 싶어도 성공한 기업은 강연이나 미팅을 통해서 많이 만나고 경험했던 사례들을 공유할 수 있다. 그러나 스타트업을 시작으로 어렵고 두려웠던 시장에서 실패했던 기업이나 실패를 눈앞에 두고 있는 기업가는 경험과 지식의 사례를 잘 나누고 싶어 하지 않기 때문에 실패 자료와 실패사례를 듣기가 힘들기 때문이다.

아래는 미국의 실패의 기업을 대상으로 조사한 자료이나 국내에도 유사하게 나타나고 있는 사례이다.

① 스타트업은 왜 어려운가?

〈우선순위 정리, 평가 〉

실패하는 이유	비율	순번	각자문제 우선순위
• 시장이 원하지 않은 제품, 서비스	42%	1	
• 자금이 부족	29%	2	
• 팀 문제	23%	3	
• 경쟁에 뒤쳐저	19%	4	
• 가격, 원가문제	18%	5	
• 불충분한 제품, 서비스	17%	6	
• 비즈니스 모델 문제	17%	7	
• 마케팅 부족	14%	8	
• 고객 무시	14%	9	
• 타이밍 문제	13%	10	

(출처CB ldsight)

② 위 학습 내용의 실패자료 데이터가 가지고 있는 문제점에서 실패의 현안을 보 듯이 스타트업들이 보편적으로 고객에 대한 무지, 사업의 문제점 파악 실패, 부 족한 팀, 마케팅, 운전자금 부족 순으로 나타나는 것을 볼 수 있다.

실패하는 시장의 문제점은 준비된 창업정신으로 학습할 필요성이 있다.

예비 창업자나 스타트업이 준비되지 않은 창업으로 실패를 경험하게 된다면 사회 적 비용이나 참여하는 자가 떠 안아야하는 고통이 너무나 많을 수 있다. 그래서 성 공을 경험했던, 실패를 경험했던 유 경험과 지식을 갖춘 기업가정신을 바탕으로 실 패를 줄일 수 있는 시간에 함께하는 학습이 필요하다.

필자가 활동하면서 느낀 시장이다.

위에서 이야기 했듯이 성공을 했던 실패를 했던 유경험자를 통해서 기업가정신을 만드는 과정이다. 이러한 정신에 바로 참여가 가능한 멘토(강의)가 멘토링으로 문제 점을 해결해 나가는 기업가정신이다.

예비 창업자나 스타트업들이 도전하는 시장에 위험을 줄이고 성공확률이 높일 수 있도록 멘토를 매칭해 주는 프로그램으로 멘토(강의)의 자격을 갖추어야 한다. 이 책 은 자격을 갖추는데 도움이 되는 교재로 사용하며 경험의 가치를 지식의 가치로 만 들어 공유하는 기업가정신을 만들어야 한다.

멘티는 준비된 창업으로 활동이 가능하고 멘토 자격을 갖춘 멘토링으로 실패의 시 장에서 문제들을 해결할 수 있는 좋은 창업의 도전 사례가 될 수 있다.

〈경험 우선순위 정리, 평가 〉

구분	학습할 실패의 경험	학습할 성공의 경험
멘토의 경험		
멘토링 할 내용		

5) 우리나라의 업종별 생존율은 어떻게 될까?

① 실패의 생존율

이번 조사 내용은 4차 산업혁명이 왕성하게 활동하기 전의 조사로 업종별 생존율로 이해할 수 있다. 그러나 현재는 4차 산업혁명이 활성화되고 있어 업종별 구분이 무너져 산업 간에 협업의 시장으로 이동하고 있는 시점이다.

그래서 업종별 활동기업 기준의 생존율이 이렇게 존재하고 생존율은 많은 차이를 보이는 시장을 만들고 있다는 것으로 이해하면 좋겠다. 그러나 업종분류는 시간이 지날수록 경계가 무너지는 것에 많은 학습이 가능했으면 한다.

아래 도표는 예비 기업이나 스타트업들에 이해를 통해서 기회의 업종 발굴이 되기도 하고 빠른 혁신이 필요한 시장이기도 하다.

〈생존율, 이채익 의원 2014 평가〉

구분	광업	제조업	전기	하수	건설업	도소매	운수업	음식
1년	53.1	70.9	93.5	74.5	64.6	58.2	73.6	59.2
5년	19.8	37.2	75.1	30.7	27.7	24.3	40.3	24.3
구분	출판	영상	보험업	부동산	일반	교육	보건	예술
1년	60.7	50.9	65.2	66.8	58.7	60.2	58.7	67.4
5년	25	13.3	39.6	32.5	22.7	24.6	14.7	24.4

위의 도표는 창업을 시작으로 5년의 생존율을 시장의 존재 활동으로 참조할 내용이다. 특히 다양한 업종별 창업이 이루어지고 있지만, 보편적으로 해외보다는 국내에서 할 수 있는 업종의 창업이 많다. 시장은 이미 글로벌적으로 확대되어 있는데도 아쉬움이 많은 부분이다. 그래서 4차 산업혁명으로 더 많은 산업 간에 융합을 통해 생존하는 존재 율에 따른 성장하는 기업으로의 기업가정신이 있었으면 한다.

② 실패를 줄이는 방법은 없을까?

정부의 국정감사에서 위 자료에 의하면 업종별로 5년을 존재하는 비율이 다르게 나타나고 있다. 여러 사람들이 자기가 전공과 관심의 아이디어로 창업이 진행되는 것도 중요하지만 실패로부터 줄일 수 있는 대안이 필요하다고 하였다.

주요 실패의 원인이 교육이나 멘토링이 부족한 기업가정신으로 인해 창업의 실패 유형이 5년 생존율이 안 되는 자료와 전반적인 내용을 보면 10개사 중 7개사가 실패를 하며 5년을 못 버틴다는 창업의 생태계를 지적했다.

5년의 생존율에 대한 종합적인 국정감사 자료를 보면 스타트업으로 활동이 진행했던 창업자가 72%가 5년 안에 폐업한 것으로 나타났다. 그리고 예비 기업이나 스타트업은 다양한 업종별로 81만7643개사가 이 시기에 창업을 했던 것으로 집계가 되었다.

국정감사에서 보여준 창업의 업종과 생존율은 새로운 생산 방법과 서비스의 필요성을 요구하고 있다고 볼 수 있다. 특히 사회의 다양한 패러다임으로 글로벌 시장으로 확대하는 기술이나 실패를 줄일 수 있는 대안과 해결책이 필요한 창업지원을 해야 한다고 볼 수 있다.

반대로 실패보다는 5년 존재한 업종과 기업은 장수 기업으로 성장이 가능할까 의문이 들 수도 있다.
창업의 업종 순위로 보면 생활권역의 아이디어로 금융, 보험 순으로 실패의 기업이 낮게 나타났고 생존하는 기업은 생존율이 높게 나타나고 있었다.
그나마 다행한 것은 우리나라 핵심자원이 되는 제조업이 높은 성장과 실패가 낮게 나타난 것은 큰 다행이다. 또한 우리가 살아가는 일상생활에 가까운 영역의 산업으로 보건, 사회복지, 전기, 가스, 수도는 어느 분야보다 높은 생존으로 볼 수 있지만 국내에 머무는 서비스 시장을 글로벌 시장으로 확대할 필요성이 있다.

창업은 존재하는 것도 중요하지만 글로벌 기업으로 성장하는 것이 매우 중요한 기업가정신이 된다. 왜냐하면 4차 산업혁명으로 기존의 생활권역이나 제조하는 기업 등이 국내시장에 머무는 창업의 형태가 아니라 수출을 촉진하고 직구 기능 등으로 글로벌 시장에 바로 공약이 가능하기 때문이다.

창업으로 보다 잘 사는 문화와 신창업의 생태계를 만들기 위해서는 가급적이면 실패를 경험하더라도 글로벌 시장에 필요한 정부의 지원예산을 늘렸으면 한다. 참여자는 글로벌 산업과 기업가정신으로 글로벌 시장으로 성장이 가능하게 준비하고 투자지원을 글로벌 시장에 투자를 늘리는 방법을 찾고 글로벌 진출 학습을 진행 한다.

그래서 실패의 경험을 학습하더라도 창업 참여자의 기업가정신은 글로벌 문화가 익숙한 멘토로 멘토링이 필요하다.

글로벌 시장에 더 혁신을 거듭할 수 있는 경험과 지식이 조기에 학습이 될 수 있는 활동은 한국무역센터나 관세사 등을 통해서 성장이 필요하겠지만 그 분야의 퇴직자나 멘토 매칭으로 참여가 가능하면 더 성장을 촉진할 수 있을 것이다.

③ 우리나라 창업의 실태는 어떠한가?

미국의 실패 자료를 보면서 국내 창업도 유사한 실패와 존재하는 것으로 예상이 되었다. 그러나 창업의 지수는 높은 부분으로 세계적인 유니콘 기업으로 성장하는 생태계를 만들고, 한계성이 있는 것들에 문제 인식을 빠르게 해결하여 지원이 가능하다면 충분이 가능성이 있다는 자신감을 얻게 되었다.

우리나라는 OECD 가입 국가이다. 창업의 자료를 찾는 중에 자영업자 비중이 가장 높은 것으로 조사한 내용을 접하게 되었다. 공개적인 OECD 통계 자료에 의하면
- 1위 한국 33.5
- 2위 그리스 30.1
- 3위 터키 29.8로 조사가 되어 공개가 되었다.

정부기관의 고용노동부 통계청 자료에 의하면 현재 50대의 자영업자 수가 310만 명을 넘어섰다는 통계자료이다. 즉 자영업자 전체의 54.1% 차지하는 위험한 사회구조가 도래하면서 불균형 사회구조를 보이고 있다는 것은 조기에 취업했던 문화가 은퇴시기를 앞당기는 기업의 문화나 어쩔 수 없는 생계형 창업으로 볼 수 있는 자료였다.

국내의 전체 자영업자 수가 600만 명에 가까운 현실이다.

우리나라만의 사회구조적 환경인 베이비붐 세대가 해방이후 사회생활 속에서 많은 역할을 소임하다 현재는 직장에서 내몰리고 있는 실정이다. 생활비나 양육비 등으로 사회적 활동비용이 아직은 활동이 필요한데, 고단한 생계형 자영업자로 창업의 전선에서 일을 하고 있는 것으로 보여 진다.

그럼 이들의 평균 수익률은 얼마나 될까?

사회에서 왕성하게 활동했던 사람들이 창업으로 내몰리면서 생계형 창업의 조사에 의하면

- 평균 수입은 200만 원 이상 수익이 54.1%
- 평균 노동시간이 하루 14시간 이상 근무 28.8% 차지하고 있는 것으로 조사 되었다.

그래서인지 이번 정부 최저임금 상승의 정책으로 지원 했다. 그러나 사회적으로 많은 부작용이 형성되면서 소득주도 성장은 창업자들이나 고용자들에게 서로 고통적인 시간으로 이동했다. 그리고 한 번도 경험하지 못한 코로나19가 찾아오면서 더 생계형 창업자는 어려운 시기를 맞이했다.

그래서 사회적 협업의 정신으로 해결, 서로가 필요로 하는 시장이 다소 왜곡되었던 문화가 상호간에 필요한 만족의 시간으로 만들어 모두 평균 소득이 늘어나는 경제로 만들 필요성이 있다.

물론 새로운 기술로 새로운 창업의 환경을 만들 수 있다.

키오스키나 스마트폰 연계 등으로 생계형 창업의 생태계에 많은 아이디어가 현장에 적용이 가능하게 제품 또는 서비스가 가능하다. 그러나 문제는 고용의 인력이 줄어들고 고용의 시간이 줄어들면서 소득이 감소할 수밖에 없다.

그래서 우리가 창업하는 시장은 가급적 생계형 창업보다는 기술집약적 창업으로 글로벌 시장이 필요로 하는 시장으로 도전이 가능했으면 한다.

다소 어려운 시련을 지혜와 학습으로 도전하는 글로벌 창업이 매우 필요한 시점이다.

④ 실패하는 이유는 무엇일까? 학습이 되었다면 실패를 줄일 수 있는 학습이 필요하다. 그래서 아래의 내용을 기반으로 각자가 가지고 있는 아이디어를 기반으로 또는 하고 있는 아이디어로 체크리스트를 정리하고 피드백 한다.

〈생존을 하기 위한 체크리스트〉

문제1. 제품 또는 서비스의 해결할 점으로 유사 서비스로부터 차별화 전략은 무엇인가?
문제2. 제품 또는 서비스가 사용하기에 불편을 느낀다면 시장진입에 필요한 문제해결점은 무엇인가?
문제3. 제품 또는 서비스 사후 관리가 어려움이 있다면 고객의 관계성 확장의 해결점은 무엇인가?
문제4. 고객이 사용하고자 하는 제품 또는 서비스의 불편하고 고객들이 많은 교육이 한다면 해결할 문제점은?

6) Lean Startup 학습은 무엇인가?

린 스트터업(Lean Startup)은 뒤에서 따로 다루게 되겠지만, 제품 또는 서비스를 발달시키기 위해 학습하는 프로세스이다. 프로세스 중에 애자일 소프트웨어 개발과 고객개발(Customer Development)등에 주로 다루게 된다.

린 스타트업은 린 사고방식(Lean Thinking)을 창업 방식에 프로세스 적용하며, 린 사고방식은 무엇보다 핵심자원을 줄이는 것이다. 그래서 주로 고객개발 하는 과정에 많이 사용하게 된다.

고객개발(Customer Development)을 주로 사용하며, 학습에는 실제 고객과 접촉하는 빈도를 높여서 최대한 낭비를 줄이는 것에 목적을 둔다. 이를 통해서 시장에 잘못된 과정을 최대한 빨리 검증하고 회피하는 것으로 정의하고 있다.

그러다보니 시장에 검증하기 위해 최소 기능 제품(Minimum Viable Product)으로 시장 선도적 활동으로 비용을 줄이는 행동이다.

다음은 린 스타트업 필요성의 학습으로
- 린 스타트업에 제품 또는 서비스 본질의 가치를 정의하기 위한 반복적인 학습으로 스타트업을 확장해 나가는 과정이다.
- Business Model 명확한 스토리 정의에 따른 제품 또는 서비스 문제점 해결에 필요한 학습과정이다.
- Business Plan 내부, 외부적 환경으로 투자자 고객들에 사업관련 중요한 활동이 필요한 학습이다.
- Product, Market, Fit 제품이 포지셔닝 하는 시장이 얼마나 적합한지의 여부 활동으로 고객검증이 필요한 학습이다.
- Lean Startup은 비즈니스 모델 캔버스 기반 린 캔버스 실습이 중요한 학습이다. 이 부분은 다음 편에서 세세하게 다루기로 한다.

린 스타트업은 고객으로부터
- 아이디어 검증과 가치
- 실패 줄일 수 있는 학습
- 제품 또는 서비스 적용 가능성
- 고객인터뷰 통한 테스트
- 반복적인 학습과 피봇 등으로 현장을 중심의 고객을 통해 빠르게 검증하는 선행되는 학습으로 비용을 최대한 줄이기 위한 과정이다.

특히 무엇보다도 경쟁사대비 차별화 전략, 명확한 MVP, 팀 역량 등으로 도전하는 정신의 아이디어검증 단계로부터 Lean Startup 확장성 활동이 동시에 진행이 가능하면 좋은 기업가정신이 된다.

7) Lean Startup 멘토링 사례(K-ICT창업 멘토링센터 사례)

본 린 스타트업의 교육 프로그램과 멘토링은 K-ICT창업멘토링센터에서 추진한 예비 창업이나 스타트업(Startup)등에 멘토로 참여하면서 다양한 문제점을 해결해 본 경험의 사례로 정리했다.

멘토링에 필요로 하는 경험과 지식이 풍부한 멘토가 센터에서 장기적으로 활동을 지원하는 프로그램이다. 회사 설립과정, 개발과정, MVP활동 등의 활동에 경험과 지식(CEO, CIO, CTO 등)의 자격을 갖추고 있는 멘토활동이다. 경험과 지식의 Lean Startup 반복적 학습으로 정리하게 되었다.

본 센터에서는 벤처 경영경험 외 외부 자문에도 특허출원 변리사, 법률자문 변호사, 노동문화 노무사 등의 지원을 함께하고 있다. 그러다보니 본인들이 창업가정신으로 비즈니스 모델 기반의 상용화를 진행하면서 도움을 받을 수 있는 장점이 많은 지원기관이다.

전국적으로 우수한 예비 창업자나 린 스타트업이 부족한 부분과 문제점을 솔직담백하게 공유하면서 멘토의 지식과 네트워크를 활용하면서 멘토링에 공감하는 프로그램이다. 그래서 멘토링의 사례분석을 통해서 멘토 자격에 준하는 멘토링 역량을 기반으로 지원이 가능하게 한다.

① 멘토 활동으로 멘토링 사례

〈K-ICT창업멘토링센터 멘토링 체크리스트〉

순번	참여기업	애로사항	멘토링 사례
1	주식회사 피**	회사 설립	2016.11
주제	스마트펙토	회사 준비	개인, 법인 장단점으로 설립
		기술자문	개발과정, 아웃소싱, 특허등록
		경영자문	정부과제, 특허출원, 연구기업
		투자자문	엔젤투자유치 등
2	주식회사 푸**		2015, 2018
주제	IT플랫폼	회사설립	동아리 개인사업자, 법인설립
		회사자문	구성원 구축, 경영 노하우

순번	참여기업	애로사항	멘토링 사례
		기술자문	플랫폼 설계, 특허등록, 상표등록
		경영자문	금융,신보, 기보, 민간 투자유치
		투자자문	TIPS, 벤처캐피탈
3	주식회사 무＊＊	회사설립	2016, 법인설립
주제	사물인터넷	기술자문	개발과정, 기술응용, 기술이전
		경영자문	연구소기업, 정부정책 자금
		투자유치	엑셀레이터, 벤처캐피탈
4	주식회사 에이치＊＊	회사설립	2016
주제	사물인터넷	기술자문	디자인자문, 자금유치
		투자자문	TIPS, 엑셀레이터
		경영자문	제품 생산, 테스트
5	개인회사 지식＊＊	회사설립	2015, 2017
주제	교육솔루션	기술자문	개발지원, 아웃소싱
		경영자문	거래처 테스트, 서비스 테스트
		지식재산권	특허출원, 디자인, 상표 출원
		투자유치	정부정책자금, 개인 파트너
6	개인회사 폭＊＊＊	회사설립	2016, 개인회사
주제	직구 플랫폼	자금유치	정부정책 자금 유치
		지식재산권	특허출원, 상표등록
		마케팅	상품개발, 파트너 연결
7	개인회사 핫＊＊	회사설립	2016, 개인회사
주제	IT플랫폼	지식재산권	상표등록
		자금유치	정부자금, 금융자금, 엔젤자금
		경영자문	서비스 마케팅, 실패 경험
8	주식회사 아＊＊＊＊	회사설립	2020, 투자연계 주식회사
주제	유통 플랫폼	자금유치	민간투자, 정부정책 자금
		마케팅	상품 발굴, 거래처 연결

② 본인이 생각하는 멘토링

멘토링 사례를 통하더라도 학습은 단 시간에 되는 것이 아니다. 그래서 멘토의 자격을 갖추기 위한 활동으로 기존 활동하고 있는 멘토(강사)로부터 멘토링 체험 학습이 진행되는 과정의 경험을 늘리는 것이 바람직하다.

경험을 통해서 본인이 생각하는 멘토링 기법과 지식은 멘티가 필요로 하는 구간에 참여하면서 멘토링을 하는 것으로 출발하는 방법도 중요한 활동이 된다.

2. 고객 개발(Customer Development)과 가설검증

스타트업은 리스크가 많으면서 높은 성장이 가능하다.

그래서 스타트업을 하는 동안 리스크 감소 방법을 여러 지원기관과 기업들이 많은 대안으로 해결을 하는 분야이다. 특히 스타트업들이 참여하는 시장에는 대부분의 제품 또는 서비스를 시작하는 단계부터 애로사항을 해결해야 하는 문제점이 많은 구간이기에 해결해 나가는 과정이 필요하다.

이러한 과정에 가장 많은 애로사항을 겪고 있는 분야의 제품 또는 서비스를 개발하고 마케팅을 진행하지만 실제 고객의 관심이 없어서 스타트업이 실패를 가장 많이 한다고 한다.

그래서 스타트업은 고객개발 과정에 제품 또는 서비스 뿐 아니라 고객들의 다양한 피드백을 기반으로 제품과 서비스 자체를 현장에서 찾는 것이 바람직한 고객 개발과 가설검증 방법이다.

고객개발(Customer Development)의 학습에는 실제 고객과 접촉하는 빈도를 높여서 최대한 낭비를 줄이는 것에 목적을 둔다고 하였다. 린 스타트업 학습에서 시장의 잘못된 과정을 최대한 빨리 검증하고 회피하는 것으로 정의하고 있다. 그래서 고객개발과 고객가설은 시장에 검증하기 위해 최소 기능 제품(Minimum Viable Product)으로 시장 선도적 활동이 필요하게 된다. 그리고 가급적 비용을 줄이는 행동으로 고객의 가설이 실행되어야 한다.

스타트업 학습은 최소 미니상품을 기반으로 제품 또는 서비스 접점(Fact)을 찾아 차별적이고 확장성으로 발전시키는 전략이 중요한 활동이 된다. 고객은 냉정하고 탁월한 선택으로 자신들의 행동을 한다. 그러다보니 검증은 반드시 고객을 통해서 학습 가설을 실행하고 빠른 반복적인 학습으로 투자자원으로부터 해결하는 과정이다.

1) 고객개발 프로세스(Customer Development Process) 이해

① 왜(Why), 어떻게(How), 무엇을(What) 반복적으로 고객개발을 가설하고 고객검

증을 실행하는 이론적 관점으로 실습을 진행할 수 있어야 한다.

② 제품 또는 서비스 개발에 앞서 동그라미 반복적 그리기 실습으로 뭘 느껴야 하는지 The Lean Startup 학자가 정의한 내용을 이해하고 반복적으로 고객검증할 수 있도록 이론학습과 실습을 병행하며 진행한다.

③ 각자 아이디어로 고객개발 정의와 고객가설 이해로 고객검증 Fact를 찾는 일을 반복하는 학습의 필요성을 체감하면서 사례 중심으로 진행한다.

2) 고객개발 프로세스(Customer Development Process) 실습

① 인터랙션(Interaction)
  - 고객발견(Customer Discovery)
  - 고객검증(Customer Validation)

② 엑스큐션(Execution)
  - 고객창조(Customer Creation)
  - 고객빌딩(Customer Building)

③ 인터랙션 단계부터 고객중심의 문제발견으로 시작한다. 확인비준의 pivot 등 상호작용으로 확장해 나가는 고객검증 활동에 조력자 역할을 한다.

④ 상호작용의 엑스큐션에 필요한 고객창조는 실행 과정의 각자의 아이디어를 확장시키며 선순환 고객 팀 빌딩 활동으로 실행이 가능하게 조력자 역할을 한다.

3) 고객개발 프로세스(Customer Development Process)확장에 필요한 학습으로 이 과정은 가급적이면 사전 아이디어 가설로 제품 또는 서비스가 프로토타입까지 만든 내용을 기반으로 하면 더욱더 고객개발, 고객검증 등이 용이하다.

① 인터랙션(Interaction)

　　　　－ 고객발견(Customer Discovery) + Search
　　　　－ 고객확인(Customer Validation) + Pivot, Repeat

② 엑스큐션(Execution)
　　　　－ 고객창조(Customer Creation) + Execution
　　　　－ 고객빌딩(Customer Building) + Execution

③ 고객개발 프로세스는 인터랙션 단계부터 Search, Pivot, Repeat, Until Proven 등의 학습이 필요하다. 그러나 고객개발 과정에서 한 비즈니스 모델이 고객으로부터 필요한 시장으로 정의가 되기도 하지만 실패하는 경우도 많다.

④ 고객개발은 수색, 원점, 반복, 증명될 때까지 다시 시작하기도 하며 엑스큐션 단계로 이어지는 단계 역시 고객중심으로 Execution은 상호작용이 가능하게 실행할 수 있도록 조력자 역할에 충실해야 한다.

4) 고객 발굴에 따른 고객 검증은 고객이 필요로 하는 시장으로 또는 필요하지 않은 시장으로 존재하는 구간이다.

① 고객 발굴(Customer Excavation)
　　　　－ 고객 문제에 대한 해결책 검증이 필요하다.
　　　　－ 제품 또는 서비스 가치 정의에 수요측정 조사가 필요하다.
　　　　－ 잠재 고객 존재 확인 및 시장 존재 분석이 필요하다.

② 고객 검증(Customer View)
　　　　－ 고객이 필요로 하는 구매의사 조사 활동이다.
　　　　－ 채널 확보와 4P 전략으로 구체화가 필요하다.
　　　　－ 프로세스 활동으로 판매주기 분석이다.
　　　　－ 반복적인 활동으로 확장 가능성 확인이다.

③ 고객 개발은 고객 접점으로 고객개발 속도는 빠를수록 좋다.
　　비즈니스 모델이 도출 된 단계부터 고객의 접점을 찾아 모든 사람들의 충족을

시키겠다는 오해에서 탈피하는 것이 바람직하다.

특히 적정수준의 해결책으로 고객의 피드백을 받으며 빠른 속도로 고객 발굴, 개발, 검증을 통해 고객 가설을 할 수 있도록 조력자 역할로 실습을 지속적으로 진행한다.

3. 문제해결 제안(Problem Resolution Proposition)

1) 제품시장 접합성(PMF, Product Market Fit)

① 고객세그먼트(Customer Segment) + 문제(Problem) + 해결책(Solution) + 가치제안(Value Proposition)의 접합한 제품 또는 서비스

② 시장(Market)은 제품 또는 서비스로 MVP 활동으로 고객의 반응을 검증하여 추가 고객의 문제점을 해결하는 학습

③ Product = value proposition + feature set + ux
제품 시장으로 접합한(PMF = Product Market Fit) 과정의 학습

④ Market = target customer + undeserted needs
시장은 대상고객과 불필요한 대상으로 찾는 과정으로 학습

〈멘토링 체크리스트〉

Customer Segment Problem구분	Solution Value Proposition 학습
문제1: 고객이 누구인지 알고 있는가?	
문제2: 고객은 해결하고 싶은 문제가 있는가?	
문제3: 고객이 기꺼이 돈을 지불하는가?	
문제4: 시장이 보내는 시그널을 감지하고 있는가?	

2) 탐색(Explore)은

- 문제해결 적합성,
- 제품 또는 서비스 시장 적합성
- 규모 확장이 가능한 능력으로 문제해결로 멘토링을 진행 해 본다.

〈멘토링 체크리스트〉

① 문제해결 적합성	학습 내용
문제1: 해결 할 가치가 있는가?	
문제2: 해결하고 있는가?	
② 제품 또는 서비스 시장 적합성	학습 내용
문제1: 고객이 존재하고 있는가?	
문제2: 고객을 모으고 있는가?	
문제3: 매출로 경영하고 있는가?	
③ 규모 확장이 가능한 능력	학습 내용
문제1: 어떻게 빠르게 성장을 시킬 것인가?	
문제2: 사회와 어떻게 협업을 할 것인가?	

3) 차별화 전략(differentiation strategy)

① 문제해결 전략으로 아래 문제 풀이로 멘토링을 체크리스트 정리 해 본다.

제품 또는 서비스의 활동에 차별화 전략 활동은 매우 중요하다.

제품 또는 서비스 발굴 단계부터 시장 적합성에 필요한 시장조사는 현장에서 인터뷰 방식으로 세세한 고객의 소리를 담아내는 활동이 필요하다.

각자의 시장진입에 필요한 질문지를 만들어 실습을 할 수 있게 정리해 본다

〈멘토링 체크리스트〉

① 문제해결 전략 구분	학습 내용
문제1: 이전에 제품 또는 서비스보다 특별히 다른 것	
문제2: 기존 제품, 서비스 융합이 가능할 것	
문제3: 경쟁사 분석으로 놓치고 있는 문제점 해결할 것	
문제4: 기존 방식과 어떻게 다른지 가치를 제안 할 것	
② 제품 또는 서비스 인터뷰 질문지 만들기	질문 내용
문제1:	
문제2:	
문제3:	

4. 최소 존속제품 MVP(Minimum Viable Product) 활동

1) 최소 존속제품 MVP 활동으로 준비사항

① 최소기능 제품 또는 서비스 준비

각자가 생각한 아이디어로 만들고(Build)-측정(Measure)하고-학습(Lean)하는 과정을 반복적으로 하는 것이 린 스타트업의 필요 학습이다.

린 스타트업에서 MVP활동은 최소제품 또는 서비스의 최소기능 제품으로 고객을 통해서 최소 존속제품 MVP 얻을 수 있는 활동을 할 수 있도록 준비하고 고객 가설 학습해야 한다.

다음과 같은 내용으로 MVP

- 제품 또는 서비스 측정 할 수 있고 개선 할 수 있는 상태
- 핵심 기능만 넣고 완성된 제품이 없어도 되는 형태
- 개발자, 숫한 회의보다 MVP를 통해 고객으로부터 배우는 자세
- 미리 보는 텍스트, 정보 등 처음부터 완벽이 아닌 활동

② 최소 미니제품으로 MVP 활동 사례 실습

〈멘토링 체크리스트〉

구분	상품	MVP학습 사례 조사
회사 명	카카오	
상품 명	카카오Taxi	
MVP사례	카카오Taxi	

카카오 회사 시장조사 실습

① Build	
② Measure	
③ Lean	

2) 솔루션 마케팅 접합성(Solution Market Fit)

① 문제 해결하는 솔루션 시장

MVP활동이 진행되는 과정에서 고객 마케팅으로 연결이 되면 각자가 가지고 있는 솔루션으로 시장 진입에 필요한 조사를 진행, 고객으로부터 시장검증을 멘토링 체크리스트 해본다.

멘토링의 체크리스트는

- 존재 하는 시장은 있는지 ?
- 사용 고객을 찾을 수 있는지?
- 사용할 의사가 있는지?
- 지불할 의사가 있는지? 등에 따른 마케팅 접점에 따른 솔루션 진입으로 각자가 가지고 있는 솔루션이 고객으로부터 필요한 시장을 찾는 과정에 적합한지를 점검한다.

② Fermium전략

각자의 솔루션으로 하는 고객검증 하는 과정 중 Fermium전략이 고객 마케팅을 사전에 진행하는 좋은 전략이 될 수 있다. 다음의 자료는 각자가 가지고 있는 아이디어에 적용이 어려울 수 있으나 유사한 자료 정리가 필요한 내용으로

- 공짜, 유료 버전 프리미엄
- 일정기간 무료 유로 전환 가치 필요성
- 광고 버전, 보완제품 서비스 등으로 전략적 접근에 필요한 고객의 니즈 응용으로 판매 전략을 수립하는 전략이다.

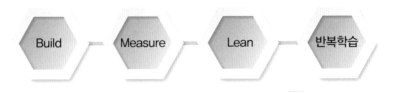

3) Lean Startup 회사설립

① 스타트업업(Startup) 준비

사전의 학습으로 비즈니스 모델이 구체화 되고 최소 미니제품 또는 서비스로 MVP활동이 진행되었다면 린 스타트업이 가능하다.

린 스타트업 준비는

- 제품 또는 서비스 상용화 고정에 Build − Measure − Lean반복적 학습
- 영업활동 시작으로 구매, 생산, 마케팅, 인사, 기획, 재무, 회계, 재무제표, 투자유치 등
- Startup 초기 비용 법무 대행, 회계 위탁, 인건비, 시설 및 장비, 사무용품, 인쇄, 원자재, 개발비, 활동비 등으로 스타트업 준비가 가능하다.

② 스타트업(Startup)자금 준비

무엇보다도 준비된 창업이다 그 준비된 과정에는 아이디어나 팀 구축도 중요한 역할을 하지만, 실패사례를 학습해 보았듯이 자금이 부족해서가 실패의 요인으로 높게 나타난 것을 알 수 있었다.

일반적으로 스타트업 준비 자금은

- 자기자본
- 정책자금
- 금융자금
- 투자유치 자본 등으로부터 기업의 성장과 비례하면서 부채도 늘어나는 형태로 스타트업이 시작된다.

③ 스타트업(Startup) 시작의 비용은 너무 많은 분야로 다양하다.

예비 기업이나 스타트업들은 여러 기능들에 직접 체험을 하면서 학습을 해 나가는 멀티플레이 정신이 필요하다.

다음은 보편적으로 스타트업 시작에 필요한 부분을 정리한 내용이다. 이에 학습을 진행해 본다.

〈창업 준비 체크리스트〉

내용 구분	창업에 준비할 상세 내역
공간	사업은 어디에 둘 것인가? 보육기간, 민간, 지원기관 등
규모	사업의 시작으로 개인, 팀, 협동조합, 합작, 법인, 개인 등
인테리어	사무실, 가구, 집기류, 컴퓨터 등의 인프라 구축
상품	MVP제품, FIT, 크기, 재고, 종류, 보증 등의 제품 서비스
물품	포장, 사무용품, 도구 등으로 활동의 주체
마케팅	거래처, 파트너, 개발 등으로 활동의 주체
구성원	채용, 훈련, 교육, 인건비 등의 경영지표의 전략 수행
위탁	노무, 회계, 대학, 정부, 파트너 등의 간접비용

4) Lean Startup 사업계획서

① 사업계획서는 사용용도에 따라 다르다.

사업계획서는 독특함이 필요하므로 적용분야별 경험과 학습을 통해서 준비하는 것이 바람직하다.

아래는 주로 많이 쓰이는 분야로 정리해 보았다. 각 기관의 사전 공고나 제안서 사업계획서를 미리 작성하기 위해 멘토와 멘토링을 통해서 하는 것도 좋은 방법이다.

다음은 사업계획서가 많이 사용되는 영역으로
- 정부 정책자금 조달
- 금융기관 자금유치
- 사업 파트너 제안서
- 사업 인 허가
- 투자유치 활동 등에 필요한 부분이 많으므로 사전 사례를 중심으로 사업계획서 작성에 필요한 멘토링을 실습해 본다.

② 사업계획서 작성은 쉽고 간결하게 한다.

사업계획서는 가급적이면 사용자 요구나 사용처에 적용이 가능하게 적는 것이 유리할 수 있다. 물론 회사에서의 사업소개서 등은 추구하고자 하는 내용을 중요시하여 작성하는 것이 좋을 수 있다.

  아래내용은 일반적으로 적용을 했으면 하는 내용으로

- 듣는 사람, 평가자가 이해를 가장 쉽게 할 수 있게
- 비논리적인 설득보다 사실을 입증 할 수 있는 출처 내용
- 부정적 문구보다 긍정적 가치 시각화
- 내용요약으로 핵심 전략으로 차별성이 부각되게
- 추상적 개념보다 데이터에 의한 구체화된 내용
- 타사 대비 차별성과 독창성으로 정리
- 투자 대비 타당성, 수익성, 합리적 추정 제시 등으로 상세하게 적는 것에 데이터가 뚜렷하게 정리되는 것이 익숙해야한다.

〈사업계획서 작성 학습체크리스트〉

내용 구분	사업계획서 작성 준비 내용
공간	
규모	
인테리어	
상품	
물품	
마케팅	
구성원	
위탁	
매입	
매출	
투자	

〈투자 IR 학습 사례〉

참여기업 → 기본 → 심화 → 크라우드펀딩 → 투자유치 역량강화 → 후속 연계지원

③ 사업계획서 작성할 때 주의사항

사업계획서는 필요가 없다고 하는 사람이 있다. 그러나 회사에서 제안하는 사업계획서는 회사의 얼굴이라고 생각해 본다. 그렇다보니 사람처럼 매일 화장을 해서 건강하게 보이고 싶듯이 회사를 경영하면서 매일 일어나는 사항을 담아내는 과정으로 보아도 될 것 같다. 아래 내용은 사업계획서 작성할 때 주의사항으로

- 컬러의 사용, 폰트 자제
- 밑줄, 글자체 굵기 자제
- 그림, 도형을 적절히 사용
- 페이지 기입, 여백을 적당히 두는 등 자유롭게 정리할 수 있는 마인드가 필요한 영역이다.

④ 사업계획성 구성

〈사업계획서 작성 학습 체크리스트〉

구성	사업계획서 작성 학습
표지	
목표	
내용	
부록	

⑤ 사업계획서 작성

사업계획서 작성은 사전 조사한 내용으로 정리하는 것이다.

그리고 추진일정, 향후 발전 비전 등으로 진행을 하면 된다. 그러나 사업계획서는 각자가 하고자 하는 아이디어도 다르듯이 사업계획서가 반드시 아래 글의 예시 내용으로 할 이유는 없다.

사업계획서는 각 분야별로 사용자 요구가 다르다.

그래서 사업계획서 작성은 누구나 보아도 쉽게 이해가 가능하게 작성하는 것이 바람직하다. 특히 각자가 하고자 하는 분야의 데이터화에 의한 확장이 가능한 수순으로 명확하게 비전을 제시해야한다. 물론 성장전략과 출구 전략까지 같이 진행될 수 있어야한다.

다음은 사업계획 일반적인 내용을 학습해 본다.

〈사업계획서 작성 학습체크리스트〉

작성 항목 예시	사업계획서 학습 내용
– 사업 목적 및 배경	
– 사업의 개요	
– 제품 또는 서비스 설명	
– 생산계획	
– 원자재 조달	
– 시설, 사업장 투자계획	
– 조직 및 인력 계획	
– 마케팅 및 전략	
– 시장현황 및 전망	
– 판매 계획	
– 소요자금 및 조달	
– 재무계획	

⑥ 사업계획서 작성하기 실습

〈사업계획서 작성 학습체크리스트〉

작성 항목 예시	사업계획서 학습 내용
사업계획서 작성 내용 정리하기	
각자의 사업계획서 학습 내용	
사업배경 및 개요 작성	
해결하고자 하는 고객문제(니즈)	
차별적 가치(전략) 제품 또는 서비스	
마케팅 및 판매 계획	
지식재산권(IP)	

⑦ 사업계획 회사개요 실습

〈사업계획서 작성 학습체크리스트〉

구성	학습
제품 또는 서비스 :	
팀 구성 :	
자금 조달:	
재무 계획:	
매출 원가:	
영업이익:	
판매 및 관리비:	
총 매출:	
외부 조력자 :	
브랜드 :	
매출 계획 :	
1년차	
2년차	
3년차	
4년차	
5년차	
수익 모델	
조달 계획	
출구 전략	

⑧ 투자유치 사업계획서 학습

〈사업계획서 작성 학습체크리스트〉

질문 및 답변	학습
IR은 왜 하는가?	
투자자가 들어야하는 이유?	
프리젠테이션 통한 심사역에게 원하는 것은?	
비슷한 아이템이 투자받는 이유?	
창업 팀의 신뢰성을 보여주는 팀원은?	
경쟁사 대비 추구하고자하는 가치는 ?	
시장의 성장성과 시장의 연결성은 ?	
투자자 마음, 근거를 보여 주는 데이터는?	
마케팅으로 확장이 가능한 확장성 시장은?	
투자자 질문에 답변하는 열정은?	
Exit 방법은?	
투자자 유치 금액으로 비전은?	

⑨ 투자유치 평가 준비

〈사업계획서 작성 학습체크리스트〉

질문 및 답변	학습
질문 및 답변 (중기청 출처)	
제품 서비스에 대한 해결과제는?	
고객의 니즈에 대한 개선과제는?	
시장 경쟁자 대비 개선과제 이유?	
제품 서비스의 개발의 개선방안 가치는?	
시장의 성장성과 시장의 연결성은?	
고객 요구사항에 대한 대응방안은?	
시장 확장이 가능한 경쟁력, 확장성 방안은?	
자금소요 및 조달 계획은?	
시장진입 및 성과창출 전략은?	
Exit 방법 및 전략은?	
투자자, 투자자 유치 금액으로 비전은?	
대표자, 팀원, 보유역량은?	
사회적 가치 및 팀 개발 역량 등은?	

⑩ 사업계획서 예비창업패키지지원 사업 실습(중기청 출처)
- 사업공고: https://www.kised.or.kr/menu.es?mid=a10205010000
- 사업내용: 예비창업패키지사업
- 신청기간: 2020.1월, 3월(변동가능)
- 신청방법: K-스타트업 홈페이지(www.kstartup.go.kr)를 통한 온라인신청 접수
- 제출서류: 사업계획서, 증빙서류 등
- 질문 및 답변: 멘토링 진행하기

5. 시뮬레이션(Simulation)

1) 시뮬레이션(Simulation) 이해

국경 없는 경쟁시대의 4차 산업혁명 기술은 진보의 속도가 아주 빠르다.
비즈니스는 과거의 데이터를 분석하는 것보다 4차 산업혁명의 변수들을 기반으로 컴퓨터 시뮬레이션을 통해 미래시장을 예측하고 응용이 가능한 시대가 되었다.

또한 전문가들의 직관에 의존하던 시대에서 각각의 변수에 대해 값을 바꾸어가면서 어떠한 변화를 나타내는지 서비스의 민감도 분석(Sensitivity analysis)이 가능한 4차 산업혁명이 산업융합의 시대로 나아가는 시뮬레이션(Simulation)시장이 필요하게 되었다.

다음은 시뮬레이션(Simulation) 단계별 정리로 학습을 진행하고 도출되는 데이터로 인한 변수들에 피드백을 한다.

① 단계 1 : 기술예측 문제정의
  - 예측과 목표 명확히 정의
    (   )

② 단계 2 : 기술예측 모델수립

　　　• 변수들 관계 변수 모델수립 및 타성성 검토

　　　(　　　　　　　　　　　　　　　　　　　　　　　　　　　)

③ 단계 3 : 각종 자료 수집

　　　• 투입될 자료 수집

　　　(　　　　　　　　　　　　　　　　　　　　　　　　　　　)

④ 단계 4 : 프로그램 작성

　　　• 알고리즘 프로그램 코딩 및 검증 작업

　　　(　　　　　　　　　　　　　　　　　　　　　　　　　　　)

⑤ 단계 5 : 실험 데이터 수립 및 수행

　　　• 실험전략으로 시뮬레이션 방식 적용

　　　• 초기조건, 수행횟수, 수행시간, 성능지표

　　　(　　　　　　　　　　　　　　　　　　　　　　　　　　　)

⑥ 단계 6 : 성과 분석

　　　• 기술예측 정보수집

　　　(　　　　　　　　　　　　　　　　　　　　　　　　　　　)

⑦ 단계 7 : 성과 활용

　　　• 결과 분석으로 예측정보 실무적으로 활용

　　　(　　　　　　　　　　　　　　　　　　　　　　　　　　　)

2) 시뮬레이션(Simulation) 피드백

　시뮬레이션(Simulation) 단계가 ①에서부터 ⑦까지의 기술 분석을 정리하게 하였으나, 내용을 기반으로 피드백을 한다. 또한 시장분석 시뮬레이션(Simulation)도 동일하게 진행하면 된다.

　각자 아이디어를 기반으로 시장분석 후 단계별 시뮬레이션으로 성과도출에 따른 성장을 예측하고 실무적 응용이 가능하게 진행하면 된다.
 그리고 예측되는 가치들에
- 지식재산권(IP) 특허출원
- 상표등록
- 디자인등록, 프로그램등록 등의 사용할 수 있는 모든 활동도 함께 진행이 될 수 있게 한다.

6. 린 캔버스(Lean Canvas) 학습

1-1. 린 캔버스(Lean Canvas)

1) 린 캔버스(Lean Canvas) 개념

 비즈니스 모델 캔버스는 아이디어를 비즈니스 모델(BM)의 설계에 중점을 주었다면 린 캔버스(Lean Canvas)는 원래 린(Lean)은 반복적인 학습의 초기의 창업 단계에서 비즈니스 모델(BM)을 구체화하는 설계방법으로 구현하는 그 과정까지 제공하는 차이점이 있다. 특히 비즈니스(BM) 설계부분으로 과거처럼 시장을 조사하고 분석한 후 제품 또는 서비스를 기획해서 만드는 시장이 아닌, 린(Lean)캔버스 방식으로 필요한 고객의 문제점부터 해결해 나가며, 빠른 실행학습으로 고객의 니즈를 응용 린 캔버스 학습을 통해 구체화 해 나간다.

 린 캔버스는 스타트업으로 전환하는 과정에 현재 어떤 문제가 있는지, 또 어떤 문제를 풀기내기 위한 팀 활동인지를 인식하여야 한다.
 린 스타트업 비즈니스 모델(BM)이 기존의 고객 중심으로 빨리 쓸 고객은 누구일까? 우리는 어떤 벨루를 줄 수 있을까? 등의 시장에서 고객이 칠요로 하는 제품 또는 서비스를 선택할 최소한의 가치를 담은 제품(Minimum Viable Product)을 먼저 내놓고, 이후에 새로운 기능을 덧붙이면서 고객으로부터 시장의 반응을 보게 했다.

 제품(Minimum Viable Product)을 고객이 선호한다면

- 고객들의 문제
- 고객들의 행동
- 가치제공 혜택
- 솔루션 액션
- 그렇지 않은 선호도 등을 중요하게 다루어야 하며 MVP 활동도 동시에 진행하여 한 데이터를 기반으로 피드백 한다.

고객을 통한 구간도 문제를 풀어가는 해결 정의방법 학습과정이다.

린 캔버스는 에릭 리스(Eric Ries)가 창안한 린 스타트업(Lean Startup)에 입각하여 빠르게 스타트업을 할 수 있는 방법론이다. 여러 방법론 중에서 "Running Lean"을 출간한 애쉬 모리아(Ash Maurya)에 의해 새롭게 비즈니스 모델 개요를 정리하는 프레임워크다.

린 캔버스(Lean Canvas, 9블록) 프레임워크는 아래 그림과 같이 되어 있으며, 비즈니스 모델 캔버스(Business Model Canvas)의 9개 블록 중에 초기 스타트업에 알맞게 부분적으로 수정하여 구체화된 린 캔버스(Lean Canvas)를 개발했다. 린 캔버스(Lean Canvas)가 가지고 있는 각 특성을 고려하여 교육의 참여자는 포스트잇을 사용하며 각자의 의견을 채울 수 있도록 한다.

먼저 사용한 비즈니스 모델 캔버스의 9개 블록 중에 4개 블록을 초기 기업에 응용이 가능하게 린 캔버스(Lean Canvas, 9블록) 아래 내용으로 수정 했다.
- Key Partners를 Problem으로 수정하면서 고객이 겪고 있는 문제와 대안을
- Key Activities를 Solution 수정해서 하고자 문제를 개발하는 기능과 혜택을
- Customer Relationships를 Unfair Advantage 주제에 진정한 경쟁 우위에 정의
- Key Resources를 Key Metrics 참여하는 핵심 활동에서 측정하고 관리해야 할 핵심지표를 정리하게 했다.

팀원들이 공감 할 수 있도록 만들어 가는 팀 수업의 매력적인 활동이다.

우리는 이 매력적이고 협업이 가능한 생각들을 반드시 고객기반의 중심으로 설계

되도록 한다. 또 설계된 가치들이 공유가 될 수 있는 가치들로 정의해야 하는 종합 비즈니스 설계 학습이다. 우리들이 종합 설계된 9블록을 기반으로 비즈니스 플랜 활동에 추가적인 활동으로 연결이 가능하게 리더 한다.

〈린 캔버스(Lean Canvas)〉

Problem	Solution	Unique Value proposition	Unfair Advantage	Customer Segments
	key Metrics		Channel	
Cost Structure				Revenue Streams

2) 린 캔버스(Lean Canvas) 이해

① 린 캔버스는 팀 활동으로 초기 진입시장 MVP 활동에 기초로 하는 학습이다. 린 캔버스는 실행에 옮길 수 있는 한 페이지(9블록) 공간을 채움는 것을 시작으로 사업계획서 작성이 가능하다. 해당 린 캔버스는 벤처 기업가 에릭리스(Eric ries)가 처음 사용했으며, 그의 저서 린 스타트업(Lean startup)에서 다루게 되어 오늘날 많이 사용하게 되었다.

핵심적인 최소한의 기능을 갖춘 제품 또는 서비스를 시장에 먼저 내 놓고, 시장환경의 반응에 따라 제품 또는 서비스를 보완해 나가는 것에 주안점을 두었다.
그 내용의 린(Lean)을 정리하면 아래와 같다.
  • Requirements

- Design
- Implementation
- Verification
- Maintenance

원래 린(Lean)은 반복적인 학습으로 경영에서 많이 다루는 분야였다. 하지만 이 개념이 다시 주목을 받게 된 이유는 기술의 변화와 시장의 빠른 변화로 반복적인 학습이 요구 되는 것 같다.

린(Lean)캔버스 이론 학습으로 실습 활동을 통해서 세세하게 작성이 가능하게 지원한다.

그리고 작성한 내용을 기반으로 고객이 원하는 시장에서 문제해결 통한 스타트업 내용으로 정의하는 학습이다.

3) 린 캔버스(Lean Canvas) 사례

〈린 캔버스(Lean Canvas) 사례〉

Problem	Solution	Unique Value proposition	Unfair Advantage	Customer Segments
• 택시 기사 고령화 • 언어 교육 필요성 • 주변 상권 구축 • 위치기반 정보 구축	• 웹, 앱개발 • 제안 정책 • 자금유치	• 기존 허가권이 있는 택시기사 영업권을 모바일 기반으로 위치기반 매칭 서비스 • 고객대상 주변문화 추천 서비스 • 주제: 택시닷컴	• 기존 스마트폰 사용 • 수시 실시간 서비스 • 매칭 관계성	• 택시 기사 • 택시 회사 • 지역 관광 • 언어 소통
	key Metrics • 20만 조기 고객 유치 • 퍼블리셔 투자		**Channel** • 어플리케이션 마케팅 • 교육 연계 홍보	
Cost Structure • 개발 비용 • 센서 구축 비용 • 라이선서 비용 등			**Revenue Streams** • 매칭 수수료 • 광고 수익 등	

180

2-1. 린 캔버스(Lean Canvas) 학습모델

1) 린 캔버스(Lean Canvas)이론

린 캔버스(Lean Canvas)와 비즈니스 모델 캔버스는 팀원들이 캔버스(9블록)에 이론 학습을 통해서 팀원들이 필요한 각자의 생각들을 고객들이 원하는 형태로 채울 수 있는 학습이 우선시 되어야 한다.

성공기업을 실례로 들자면 시장 진입이 가능하도록 초기부터 설계 되어 세계적으로 성공한 기업이 있다.

페이스북의 창업자 마크 주커버그는 페이스북에 이미지를 업로드 하는 방식으로 하였으나 린 스타트업을 적용하면서 고객이 제품을 선택할 최소한의 MVP활동을 통해서 사람과 사람을 연결하는 것으로 자신이 알고 있는 지인들과의 커뮤니케이션이 실시간으로 가능하게 플랫폼을 구축하고 서비스 하였다.

린 캔버스는 비즈니스 모델 캔버스와 달리 고객들이 필요로 하는 문제와 가치를 동시에 해결이 가능하게 설계되며, 반드시 해결책으로 연결이 가능하게 설계가 필요하다. 그래야 핵심지표 기반 핵심가치로 고객에게 다가 갈 수 있는 활동으로 비즈니스 플랜이 진행되게 된다.

린 캔버스(Lean Canvas)는 다음과 같이 정의된다.
- 린 캔버스 라인블록으로 작성하여 린 스타트업 전환
- 사업모델을 빠르게 간결하게 정리 할 수 있는 MVP
- 서로의 생각을 공유하고 빠르게 수정하여 공감이나 피보팅

<린 캔버스 (Lean Canvas)>

Problem	Solution	Unique Value proposition	Unfair Advantage	Customer Segments
	key Metrics		Channel	
Cost Structure				Revenue Streams

3-1. 린 캔버스(Lean Canvas) 이론 학습

린 캔버스(Lean Canvas)라인블록을 하나하나 정리할 수 있도록 이론적으로 학습을 진행한다. 캔버스 라인블록의 문제(Problem), 해결책(Solution), 핵심가치제안(Unique Value Proposition), 고객세그먼트(Customer Segment), 경쟁우위(Unfair Advantage), 경쟁우위(Unfair Advantage), 채널(Channel), 비용구조(Revenue Structure), 수익원(Revenue Stram)의 구간을 이해할 수 있게 지도 한다.

1) 린 캔버스(Lean Canvas)구성요소 학습

① 문제(Problem)
- 해결하고자 하는 문제를 고객의 입장에서 정의
- 경쟁관계 조사로 해결책을 분석
- 고객문제점 확인 인터넷검색, 리서치, 인터뷰 등

② **해결책**(Solution)
- 해결하고자 하는 중요한 특징과 기능
- 아이디어 조사로 개인, 팀 추천
- 브레인스토밍을 통한 공감

③ **핵심가치제안**(Unique Value Proposition)
- 제품, 서비스 해결책의 핵심요소 정의
- 제품, 서비스 차별적 요소
- 고객이 빠르게 이해가 가능하게 정리

④ **고객세그먼트**(Customer Segment)
- 고객을 세분화 하고 MVP 지속성
- 해결책을 분석하고 소비자와 직접 대화
- 고객 대상 설문 활동, 얼리아답터(Early Adapter)

⑤**핵심지표**(key Metrics)
- 우리제품, 서비스 가장 먼저 구입할 것으로 예상되는 고객
- 고객인지부터 획득, 유지, 매출, 기능테스트, 피드백
- 미완성 제품을 통한 지속적인 학습

⑥**경쟁우위**(Unfair Advantage)
- 경쟁자 모방이 어려운 형태
- 깊이 있는 지식과 스킬, 환상적인 팀
- 인적 네트워크 효과 등

⑦ **채널**(Channel)
- 고객의 경로 이해, 평가, 구매, 전달, 사후관리
- 구입 전, 구입단계 고객의 접점
- 고객이 구입 후 사후서비스

⑧**비용구조**(Revenue Structure)
- 해결하고자 하는 문제의 모든 비용

• 해결책을 분석하고 연구하는 비용

⑨**수익원**(Revenue Stram)

• 제품판매, 사용료, 가입비
• 운용 또는 설치비, 유지보수
• 광고, 홍보 등

2) 린 캔버스(Lean Canvas)프레임워크 작성

⟨린 캔버스(Lean Canvas)사례⟩

Problem	Solution	Unique Value proposition	Unfair Advantage	Customer Segments
각자 해결 할 문제점을 중심으로 고객이 필요로 하는 것으로 적는다.	아이디어로 문제를 해결할 수 있는 내용으로 적는다.	구체화 된 아이디어를 바탕으로 엑션에 따른 고객의 혜택이나 가치가 무엇인지 적는다.	채널을 통해서 연결 되면서 고객과의 관계를 어떻게 해결할 것인지 적는다.	솔루션의 가치 또는 구매하는 고객으로부터 페스소나를 분석하고 정리하는 타켓층을 적는다.
	key Metrics 아이디어를 바탕으로 엑션을 할 수 있는 TO do list		**Channel** 마케팅 하고 연결 되는 구간으로 어떻게 가치를 전달할 것인지 적는다.	
Cost Structure 가치를 만들어 내는 비용과 엑션으로 지불되는 비용이다 그리고 비용을 조달하는 것도 적는다.			**Revenue Streams** 고객을 통해 수익이 창출되는 영역으로 어떻게 수익이 발생하는지 적는다.	

3) 핵심지표(Key Metrics) 프레임워크

① 스타트업에 필요한 린 캔버스 작성에는 핵심지표(key metrics)의 활동이 매우 중
   요한 실습활동이다.
다음은 핵심지표의 해결책으로 정리하는 학습내용이다.
   • 사용자 유지(Acquisition)
   • 사용자 활성화(Activation)
   • 사용자 재유지(Retention)
   • 매출 연계(Revenue)
   • 추천(Referral)애쉬 모리아는 다음과 같은 경쟁우위로 이야기 했다.
   • 내부자정보, 적절한 전문가, 환상적인 팀, 개인적인 권위, 대규모 네트
     워크, 커뮤니티, 기존 고객, 검색엔진 최적화 순위 등으로 갖추는 깃으
     로 차별적 우위로 핵심목표가 실행될 수 있어야한다고 했다.

② 스타트업을 시작으로 성과(成果)를 통해서 스케일업이 필요하다. 비즈니스 모델
   을 수립하는 도구로써 캔버스를 작성하는 목적은 린(Lean)하게 사업모델을 테
   스트하면서 만들어 나가는데 비즈니스 모델을 담아내는 사업계획서가 아니라
   일단 한 장짜리 린 캔버스 작성으로 사업계획서 플랜(Plan)을 가볍게 정리하는
   과정의 학습을 하였다.

   스타트업의 성장은 사업의 모델을 찾을 때 위험한 가설이 무엇인지, 고객을 어떻
게 검증하는지, 실험계획은 어떻게 세우는지, 투자유치 지표 등을 스케일업에 필요
한 핵심지표로 사용이 가능한 린 캔버스다.
   또한 전반적인 내용을 알 수 있도록 전 구성원들에게 장기적으로 비전을 제공하
고 성장에 함께 하고자 하는 팀의 리더십의 경영에도 필요하다.

4-1. 시장과 제품 간의 궁합(PMF, Product Market Fit)

린 스타트업 방법론은 빠르게 린 캔버스를 도구를 통해서 구체화하는 것을 학습할 수 있었다. 그래서 빠르게 고객의 문제와 솔루션에 대한 가설을 반복적으로 검증할 수 있게 되었다. 이러한 과정은 시장과 제품 간의 융합접점(Product Market Fit)을 검증해 나가는 것이 핵심이다. 그래서 고객의 문제가 불확실한 시장에 최소 존속 제품(MVP)를 빠르게 검증하고 테스트할 수 있어야 한다.

1) 시장(Market)이해

① 고객
- 우리의 고객이 누군지 알고 있는지
- 시장이 보내는 시그널을 감지

② 문제
- 고객으로부터 반응
- 고객을 해결하고자하는 문제

③ 해결
- 기꺼이 돈을 지불할 의사가 있는지
- 우리 해결책의 장·단점

④ 시장
- 성공, 실패의 성과에 필요한 도출
- 활동의 크기, 광고, 시장의 니즈

해결점 〈Product Market Fit〉

product solution fit	product market fit	product model fit
창업자들의 아이디어가 고객의 문제 또는 니즈가 존재하고 반복적 학습	창업자들의 아이디어가 시장 접점으로 고객의 문제 또는 니즈가 존재하고 반복적 학습	고객의 반응의 피드백으로 사업 확장으로 고객의 접점 시장으로 선점이 가능하게 활동
product solution fit 학습	product market fit 학습	product model fit 학습

2) 시장과 제품 간 궁합(PMF, Product Market Fit)

린 캔버스 실습활동으로 스타트업의 최선의 과제는 시장과 제품 간의 궁합(PMF)를 찾는 활동이다. product, market 중간 영역의 product market fit 활동의 확장성이다.

① 문제해결(니즈)
- 충족 욕구가 가장 매력적인 고객 집단 찾기
- 고객들로부터 니즈가 가장 많은 집단

② 고객 분석
- 고객개발, 시장조사, 업계보고서 등
- 고객을 해결하고자하는 문제로부터 정보를 수집하는 활동

③ 목표시장
- 기꺼이 돈을 지불할 의사가 있는지의 사용자 계층 세그먼트의 동질성
- 우리 해결책의 장 · 단점의 지리적 위치 등으로 해결해 나가는 활동

해결점 〈Product Market Fit〉

문제해결	고객 분석	목표시장
• 충족 욕구가 및 고객 집단 찾기 • 고객들로부터 니즈가 가장 많은 집단	• 고객개발, 시장조사, 업계보고서 등 • 고객을 해결하고자하는 문제로부터 정보를 수집하는 활동	• 기꺼이 돈을 지불할 의사가 있는지의 사용자 계층 세그먼트의 동질성 • 우리 해결책의 장, 단점의 지리적 위치 등으로 해결해 나가는
문제해결 학습	고객 분석 학습	목표시장 학습

5-1. STP(Segmentation Targeting Positioning) 전략

1) STP(Segmentation Targeting Positioning)이란

STP(Segmentation Targeting Positioning)전략이란 앞 글자를 따서 한 내용을 정리해 보면 시장을 세분화하고, 타켓을 설정하고, 위치를 선정한다는 것이다.

- 세분화(Segmentation)
- 목표시장 마케팅(Targeting)
- 포지셔닝(Positioning)
- 소비자의 욕구 및 행동, 지리적 광범위 분산, 소비자를 모두 대응, 고객 이라 할 수 있다.

먼저 시장세분화는 고객의 니즈나 행동 등에 따라 고객을 아주 작은 집단으로 나누는 것을 시작으로 고객층을 만들고 치열한 경쟁 속에서 유사한 제품서비스로부터 세분화전략으로 제품을 제공하기 위해 필요한 전략이다.

세분화(Segmentation)에 필요한 전략으로는

- 지리적 관계성
- 인구 통계적 기준
- 심리적 활동
- 행동적 기준 등으로 각자 하고자하는 세분화 정책으로 마케팅을 할 때 전략적으로 마케팅을 실행하는 하나의 방법이다.

다음으로는 마케팅 타켓팅(Targeting)은 잠재고객을 대상으로 최대의 수익을 위해서 고객집단이나 고객 관심으로부터 초점을 맞추어 마케팅 활동 등을 펴는 것이다. 특히 마케팅은 타켓층 분석이 미비하거나 잘못된 인식으로 마케팅이 진행될 때 많은 비용을 지불하게 된다. 그래서 잠재적인 시장의 규모나 잠재적 고객층을 고려하여 비용을 지불하면서 하는 것이 바람직한 마케팅 타켓팅이다.

마지막으로 포지셔닝(Positioning)은 잠재고객들로부터 제품 또는 서비스를 위치시키는 것으로 단기적인 고객의 행동이나 장기적인 관점에서 경쟁 우위를 가질 수 있는 포지셔닝이 필요하다. 그리고 경쟁사보다 명확한 전략을 부여하므로 마케팅 목표 등을 고려하여 단체적인 행동 등에 주안점을 두는 전략이다.

2) Segmentation Targeting Positioning 정리

다음은 각자가 가지고 있는 아이디어로 세분화(Segmentation), 목표시장 선정(Targeting), 포지셔닝(Positioning) 정리를 해 본다. 특히 아이디어를 기반으로 소비자의 욕구나 행동, 지리적 광범위, 대응불편 등으로 STP, 활용으로 학습을 확장해 본다.

다음은 각자의 제품 또는 서비스로 정리를 해 본다. 이 분야도 각자가 정리된 내용을 기반으로 발표를 진행하고 피드백을 지원 한다.

<Segmentation Targeting Positioning 정리>

Segmentation	Targeting	Positioning
고객 세분화	목표 시장 선정	포지셔닝
Segmentation 학습	Targeting 학습	Positioning 학습

3) 비즈니스 디자인 계획

<비즈니스 6단계 계획>

구분	6단계	6단계 내용
①	Empathize	고객들과 사용자들을 이해하며 조사한다.
②	Define	프로젝트 또는 비즈니스 목표를 정의한다.
③	Idea	해결하고자 하는 아이디어를 모색한다. 비즈니스 모델을 정의한다.
④	Prototype	해결책을 제작 및 가시화하며 아이디어를 구체화한다.
⑤	Test	고객의 반응을 통해 검토하고 의사결정하다.
⑥	고객인터뷰	각 제품 또는 서비스 맞춤형 인터뷰 작성으로 조사한다.

STP학습과정이 비즈니스관점으로 설계는 중요한 정신 활동이다.
여러 문제점을 해결하기 위한 자료 정리로 비즈니스는
- 각종 문제정의
- 각종 문제해결 방안
- 프로토타입 MVP 데이터
- 제품 또는 서비스 테스트 등으로 비즈니스 활동이 필요하다.

이러한 과정에 린 스타트업 활용으로 도출되는 고객인터뷰를 통해 확장해 나갈 수 있게 되었다. 비즈니스 6단계별 정리로 비즈니스로 진행되는 것에 멘토의 자격으로 멘토링을 지원하는 자세가 필요하면서도 가급적이면 비즈니스 사례 중심으로 하면 좋다.

그리고 각 단체나 타켓으로 마케팅은 능동적이고 민첩한 마케팅 전략도 동시에 실행이 되면 좋을 듯하다.

Start Up Mentor Book

학습내용❻

마케팅
Marketing

오프라인

온라인

소셜
네트워크

빅데이터

마케팅
극대화

VIII. 마케팅 Marketing

1. 마케팅(Marketing) 이론

마케팅은 마켓(Market)과 고객(Customer)을 말한다. 즉 시장이 형성되어 있는 공간에서 상품을 구매하는 고객을 타켓으로 하는 것으로 소비자를 뜻하기도 한다. 소비자는 상품 또는 서비스를 사용하는 또는 구매하는 사람이기에 각종 Needs를 얻기 위한 판매와 광고 등에 공급자는 마케팅을 적용하게 된다.

상품 또는 서비스를 하는 주체에서는 그들이 뭘 원하는지를 알아내는 것이 마케팅의 기법이고 고객의 욕구(Needs)를 채워주는 것이라고 볼 수 있다. 그러나 일반적으로 사용하는 상품 기획으로 욕구(Needs) 마케팅은 그 욕구(Needs)를 구체적으로 충족시키는 대상의 욕구(Wants)가 뒤따르게 된다.

마케팅에서 마켓은 고객을 의미하는 비중으로 그들이 원하고 바라는 것을 얻게 해주려고 하는 것이 마케팅의 출발점이 된다.

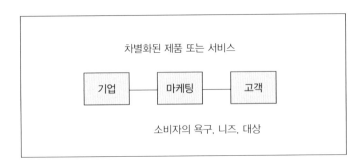

다음은 마케팅 구성요소로 단순히 상품이나 서비스에 국한하지 않고 어떤 장소나 경험 등에 필요한 포괄적인 내용에 대한 학습이다.

일반적으로 많이 사용하는 내용으로는

- 본원적 욕구(Needs) : 의. 식. 주 해결에 필요한 기본적인 욕구
- 구체적 욕구(Wants) : 경험적 활동으로 형성된 필요한 충족의 욕구
- 수요(Demands) : 소비자로 구매능력과 구매 의사를 가진 욕구
- 제품(Products) : 모든 기관이 필요와 충족을 위해 제공되는 것
- 시장(Market) : 필요와 충족을 위해 다양한 교환이나 거래가 되는 고객
- 교환(Exchange) : 어떠한 대가를 지불하고 제품획득, 취득한 가치

마케팅의 세세한 학습도 중요하지만 최근에 많이 마케팅 공간이 되고 고객들 사용이 편리한 기능들에 대한 학습이 중요하다. 특히 멘티 기업들에 적용하는 것으로 멘토는 강의나 멘토링을 적용할 수 있게 한다. 추가적인 마케팅 교육은 본인이 필요한 영역에 대하여 추가 학습이 이루어지도록 연구한다. 이 책에서는 디지털 마케팅을 기반으로 정리해 본다.

1) 동영상 마케팅

"세상은 또 왜이래", 가황 나훈아가 부른 테스형 노래가 비대면 동영상 실시간 서비스로 세상을 놀라게 했다.

너 자신을 알라던 테스형 대중가요를 듣기 위해 '유튜브 검색' 사용으로 테스형을 찾을 수 있었고, 들을 수 있었다. 모든 것들을 블랙홀처럼 유튜브라는 플랫폼으로 빨아들이고 있는 것을 느낄 수 있다. 그동안 텍스트 기반에 익숙한 일반인들은 구글이나 네이버 검색을 통해서 얻고 싶은 정보나 지식 등을 찾았다. 검색포털보다 더한 인기를 얻으면서 지난해 초등학생 최고의 직업군으로 '유튜브'를 꼽았다고 한다.

빠른 기술을 기반으로 한 마케팅은 플랫폼 시장으로 신속하게 이동되고 있다는 것을 알 수 있다. 이제는 10대 직업 우선순위를 떠나 마치 유튜브를 사용하는 연령이 급속하게 내려가는 세대로 인식이 되어 버렸다. 얼마 전만 해도 종이신문을 지하철에 펴고 보는 세대였건만 불과 몇 년 사이 신문은커녕 지하철에서 책을 보는 사람도 드물다. 그런데 민망한 모습이 연출될 때가 많다. 왜냐하면 주변의 사람들은 Z

세대라고 불릴 정도로 사용 빈도를 늘리면서 스마트폰이나, 튜유브 플랫폼 매력에 빠져 사용을 하고 있는 것을 보게 된다.

그러니까 지금은 젊으나 나이가 많으나, 전 연령이 스마트폰이나 각종 디바이스를 통해 유튜브에서 각자의 미디어로 취향에 맞춤형이 가능한 유사한 플랫폼에서 콘텐츠를 구독하고 보다 유익한 텍스트, 영상을 구독한다.

이러한 트렌드에 맞는 접근방법이 디지털 마케팅 및 홍보 영역이다.

이미 2009년 이후 스마트폰이 왕성하게 유통이 되었고 여러 통신사를 통해 통신의 5G 네트워크 환경이 세계에서 첫 선을 보일 정도로 광대역 통신 환경을 제공하고 있다. 스마트폰은 가족 커뮤니티나 마케팅이 가능하게 했다. 가족 중에 새로운 가족을 얻어 손자를 얻게 되었는데 새로운 가족은 늘 아이가 놀고 있는 모습을 동영상을 통해서 전해주고 있다고 부모는 귀염둥이 손자아들을 통해서 가족경영이 가능했다. 바로 이러한 시장이 하나의 디지털 공간에서 소통하는 디지털 마케팅 창구인 스마트폰을 통해서 알게 되었다.

어디 그뿐인가 일부 Z세대라고 칭하는 세대는 텍스트 기반의 콘텐츠보다 영상을 익숙하게 사용하며, 기존의 포털사이트 사용 대신 영상 및 실시간 플랫폼에서 제공하는 유튜브에 검색기능을 사용하여 궁금증을 해소하고 다양한 학습을 하게 된다는 사실이다.

이러한 시장은 마케팅 시장으로 확장하기에 매우 유리한 플랫폼이다. 예로 팝송을 통해서 영어 학습을 시각적으로 보여줌으로서 글로 표현할 수 없는 영역에 공감할 수 있는 구독의 시장에서 경제로 구독수입이 발생하는 장점을 활용하고 있다.

이쯤하면 왜 유튜브인가? 이해가 가능할 것이다. 앞으로 유튜브, 네이버TV, 다음 TV팟 등에서 쌓여만 가는 콘텐츠는 영상소비는 물론 플랫폼 내에서 마케팅 및 홍보의 시장은 매우 매력적인 시장이 될 것이다.

① 플랫폼 구독 비교 분석

〈플랫폼(Platform plan)기본 자료〉

항목	인플루언스 매칭	학습 내용 정리
유튜브		
네이버TV		
다음 TV팟		
아프리카TV		

② 유튜브 마케팅 및 홍보

〈유튜브(Youtube plan) 기본 자료〉

항목	마케팅 활용	학습 내용 정리
콘텐츠 질	타켓 찾기	
구독자 수	크리에터 찾기	
조회 수	플랫폼 광고비용	

2) 왜 소셜네트워크 서비스(Social Network Service)

인터넷의 대중매체가 이미 비대면서 인터넷 디지털 플랫폼시대가 되었다.

인터넷 플랫폼을 통하여 누구나 쉽게 사용이 가능하고 편리한 기능들이 속속 플랫폼으로 들어오면서 플랫폼을 사용하는 사람들에게는 여러 지식이나 정보 전달 매체 채널이 되었다.

그동안 매스미디어가 TV매체나 신문 등으로 광고 마케팅으로 시장을 견인 했다면 이제는 바이럴 마케팅 효과도 누릴 수 있는 디지털 플랫폼 안에서 개인구독 매체 채널을 개인이 확보하고 수익성 활동하기가 용이한 디지털 시대를 맞이하였다.

여러 사람들이 만날 수 있는 채널은 늘 광고를 접하게 된다.

그동안 대중 매체 채널을 오프라인 영역으로 주로 다루게 되었다면 현대에는 인터넷 대중매체 채널로 안방에서 전 세계 시장을 만날 수 있고, 온라인 광고 홍보가 가능한 온라인 시대를 맞이하였다. 그러다보니 온라인 광고의 점유는 날이 갈수록 오프라인 시장보다 성장하는 플랫폼 회사들이 자리다툼의 국경 없는 경쟁모드로 플랫폼 경제로 성장하고 있다.

①소셜마케팅(SNS)마케팅 장점

〈마케팅(SNS plan) 기본 자료〉

항목	장점의 이유 환경	비교 분석 학습
저비용	인터넷 환경으로 바이럴마케팅 가능	
검색용이 함	오프라인보다 인터넷 환경으로 데이터 분석	
광범위 함	국내에 국한되지 않고 글로벌 시장으로 연결	
브랜딩	개인화 시장으로 세분화되는 시장에 맞춤형	

②소셜마케팅(SNS) 채널

〈마케팅 (SNS plan)기본 자료〉

항목	특성	적용하기 위한 학습
카카오톡	메신저	
밴드	고객관리	
인스타그램	생산. 유통	
페이스북	생산. 유통	
카카오스토리	메신저	
트위터	실시간	

③소셜마케팅(SNS) 활용

소셜마케팅(SNS)은 어떤 채널로 어떻게 활용을 할 것인가? 시작으로 광고 비용대비 수익성으로 전환이 될 수 있어야 한다. 어떤 채널로 기획된 콘텐츠로 고객이 원하는 맞춤형으로 플랫폼을 통해서 여러 번에 노출시켜서 고객들에게 일정한 행동을 통해서 고객이 원하는 상품 또는 서비스로 연결하는 마케팅 활용이다.

즉 고객들에 필요한 시장으로 구매, 방문, 결과, 피드백 학습으로 얻는 가치이다 그러다보니 특성을 잘 고려하여 퍼포먼스 마케팅 응용으로 다양한 채널을 통해서 광고가 가급적이면 많이 노출이 되어 보다 흥미를 유발시킬 수 있는 기술로 실제 제 구매나 방문으로 이어지는 역할에 충실해야 한다. 그래야 원하는 매출증대를 할 수 있다.

〈마케팅(SNS plan) 기본 자료〉

항목	활동	적용할 학습 내용
구매/방문/결과	Action	
행동/ 장바구니	Desire	
구독/클릭	Interests	
광고노출	Advertising	

2. 마케팅(Marketing) 전략

1) 블로그 마케팅

블로그는 개인 계정으로 활동하는 사람도 있고 비즈니스 채널을 확보하는 블로그로 인맥, 채널, 유입경로, 전환, 성과 등으로 구분하여 정리할 수 있다. 그러나 블로그는 한 동안 시대를 대변할 정도로 마케팅 채널로 확보한 시장이 현재는 차츰 파괴되고 있는 시장으로 볼 수 있다.

블로그는 이웃으로 연결되는 가치에 집중해야 한다. 즉 상부상조의 정신이 온라인에서 왕성하게 적용이 되는 분야이다. 그렇다 보니 수많은 계정을 연결하고 관리하기 위해서 효율적인 이웃을 만드는 과정이 중요한 마케팅의 기본 설계서이다.

블로그란 웹(Web)과 로그(Log)의 줄임말로 사람들이 인터넷 환경에서 자신의 관심 내용을 주기적으로 올려서 자유롭게 소통할 수 있는 인터넷 플랫폼 환경이다.
현재는 네이버가 가장 선도적이기에 블로그 개설시 다른 채널보다 영향력이 좋은 장점이 있다. 물론 과거에는 다음 회사의 점유율이 높았지만 네이버 회사의 추격으로 2017년에는 점유율 86.9%로 1위이다 보니 당연이 블로그 활성화 및 광고 효과가 가장 높을 수밖에 없다.

현재는 국내 플랫폼에서 구글의 추격이 대단하다.

2017년 구글이 1%이던 점유율이 불과 3년만인 2020년 현재 37,25%로 조사 됐다. 이렇다보니 기존의 높은 점유율을 보인 네이버가 55,01%로 하락하고 말았다.

또한 구글의 추격의 문제만은 아니다. 전 세계적인 동영상 플랫폼 유튜브의 추격은 더 무서운 경쟁자로 볼 수 있다.

구글의 진입장벽, 유튜브의 성장으로 아마도 몇 년 안으로 네이버 블로그의 시대는 냉혹한 겨울을 맞이할 것으로 예상이 되나 기업의 혁신 성장으로 시장을 견인 할수 있다.

① 블로그 채널 비교 분석

〈마케팅 (SNS plan)기본 자료〉

구분	블로그	페이스북	카카오	인스타 그램
인맥	이웃 채널	팔로잉, 팔로워	친구, 메신저	팔로잉, 팔로워
채널	게시글	페이지, 그룹	스토리, 플러스	인스타
유입	댓글, 이웃	노출, 댓글	노출, 구독자	노출, 게시글
전환	댓글, 검색	좋아요, 공감	좋아요, 댓글	좋아요, 댓글
성과	분석, 정보	커뮤니티, 광고	퓨시, 커뮤니티	콘텐츠, 광고

② 블로그 마케팅 필요성

구글과 유튜브가 추격을 해 온다고 하여도 네이버 블로그 마케팅은 현재의 시장에서 기업들에게 매우 중요한 영역임으로 마케팅을 진행해야 한다. 그동안 콘텐츠를 생성하고 사용한 충성 고객들에게는 축적된 자원과 애정의 게시물이 지속적으로 진화가 되고 있기 때문이다.

네이버는 현재의 모바일을 기반으로 스마트폰을 이용하는 사람들에게 더 사용의 편리한 기능을 제공하고 있는 것도 좋은 환경이 된다. 모바일 환경 지원으로 스마트폰에서 키워드 검색을 했을 때 큰 불편함이 없도록 블로그의 이미지와 동영상을 함께 등록할 수 있는 기술을 제공하고 있다.

그러한 기술들은 네이버 블로그에서 글 게시와 검색으로 노출 되는 영역에서 공유가 가능한 플랫폼으로 사용이 용이하게 된다. 특히 마케팅 제공으로 이미지, 동영상, 웹문서 등에 상위 노출은 검색 키워드가 결과로 유입되는 고객들에게 클릭으로 노출 정보를 유용하게 사용할 수 있게 한다.

그래서 예비 기업이나 스타트업의 블로그는 상품 또는 서비스 리뷰에 접하고 고객들과 이미지나 텍스트를 적절하게 사용하면서 소통하는 포스팅으로 직접 마케팅이 할 수 있는 기회의 시장이 되고 있다.

또한 초기에는 네이버 블로그의 특징이 있는 서로 이웃 만들기, 이웃을 통해서 상부상조하는 온라인 활동 등으로 영향력 있는 파워 블로거를 만들 수 있는 활동이 매우 중요하므로 포스팅을 하는 과정에 유념 진행할 필요성이 있다. 즉 파워 블로그를 통한 체험 후기는 포스팅을 유도하는 큰 영향력으로 해시태그 노출 범위가 향상되기 때문이다.

네이버 블로그에는 해시태그 10개 정도 사용이 가능하다. 또한 정책적으로 운용하는 경우가 많으므로 자주 분석이 필요하고, 해시태그를 클릭하면 그 해시태그가적힌 글들에 가장 가까운 날짜순으로 정렬이 되어 나타나게 된다.
또한 해시태그를 많이 사용한다고 해서 좋은 것은 아니다. 그러므로 유입되는 경로를 수시로 분석을 하여 제품 또는 서비스 제목, 키워드 활용 등을 잘 고려하여 노출빈도가 높을 수 있도록 마케팅을 진행하면 좋다.

그리고 키워드는 돈을 주고 구매는 하지만 지식검색으로 활용하는 자세로 꾸준한 키워드를 생성하고 키워드 전략적 마케팅 기법을 학습해야 한다. 아래 도표는 하나의 예시로 응용하기에 부족할 수 있으나 키워드 마케팅 하는 전문가로부터 키워드 견적에 따른 직접마케팅과 간접마케팅을 할 수 있도록 하였다.

또한 네이버는 상업성 키워드 사용이나 광고를 담는 블로그는 관리하고 있으므로 상업성 포스팅에 많은 비중이 포함되지 않게 정보성 지식의 포스팅을 꾸준히 하는 습관성이 필요하다.

〈키워드 마케팅 (SNS plan)기본 자료〉

구분	자전거	경주 관광 앱	스마트폰	고구마
키워드	자전거	경주 관광	스마트폰	고구마
직접 채널	자전거 도로	경주문화 후기	안드로이드, los	구은 고구마
간접 유입	창원시	경주불국사	삼성전자	농어촌 통영
간접 전환	자전거 보관	경주 빵	스마트폰 후기	고구마 체험

2) 인플루언서 마케팅

유튜브는 수익창출이 가능한 크리에이터 활동이다.

그동안 매스 미디어로 시장을 리더 하다가 유튜브 플랫폼 운영으로 누구나 개인 1인 미디어 시장에 도전이 가능한 시장이 되었다. 특히 유튜브 창작자가 콘텐츠를 올려 구독자 수를 확보하면 플래폼 회사로부터 광보의 수익 배분으로 일부가 창작자로 돌아간다.

다시 정리를 하면 개인이 콘텐츠를 자유롭게 생성하고 개인이 크리에이터가 되는 것도 중요하지만 개인이 수익창출이 가능해지면서 유튜브를 통해서 인플루언서 활동이 대단한 위력을 가지게 된다. 각종 언론에서 흘러나오는 기사 글을 인용하면 인플루언서가 억대 연봉을 벌고 있다는 기사가 넘쳐 나고 있다 보니 돈을 벌기위한 활동의 채널이 넘쳐 난다. 그래서 미디어 시장은 다소 부작용의 플랫폼 경제를 이동하고 있는 단점도 있는 시장이다.

콘텐츠에 대한 수요가 많은 것은 개인 플랫폼으로 성장할 수 있는 장점도 있다. 그래서 수익을 떠나 콘텐츠 창작으로 질 좋은 미디어 시장으로 다양한 콘텐츠가 생성되어 확장성이 큰 시장임에는 틀림없다.

유튜브가 빠르게 성장하는 데는 플랫폼 진입장벽을 낮춘 의미가 고객들에 적중했다. 즉 모든 사람들의 미디어 시장으로 로그인하지 않아도 시청이 용이하게 하였고 무료 시청이 가능하다. 또한 콘텐츠를 생성할 수 있는 기회의 시장을 주었고 누구나 자유롭게 영상을 기획하고 편집할 수 있는 플랫폼을 제공하였다.

그러나 질 좋은 콘텐츠가 있다 하여도 국내의 서비스는 늦은 것도 있지만 아직도 진입장벽이 높은 분야로 인식이 되고 있다.

인플루언서는 브랜딩이 가능하다.

젊은 세대나 나이 많은 세대가 모두 소셜마케팅(SNS) 계정을 하나씩 가지고 있는 것은 다 아는 사실이다. 이러한 플랫폼 계정을 가지고 있는 시장은 마케팅 및 홍보가 가능한 시장으로 인플루언서 영향력은 대단한 시장이다.

즉 퍼스널 브랜딩이 가능하므로 맞춤형 마케팅이 용이하다. 직업군으로 퍼스널 브랜딩에 참여하는 페이스북, 인스타그램, 블로그 등에 글을 보기도 하고 쓰기도 한다. 유튜브가 전 세계적인 동영상 플랫폼을 제공하는 회사이다 보니 나만의 색깔을 녹여낸 콘텐츠를 생성하여 꾸준히 업로드 하여 구독자와 소통하는 채널을 인플루언서 라고 한다. 그래서 우리는 매칭으로 인플루언서 마케팅 조력이 필요한 시장이다.

그러하기에 유튜브는 전 세계적인 동영상 플랫폼의 대부이고 더 효과적인 콘텐츠로 퍼스널 브랜딩으로 가능한 활동, 누구나 좋아하는 콘텐츠로 사람들과 소통하면서 자연스럽게 '퍼스널 브랜딩' 이 가능한 시대이다. 이러한 플랫폼 환경을 이해하고 퍼스널 브랜딩으로 활용하는 실습을 통해서 인플루언서 마케팅 멘토링을 진행한다.

① 인플루언서 마케팅 사례

유튜브 플랫폼에서 활동하고 있는 인플루언서 포니는 국내에서 서비스 하고 있는 미미박스의 조력자 역할로 퍼스널 인플루언서 마케팅으로 브랜디드 콘텐츠를 제작하고 홍보한 사례이다. 이 당시에 론칭한 제품 '샤인이지글램' 이라는 제품 출시는 불과 30분 만에 약 2만개가 매진되었다는 사실이다. 이러한 마케팅의 성공 사례로 현재는 여러 퍼스널 인플루언서 마케팅으로 확장성이 되고 있는 실증이다.

〈유튜브(Youtube plan) 인플루언서 마케팅 사례〉

항목	구독자 수	판매 회사 및 상품 마케팅
포니	400만 명	미니박스. 샤인이지글램 30분내 2만개 주문
썬님	150만 명	글로시데이즈, 파우치 3만개 주문
항목	구독자 수	판매 회사 및 상품 마케팅
학습1		
학습2		

② 인플루언서 마케팅 확장성

구독자들과 소통하는 기법은 마케팅하고 비례할 수 있다. 인플루언서가 플랫폼에 있어야 하고 광고를 하고자하는 제품 또는 서비스는 구독자에 의해 결정이 된다.

그렇다보니 시장은 다소 문제점이 있는 역 광고 시장도 있다. 마케팅을 진행하는 분야에 위험이 존재하는 시장이기도 하다. 그래서 판매 회사의 사례 분석을 통한 마케팅 기획으로 인플루언서 마케팅을 확장해 보면 파괴력 있는 시장으로 가능 하다.

전문가의 자료에 의하면 유튜브를 통한 인플루언서 마케팅은 시대적인 대세를 떠나 플랫폼이 제공하는 가치에 따라 살아남고자 하는 기업들의 참여시장으로 더욱 확대될 것이라고 한다. 그래서 플랫폼에서 제공하는 디지털 마케팅 시장을 빠르게 학습하고 필요한 시장에 제품 또는 서비스를 인플루언서 마케팅을 통해 성장할 수 있어야 된다.

3) 카카오 마케팅

카카오 회사는 '국민 웹(Web), 앱(APP)'이라는 칭호를 얻었다.
왜 국민 앱(APP)이라는 명성을 얻었을까? 카카오 톡이 조기에 시장에 진입을 하면서 스마트폰 사용자가 급속하게 늘어나 대부분이 스마트폰을 사용하고 있는 통신 환경에서 메신저 기반 서비스로 꼭 필요한 앱(APP)으로 성장했기 때문일 것이다.
카카오는 무료 계정으로 서비스 하면서 사용자가 늘어나는 마케팅으로 국민들이 더 많은 사랑을 주지 않았을까? 생각을 해 본다.
무엇보다도 각자가 가지고 있는 스마트폰으로 빠르게 소통할 수 있는 기능이 편리 했고, 누구나 사용하면서 정보의 공유하기가 용이한 인터넷 인터페이스 환경을 제공했다고 볼 수 있다. 이러한 카카오 플랫폼 기능들을 조사해보면
- 카카오 톡
- 카카오스토리
- 스토리채널
- 플러스친구, 카카오맵, 다음 TV팟 등으로 국내 국민 인구가 국내 통신사 가입된 고객으로 모두가 플랫폼에서 제공하는 카카오 가능을 제공하는 서비스를 사용하기가 용이하기 때문이 아닐까 생각이 든다.

카카오 회사에서 제공하는 서비스는 편리하다. 스마트폰 계정 아이디어 하나로 스마트폰에서 사용할 수 있는 통합적 기술을 제공했다. 메이커스, 선물하기, 이모티콘, 쇼핑하기, 게임, 멜론, 스타일 등에 가입자 이용자들이 보다 편리한 사용이 가능한 서비스로 마케팅 활용이 좋은 구간이다.
사용자는 더 저렴한 가격, 리뷰, 사용성에 공유가 용이한 스마트폰 기반 개인 관리나 그룹채팅 등으로 텍스트, 동영상, 사진 등 제공할 수 있는 인프라도 갖추고 있다.
또한 카카오맵은 여러 아이디어를 연결할 수 있는 모바일 지도 서비스로 다른 회사보다 더 기능적으로 사용하면서 마케팅이 가능하여 동반성장할 수 있다.

다음은 계정을 통해 다양한 마케팅을 하기 위한 실습을 한다.

① 카카오 스마트폰 계정

〈카카오 (Kakao plan) 계정 사례〉

항목	개인 계정	비즈니스 계정	학습 내용
1	카카오톡	플러스 친구	
2	카카오스토리	스토리 채널	

② 카카오 플랫폼

카카오 회사는 카카오 톡은 무료로 서비스한다. 사람들은 수많은 정보데이터를 실시간으로 공유하는 등 카카오톡을 이용한다. 친구나 가족을 통해서 사진, 동영상, 메시지 등으로 전송하는 데이터로
- 그룹채팅
- 보이스톡
- 영상통화 등의 사용으로 활용이 가능한데 사용하는 데이터는 고스란히
  회사의 서버에 저장되게 된다.

이러한 영역에 개인 계정을 활용하여 카카오 톡에서 제공하는 비즈 인증으로 알림 톡이나 여러 거래처들과 거래과정에 생기는 각종 알림 등의 메시지로 사용이 가능하게 된다.

카카오 톡은 기존 플랫폼에서 제공하는 사이트에서 예약이나 주문이 가능한 시스템을 제공하고 결제기능까지 주문한 상품이 무난하게 배송이 가능하도록 지원을 하고 있다. 그러다보니 플랫폼에서 제공하는 가치가 비즈로 연결될 수 있는 기업들과의 거래과정이 원활하게 된 것이다.

그러한 비즈과정이 단순히 거래를 성사 시키고 진행 과정을 돕는 것이 아니라 개인 활동을 하는 계정을 기반으로 비즈 활동하는 플랫폼 고객들에게
- 주문이 가능 하고
- 예약이 가능 하고
- 결제가 가능 하고

• 배송이 가능한 기능 등으로 가능한 모든 분야에 적용이 용이하게 하였다.

마케팅이 가능한 분야는 너무나 매력적이고 편리한 메시지를 자동으로 발송하는 효과까지도 연동성이 뛰어나 마케팅 전략으로 활동이 가능하다.

카카오 톡 사용자라면 카카오스토리는 누구나 쉽게 사용하는 플랫폼이다. 국민 웹, 앱 이라고 했으니 당연히 카카오스토리 사용은 전 연령층이 사용한다고 볼 수 있다. 일상 생활권역에서 소통이 자유로운 주부층이 플랫폼에 많이 머물며 사용하는 부분이다. 실시간으로 인맥을 이루고 있기에 마케팅 타켓으로 소통하는 채널확보가 용이한 장점이 있다.

그러다 보니 카카오 플랫폼에서는 커뮤니티 공간에 댓글을 작성할 때부터 다양한 분석이 가능하고 댓글을 단 고객을 클릭하여 자동 고객으로 지정이 가능한 기능을 제공 한다. 또한 각자가 쓴 글을 다른 그룹 계정으로 공유할 수도 있고 수정하기도 용이하다. 특히 비즈계정은 스토리채널을 말한다. 그러다보니 개인계정은 천명, 페이스북 오천 명으로 운영하는데 스토리플러스는 인원제한이 없어 구독고객을 확보해서 마케팅으로 응용하기에 유리한 부분이다.

그러나 마케팅으로 홍보를 하기에는 많은 노하우 기술이 필요하다.

카카오스토리 채널은 보다 편리한 모바일 기반으로 쉽게 한눈에 볼 수 있는 인터페이스를 제공하고 노출에 중독성이 있다. 즉 노출의 최신 순으로 사용하는 고객을 만날 수 있기에 노출 빈도는 곳 마케팅 비용이고 수익성으로 연결이 된다. 특히 카카오 스토리채널, 카카오스토리로 비즈 채널을 사용할 경우에는 바쁜 일정으로 글을 올리고 관리하기에 힘이 든다. 이러한 분야에 플랫폼에서는 예약해서 자신이 원하는 시간에 글을 올릴 수 있는 기능이 뛰어나다. 그리고 스토리채널은 카카오 톡 플러스 친구와 연동이 가능하여 구독자 커뮤니티가 더욱 용이하다.

비즈 계정은 주요고객 타켓층으로 분류, 분석, 예측하여 고객관계성이 가능하다. 즉 카카오스토리를 기존의 홈페이지처럼 활용할 수 있다. 그러다 보니 각자의 비즈 브랜딩으로 판매를 촉진할 수 있는 절호의 기회를 만들 수 있다. 즉 같은 플랫폼 공간에서 적은 예산과 비용으로 마케팅 광고를 통해 보다 나은 효율성으로 성장을 극대화 할 수 있는 장점이 많은 플랫폼 활용 전략이 가능하다.

다음은 전략적 실습학습을 진행한다.

<카카오(Kakao plan) 계정 사례>

항 목	플랫폼 분석	비즈 계정 학습할 내용
댓글 분석	공감 달기	
느낌 공감	전환 예측	
공유 채널	마케팅 비용	
연령 구별	타켓 분석	
방문 수	전환 고객	

③ 소셜네트워크(SNS) 카카오

마케팅은 예술적 연결성이다.

플러스친구도 카카오채널, 카카오스토리와 비슷한 기능으로 플랫폼 피드에 글을 게시할 수 있다. 그리고 웹 기능으로 메시지와 연동할 수 있는 다 기능을 제공하고, 메시지의 경우에는 유료 서비스로 보낼 수 있는 장점이 있다.

그러다 보니 카카오 톡 플러스 친구를 사용하는 사람들로부터 보내는 메시지 속에 광고성이 포함된 글을 접해본 경험이 많을 것이다. 카카오 톡 플러스 친구로 승인이 되었다 하더라도 너무 노출 빈도가 높은 광고의 매체보다는 친구들과 여러 정보로 소통할 수 있는 콘텐츠가 지속적으로 편집이 가능하고 관리가 될 필요성이 있다.

직접 마케팅을 진행하듯 간접 마케팅을 진행하면서 가급적이면 유익한 글과 적당한 광고 매체가 배분이 가능하게 디자인 설계가 되면 좋다. 물론 배분된 콘텐츠로 마케팅을 하고자 하는 비즈, 브랜드 관심으로 세일정보나 이벤트 행사 등에 정보를 나눌 수 있는 전략이 필요하다. 특히 플랫폼 내부에서 접근이 가능한 편리한 마케팅 구조로 젊은 층으로부터 확대하는 전략적 접근도 함께 하면 어떨까 한다.

최근에는 플랫폼에서 플러스 친구 기능을 통해서 비즈 사용 쿠폰을 다운로드 할 수 있는 광고성 메시지나 매거진 형태로 광고 효과를 잡을 수 있는 장점이 있다.

다음은 실습을 통해서 학습을 진행 한다.

〈 카카오(Kakao plan) 계정 사례 〉

항 목	비즈 계정 실습	학습 내용 실습
기본 텍스형		
와이드 이미지형		
와이드 리스트형		

3. 마케팅(Marketing) 실무

1) 마케팅 및 홍보 전략

디지털 마케팅을 한다고 무조건 상위 노출이 되는 것은 아니다.

디지털 마케팅은 직접 또는 간접 마케팅으로 많은 시간과 비용이 필요하며 전문가 마케팅이 많은 분야활동으로 성장이 가능한 기회를 제공한다. 가령 블로그 운영으로 상위 노출이 되기 위해서는 콘텐츠 기획 단계부터 차별화가 될 수 있는 표현의 자유와 이웃과 관심자로부터 공감할 수 있는 지수가 더 높은 전략의 편집이 되는 것이 유리하다.

글을 쓰는 표현은 자유이다.

글을 쓰는 사항에 맞는 제목이나 키워드를 세분화 시켜나가는 짜여 진 표현의 자유 그리고 상업성을 바로 드러내기보다는 적당한 노출 전략과 상업성 키워드를 전략적으로 고객의 상황을 이해할 수 있는 범위로 포스팅 하는 것이 좋다.

왜냐하면 네이버에서 운영하고 있는 '스팸필터' 라는 기능이 있기 때문이다. 이 기능은 문서의 나쁨 정도를 자동적으로 측정하여 검색결과에 판독하는 기능으로 제공이 된다.

플랫폼 내부에서는 노출여부와 키워드 랭킹으로 운영이 되는데, 콘텐츠 생산은 고객을 확보하는데 도움이 되는 것에 유념해서 포스팅 하는 것이 좋다. 가령 포스팅을 하면서 특수 문자 등을 사용하면 상위 노출이 될 것이라는 착각에 빠지기 쉽다.

그래서 경험자의 마케팅 전문가의 사례학습으로 차별화 전략을 학습한다. 특히 네이버에서는 어뷰징 문서로 판독하기 때문에 주의해서 마케팅을 해야 한다. 이러한 실패와 성공의 학습으로 스스로의 마케팅전문성을 강화해야 한다.

블로그를 직접 만들고 위탁업체를 통해 인위적으로 방문자 수를 늘리기 위해 비용을 들여서 편집하고 사용하는 경우도 있다. 그러나 갑자기 방문자 수가 늘어난다고 해서 직접 또는 간접 마케팅의 바람직한 전략이라고는 할 수 있다. 왜냐하면 그런 분야도 상업성으로 실 제품 또는 서비스와는 관심 없는 떠돌이 출처로 신뢰도가 떨어질 수가 때문이다.

그럼 어떻게 마케팅 및 홍보의 전략을 하는 것이 좋을까?
실제로 많은 시간과 비용이 필요한 영역이다. 일부에서는 홍보전문가나 업체 등에 위탁하는 경우도 많다. 그러나 가급적이면 직접 전략적 생성된 콘텐츠로 마케팅하는 것에 고객이 오래 머물 수 있는 콘텐츠를 만들어 지속적으로 관리하는 것이 바람직하다. 그래야 구체성이 드러나 고객의 신뢰를 구축할 수 있다.
콘텐츠를 기획, 자체 문서의 품질평가 시스템 등을 운영하며 문서 생성의 출처나 내용이 깍 찬 질 좋은 내용으로 꾸준히 공급해야 한다. 플랫폼 내부에서 제공하는 일 데이터, 유입경로 등으로 하루의 활동 신뢰도가 어떠한 영향을 끼치지 또는 어떤 영향을 끼치지 않는 등에 대한 신뢰도 분석이 가능하다. 특히 방문자를 분석해서 수시로 방문자수 대비 체류시간을 체크리스트 하면서 관리하는 노력은 반드시 필요하다.

콘텐츠 기획 내용을 기반으로 너무 잘 하려고 편집을 하다보면 어쩔 수 없는 내부의 글을 자주 수정하는 것은 다소 미비하게 순위에 적용이 될 수 있다.
글을 포스팅 할 때 첫 머리 제목이나 키워드 변경은 플랫폼 내부 기능에서 키워드 지장을 초래할 수 있으니 주의해서 포스팅을 하는 것이 바람직하다.

또한 블로그 자체에 한글버전이 잘 되어 있지만 본인의 콘텐츠에 직접 글을 올리는 습관보다는 한글문서화로 관리하게 미리 정리하면서 텍스트 오타나 질을 높이는 전략으로 작성한 웹문서를 붙여넣기 기능으로 사용하면 편리하다. 글을 올리다보면 댓글이나 포스팅 글을 접하면서 사전에 올렸던 글을 수정하는 일이 생길 수 있으므로 미리 좋지 않은 습관을 만들지 않는 것도 좋은 포스팅 전략이다.

다음으로는 포스팅 만들기, 포스팅을 통해 타켓 마케팅을 하기 위한 실습을 한다.

① 블로그 타켓 마케팅

〈블로그 포스팅 사례〉

항 목	학습 할 내용 실습
포스팅 만들기	
서로 이웃 만들기	
키워드 만들기	

② 소셜마케팅(SNS) 페이스 북(Face book)

세계는 이미 연결 산업으로 하나 문화 권역과 새로운 문화교류가 되었다.

전 세계 소비자들은 페이스 북에서 제공하는 플랫폼에서 일상을 공유하는 것은 기본이 되었고 소비자들을 대상으로 플랫폼을 활용한 마케팅을 할 수 있게 지원을 하고 있다. 왜냐하면 플랫폼 가입자가 23억 명으로 플랫폼을 운영하고 있는 최고의 타켓 마케팅 대상이 되기 때문이다. 특히 페이스 북은 개인이력관리로 친구에 친구 인맥관계 형성으로 제공되고 있기에 빠르게 고객을 익숙하게 만들 수 있다.

플랫폼에서는 친구에 친구로 충분한 환경의 데이터 축척이 용이하고 축척된 데이터 분석은 바로 비즈로 활용할 수 있는 가치 활동이기 때문이다.

페이스 북은 인맥관리로 운영이 되다보니 개인계정이 기본적으로 운영되고 있다. 개인 계정은 추가적으로 플랫폼 공간에서 페이스 북 페이지, 페이지 그룹, 메모장 등으로 제공하고 있다. 이처럼 인맥관계성이 형성하기 좋게 운영되고 있다 보니 마케팅 목적으로 핵심목표 실행이 가능하다. 특히 페이스 북은 좋아요 최초로 운영이 되고 보니 댓글, 좋아요 늘려주는 친구들과 맺는 가치사슬은 마케팅으로 도달할 수 있는 범위가 타켓 대상이 된다.

페이스 북은 가입자 수 최대 플랫폼이다.

개인 친구 계정은 오천 명까지 가능하기 때문에 빅 데이터 활용이 가능하다. 그렇다 보니 페이스 북의 개별정보가 다른 소셜네트워크(SNS)보다 세밀한 개인관리가 가능한 플랫폼이다.

그러한 장점은 상품성 광고의 타켓 층으로 지역, 성별, 나이, 관심 등으로 전략이 가능하다. 그러한 장점은 상품 광고가 빠르게 고객에게 전달할 수 있는 타켓팅으로 광고의 효율성을 높일 수 있는 장점이 많다. 특히 비즈로 사용할 때에는 페이스 북이 호환성이 좋기 때문에 대표적인 계정으로 유사한 소셜네트워크(SNS) 가입 없이 호환이 가능하다.

다음으로는 페이스 북 라이브 방송 활용이다.

모바일시대가 성숙기를 맞이하면서 방송은 1인 미디어 시대로 발전을 하고 있다. 페이스 북은 라이브 방송으로 개인 콘텐츠가 실시간으로 영상을 보여주는 기능이 추가 되었다. 이미 유사한 서비스를 하고 있는 유튜브, 네이버TV 등의 서비스를 할 수 있게 했다.

페이스 북 플랫폼 공간에서 수시로 활용하면서 마케팅이 가능한 부분은 큰 장점이다. 그리고 라이브방송은 실시간 이벤트 추첨 또는 공유하고 싶은 콘텐츠 장면을 수시로 공유하면서 댓글, 피드백 학습이 가능한 플랫폼을 제공하고 있는 장점을 갖고 있다.

동영상 편집으로는 뉴스피드 또는 페이지 게시물 만들기에서 '방송하기' 누름과 크롬에서 사용으로 가능하다. 방송시작 후에도 별모양 아이콘을 눌러 효과를 극대화할 수 있다.

다음은 페이스 북 계정으로 마케팅 실습을 진행 한다.

〈페이스 북 포스팅 사례〉

항목	학습 할 내용 실습
대표 계정 만들기	• 개인 계정으로 마케팅이 가능하다 • 개인 계정으로 통계를 볼 수 없는 단점이 있다
플랫폼 채널 만들기	• 페이스 북 페이지 • 그룹 페이지 • 영상 편집
타켓 마케팅 분석	• 인 사이트 통해 잠재고객의 행동 정보 • 몇 명이 게시물에 도달, 참여 등
피드백 학습	• 웹 홍보에서 링크 수 • 좋아요, 댓글 결과 반복학습

③ 소셜네트워크(SNS) 인스타그램

소셜네트워크(SNS)바이럴마케팅은 글로벌 시장의 마케팅 수단이 되었다. 페이스북 다음으로 플랫폼 가입자를 보유한 인스타그램은 10억 명 가입자를 보유한 세계적인 기업이다.

인스타그램은 다른 플랫폼과 다른 사진 기반 소셜네트워크 플랫폼이다. 인터넷 환경으로 이미지나 광고 텍스트 위주의 광고는 인스타그램 탄생으로 구매자들의 한층 눈높이가 높은 관심거리로 콘텐츠 맞춤형 방식으로 바이럴마케팅이 가능하게 되었다.

그러다보니 월 사용자 수 증가 추이는 눈에 보여 지는 가치 '비주얼'은 비즈니스 계정 운영이 가능하고 기업들의 프로필 관리로 확장성이 가능하다.

인스타그램의 가장 큰 장점으로는

- 웹사이트 링크
- 연락처 공유
- 게시물 홍보
- 쇼핑태그 등으로 바로 판매가 가능한 장점이 있는 플랫폼이다.

바이럴마케팅은 시각화가 용이한 패션, 뷰티, 음식 등 노출성이 좋은 콘텐츠로부터 시장이 먼저 형성되면서 젊은 층의 사용자가 많기 때문에 그에 맞는 마케팅 대상이 된다.

현재는 왕성하게 비즈 스토리를 통해서 공유되는 비중이 상당히 높으며, 사용자 측의 동영상 비중도 높아서 편집할 수 있는 인스타그램 마케팅이 각광을 받고 있는 실증이다.

이미지 중심이다 보니 젊은 층이 많이 사용하는 플랫폼이다. 하루 올라오는 사진이 사만 장 정도 업로드가 되고, 좋아요 16억 개 공유시간을 통해 플랫폼이 운영 된다고 한다.

소셜마케팅(SNS)인스타그램은 또 장점이 있다.

플랫폼이 다른 플랫폼, 다른 이미지 기반으로 제공되다 보니 가입자 유저의 참여율이 높은 장점이 있다. 공개된 통계에 의하면 페이스 북이나 트위트 대비 참여율이 100배 이상 높은 것으로 조사되어 유입에 따른 마케팅이 용이한 플랫폼에는 분명하다. 그 원인을 분석해 보면 인스타그램은 팔로우 기능을 통해서 내가 보고 싶은 콘텐츠만 볼 수 있도록 지원 하고 있으나 페이스 북 같은 경우에는 타인의 좋아요, 댓글을 모두 보여주는 기능으로 운영하다보니 유저의 참여율이 저조할 수밖에 없다.

조금 더 분석을 해보면 페이스 북은 대화형에 가깝고 인스타그램은 모바일환경에 최적화된 플랫폼으로 광고창이 뜨지 못하는 기능화가 되어 있다.

그래서 전 환율로 매출이 증대되는 마케팅 전략도 필요하겠지만, 팔로워, 팔로잉 늘려 브랜드하기, 렌딩페이지 유입, 좋아요 등으로 공감 만들기로 제품 또는 서비스를 구체화 하고 세분화된 마케팅 하기가 용이하다. 다음은 실습을 해보자

〈인스타그램 포스팅 사례〉

항 목	특징	비즈 계정 학습할 내
계정 만들기	• 개인, 비즈니스	
사진 편집	• 사진 1장, 여러장 개시	
#해시테그, @소환태그	• 친구, 콘텐츠 응용	
영상 편집	• 1GTV 인스타그램 편집	
인스타사이즈	• 자동으로 정사각형 맞춤	
하이퍼랩스	• 하나로 경합하는 사진 맞춤	
타켓 마케팅	• 여러 개 사진 나누는 instaGRID, 공유 Repost	

2) 마케팅 핵심목표

인터넷이 대중화된 밀레니엄 시점 PC 웹 쇼핑이 크게 성장했다. 인터넷시대는 쇼핑이나 검색엔진 등으로 대중적인 오프라인 영역을 온라인 시대정신으로 전환되는 시점이었다. 2018년 즈음으로 스티브 잡스에 의해 모바일 앱(APP)환경의 스마트폰의 시대를 활짝 열었다.

인터넷을 통해 쇼핑이나 검색의 시장이 모바일 시장으로 이동하면서 마케팅 방향도 빠르게 이동할 수밖에 없었던 것에 각종 세계적인 소셜마케팅(SNS)플랫폼 기업들이 시장을 장악하며 텍스트나, 사진, 영상 등 모든 기능이 연결되는 사회를 만들기 시작했다.

떠도는 인터넷 통계자료에 의하면 PC 체험을 했던 세대 절반 이상이 모바일 환경

에 그나마 친숙해진 사십대 전후로 선두 고객으로 예측을 했다. 이러한 시대적인 인터넷 환경은 주요 고객의 마케팅의 타켓 층 활동시장이 된다. 그러다보니 온라인 쇼핑의 시장은 약 10조억 원으로 절반 이상이 모바일 쇼핑이 차지한다. 향후에는 대다수가 모바일 환경으로 소비패튼이 바꾸는 대이변이 될 것이 다고 예측을 한다.

모바일 시장에서 가장 돋보이는 카카오 회사가 성장이 빠르다.
카카오 플랫폼에서 제공하는 가치도 온. 오프라인(O2O)서비스 영역인데, 한 번도 겪지 못한 코로나19로 급성장 하고 있다. 회사의 꽃 주식의 평가가 주목 받는 것은 미래 시장의 성장을 예상하고 있다. 하지만 스마트폰을 사용해서 모바일 환경에서 고객의 사용 패튼이 바뀔수록 성장할 수밖에 없는 플랫폼 회사의 독점 시장은 사회적 협의가 필요한 영역이다. 왜냐하면 스마트폰 가입자 대상의 플랫폼은 온. 오프라인(O2O)서비스가 확장하기에 너무나 최적인 모바일 환경을 갖고 있기에 그 가치에 대한 평가를 담고 있기 때문이다.

모바일 마케팅의 가장 장점은 무엇일까?
뭐라 해도 통신사들의 인프라 제공으로 5G네트워크 환경으로 이동성에 따른 사용자의 편리성에 있다. 스마트폰의 특징을 최대한 활용하는 모바일시장으로 스마트폰 사용자들이 실시간으로 원하는 서비스를 제공하는 플랫폼 회사들과 공감하는 마케팅 전략이 장점이 많으므로 반드시 전략적 마케팅으로 활용해야 한다.

이러한 모바일 환경은 마케팅의 핵심목표 설정으로 확장성이 가능하다.
마케팅은 잘 아시다시피 비용대비 수익성으로 연결 할 수 있는 마케팅 기법이다. 미국의 벤처 투자자(데이브 맥클루어)는 5단계 해적지표를 정의 하였다.
그 내용을 자료의 의하면 다음과 같다.
- 획득(Acquisition)
- 활성화(Activation)
- 유지(Retention)
- 수익(Revenue)
- 추천(Referral)으로 정의하였다.

이러한 해적지표는 우리들이 핵심목표에 필요한 5단계별로 응용할 필요성이 있다. 또한, 구글의 애널리틱스는 응용하기에 매우 유리한 영역이다. 구글에서 무료로 제공하는 프로그램으로 사용자에 최적화할 수 있는 분석의 도구이기 때문이다.

기존의 웹, 앱을 홍보하고 마케팅을 통해 판매하고자 한다면 구글 애널리틱스는 분명 활용성이 높은 곳이다. 모든 데이터를 기반으로 얼마나 오래 머무는지, 방문객이 제품 또는 서비스를 구매하는지 등의 데이터를 자동으로 수집 분석하여 데이터 결과를 연동해 준다.

마케팅 담당자는 구글 계정을 구축하면서 추적 코드를 웹사이트페이지에 삽입하는 방법으로 사용자(Audience), 획득(Acquisition), 행동(Behavior), 전환(Conversion) 등을 실행하는 학습이 필요하다.

다음은 고객 획득으로 구글 애널리틱스, 고객 깔때기 이론을 학습하고 실습을 진행한다.

① 해적 지표 기반 핵심목표

〈핵심목표 응용사례〉

항목	체크리스트	응용할 핵심 목표
획득(Acquisition)	인지하고 방문 하는가	
활성화(Activation)	다운로드 하고 사용하는지	
유지(Retention)	고객층으로 재방문 하는지	
수익(Revenue)	비용 소비하고 구매 하는지	
추천(Referral)	제품 또는 서비스 소개하는지	

② 고객 깔때기 이론

〈핵심목표 응용사례〉

항 목	이론 내용	응용할 핵심 목표
획득(A)	방문, 정보, 소통	
활성화(A)	사용, 경험, 검증	
유지(R)	사용, 판매, 재방문	
수익(R)	판매, 수익, 성장	
추천(R)	댓글, 추천, 공감	

③ 구글 애널리틱스

<핵심목표 응용사례>

항 목	이론 학습 내용	응용할 핵심 목표
사용자(Audience)	통계적으로 나타나는 관심	
획득(Activation)	트래픽으로 유입 경로	
행동(Behavior)	방문 고객 패튼 분석	
전환(Conversion)	행동으로 목표달성	

3) 마케팅 확장성

① 반복적인 마케팅

어떤 마케팅을 진행하던 투자비용이 수익과 비례한다는 생각들로 마케팅 비용을 측정한다. 그러나 실제로 마케팅을 진행해보면 고객 맞춤 서비스를 했을 때 비용대비 수익으로 만들어지는 경우가 허다하다. 그래서 비용을 투자하여 아무리 까다로운 고객이라도 마케팅을 진행하는 서비스 제공자가 항상 고객에게 관심을 보내고 따끈한 필요 정보 서비스를 제공한다는 정신이 있을 때 마케팅 비례성과를 만들 수 있다.

그래서 투자자원을 반복적으로 마케팅 실행이 가능하게 판을 짜야 한다. 먼저 제품 또는 서비스를 기반으로 마케팅콘텐츠 기획을 잘해야 하고, 다양한 도구 활용으로 마케팅 실행을 측정하고, 신규나 유지고객으로부터 피드백 학습이 진행이 되어야 한다.

다음으로 마케팅에서 캐즘(Chasm)이론은 빼놓을 수 없다.
캐즘은 한 번에 이해하려면 넘어야 하는 틈(계곡)을 단계별 학습으로 넘어야하는 문제점을 해결한다고 볼 수 있다. 캐즘 이론에 의하면 마케팅을 진행하는 기업들이 제품 또는 서비스 방식으로 규모나 대중이 필요로 하는 시장과 소비자 측면의 사이에서 발생되는 틈을 넘을 수 있는 제프리 무어가 5개 단계로 다음과 같이 정의 하였다.

- 초기 수용자
- 캐즘
- 초기 대중소비자
- 초기 대중소비자
- 지각 수용자로 정의하면서 수용 생애주기 곡선 이론적 학습이 가능하게 하였다.

다음은 반복적인 마케팅과 캐즘(Chasm)이론이 가능한 실습을 진행한다.

〈반복적인 마케팅 응용사례〉

항 목	적용분야 내용	반복적인 학습 내용
마케팅콘텐츠 기획		
마케팅 실행 측정		
고객으로 피드백 학습		

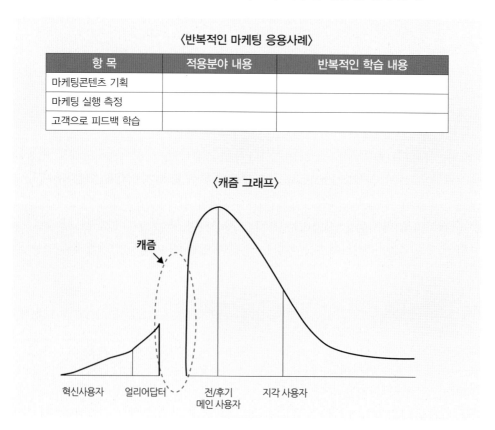

〈캐즘 그래프〉

②오프라인(Offline) 마케팅

정치권 여론조사는 오프라인 비중이 높은 형태로 디지털기기의 활용성이 다소 떨어지다 보니 신뢰의 여론조사 오차범위가 클 수밖에 없다. 이와 비슷한 일반적 마케팅 방법론으로 유선전화 마케팅인데 인터넷 산업이 발전되기 전에는 많이 사용하였다.

또 E-Mail을 활용하는 마케팅은 한 동안 많이 사용되었지만 인터넷 검색 마케팅이 오프라인 시장을 파괴하면서 온라인 마케팅에 시장을 내어주고 말았다.

오프라인 마케팅은 신문, 현수막, 우편발송 등으로 아직도 브랜드 마케팅으로 많이 사용하고 있지만, 광고나 홍보 형태가 단기적으로 데이터가 형성되다보니 비용대비 광고 매체가 부족하게 느껴지는 시장이 되고 말았다. 이를 대변이라도 하듯이 TV브라운관, 디지털 광고판, 매스미디어, 홈쇼핑 등으로 오프라인 시장을 병행하며 마케팅 중심시장으로 한동안 산업이 성장했다. 그러나 디지털기기 발달과 정보, 통신시장 광대역으로 온라인 마케팅, 디지털마케팅이 고객을 모으는 방법이 용이하고, 광범위한 데이터 기반 소통이 가능하고, 빅데이터 분석을 통해서 신뢰의 정보로 공유할 수 있는 시장으로 이동되고 말았다.

오프라인 시장의 단점은
- 단기간 홍보로 비용증가
- 소통이 단 방향으로 가능
- 고객층이 불균형 타켓
- 마케팅 분석 미비 등으로 기존의 온라인 및 디지털마케팅은 양방향 서비스가 가능하고, 이동성에 따른 편리성으로 각종 정보수집, 분석 등을 할 수 있는 시장으로 이동되고 있다.

이에 비용대비 마케팅 효과 및 마케팅 기법을 잘 활용하는 것에 학습을 진해해 본다.

4) 디지털 마케팅

〈디지털마케팅 사례〉

계정	마케팅 광고	마케팅 캠페인	마케팅 그룹
개인계정	핵심 목표 및 예산		
비즈계정	핵심 목표 및 예산		

4. 마케팅(Marketing) 사례

1) 온라인 마케팅 사례 실습

① 온라인 마케팅 사례

수많은 온라인 마케팅 성공사례들을 보면 어느 제품이든 계절이나 크리스마스 같은 시기를 잘 활용한 타켓 마케팅 기획으로 강력한 양질의 콘텐츠 홍보가 각광을 받을 수밖에 없다.

콘텐츠마케팅은 여러 플랫폼을 기반으로 조사를 해보았더니 브랜드 이이지 개선과 가치를 높이기 위해 다양한 채널을 이용하는 것으로 확인되었다. 결국 글과 이미지, 영상, 음악 등을 주기적으로 업로드 하여 결과를 얻을 수밖에 없는 것이 온라인 마케팅의 주요 사례가 되는 것이다.

제품 또는 서비스 브랜드 자체를 대중으로부터 인지도를 높일 수 있는 것이 바로 온라인 마케팅이지만 단순하게 검색 순위를 올리기만 한다는 착각의 함정에 빠져서는 안된다.

브랜드 마케팅은 무작정 대중에게 노출시키기는 것이 좋다는 고정관념에서 벗어나야 한다. 새로운 전략으로 최상의 결과를 위해 연관 검색어를 이용해 경쟁기업을 따라 잡아야 한다. A업체의 키워드에 우리 업체 명을 연관으로 등록하는 마케팅 사례이다.

마케팅은 위치기반이 중요하므로 대중들은 특정 키워드를 검색했을 때 신뢰감을 주는 플레이스 상위에 위치할 수 있는 후기와 리뷰를 적극 활용하는 전략과 투자가 필요하다. 다음으로는 소셜마케팅(SNS)의 다양한 채널에 배포하는 것이 필요하다 제작된 콘텐츠를 다수의 채널에서 업로드하고 그를 통해 키워드나 선점의 인지도를 만들 수 있는 포스팅으로 노출시키고 그리하여 이용자들에게 친숙하게 느끼도록 한다. 그래야 브랜드의 가치를 높일 수 있다.

② 온라인 마케팅 실습

분석도구: Google analytics, Facebook Insights, Kiss Metrics 등으로 실습을
한다.

실습 :	

③ 마케팅 사례분석

실습 :	

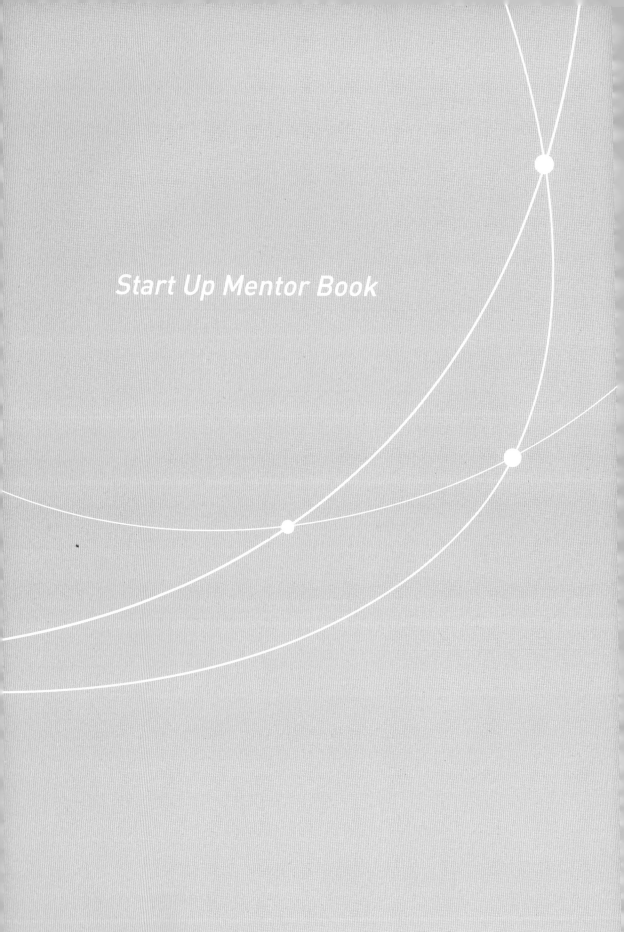

Start Up Mentor Book

IX

학습내용 **7**

사업계획서
Business plan

존재

생존

성공

도약

성숙

스타트업의
시작

IX. 사업계획서Entrepreneurship

1. 사업계획서 기본

1) 사업계획서(Business plan) 개념

비즈니스 모델이 구체화 되는 과정은 비즈니스 모델 캔버스를 기반으로 가능했다. 다음은 비즈니스가 더 구체화가 가능한 린 캔버스 학습과정으로 한 장에 전체적인 비즈니스 개요를 볼 수 있게 했다. 이러한 과정으로 사업계획서를 작성하는 방법도 좋은 창업의 사례가 될 수 있다.

그러나 사업계획서가 반드시 필요한 것은 아니다. 하지만 요즘은 예비 기업이나 스타트업에 지원하는 기관에서 사업계획서를 필요로 하므로 사업계획서가 긴요하게 활용될 수 있는 영역이다.

투자기관 미팅이나 창업 지원기관에 참여하다보면 지원기관마다 다르게 요구하는 경우가 많다. 그래서 각 분야에 필요한 사업계획서에 멘토의 자격으로 교육과 멘토링을 지원하고 있는 추세이다.

그러다보니 예비 기업이나 초기 창업자들에게는 사업계획서는 필요한 영역이다.

정부에서 지원하는 초기 정책자금 유치에 우선적으로 평가를 받고 싶은 마음은 해당 지원기관이 필요로 하는 사업계획서 작성을 하면서 배우게 된다. 물론 창업을 한 번도 경험하지 못한 창업자들에게는 사업계획서 작성은 상당히 어려운 부분이므로 반드시 교육과 멘토링이 필요한 영역임에는 분명하다.

사업계획서는 각 분야별로 응용이 필요하다.

예비 기업이나 초기창업자들에게는 정부 정책자금 유치에 필요한 해당기관의 공고 기준에 맞추어 사업계획서를 작성하는 것이 바람직하다. 그리고 투자자 유치 및 금융거래에 필요한 사업계획서는 기관에서 요구하는 양식이 따로 없으므로 회사에서 추구하고자하는 가치제안으로 작성하는 것이 좋다. 다시 말하면 거래처 발굴이나 기관 지원 등 사업계획서는 각 분야별로 맞춤형으로 제안할 수 있는 계획서 작성이 필요하다는 말이다.

사업계획서는 하고자하는 분야의 첫 얼굴에 비교된다.
그렇기 때문에 사업계획서는 마치 사람이 맞선을 보기 위한 화장술처럼 공감의 협상기술이 필요하다고 볼 수 있다. 특히 각자가 하고자하는 가치를 두드러지게 사업계획서를 작성하기 위해서는 분명하고 명확한 자료에 의한 작성이 되어야 한다.
또한 미래지향적인 가치제안 등이 중대한 영향을 미치는 경우가 많기 때문에 사업계획서를 완성하기 위한 전략이나 추론도 동시에 필요하게 된다.

사업계획서는 뚜렷한 공식이 있는 것이 아니다. 그래서 본 집필에서는 그동안 경험한 사업계획서 작성 사례 중심으로 학습을 진행하고, 원하는 분야별로 맞춤형이 가능한 형태로 지원하는 멘토의 자격으로 멘토링을 하는 것에 주안점을 둔다.
다음은 다소 불균형적 형식이지만 본 교재에서 제안하는 방식의 실습을 통해서 작성에 필요한 멘토링으로 지원을 할 수 있다.

① 사업계획서 설계

〈사업계획서(Business plan) 기본 자료〉

구 분	순 서	학습 내용
기업가정신	테스트	개인이나 팀원들이 학습을 통해 기업가정신 테스트
디자인씽킹	디자인	각자 생각하는 아이디어 정리 및 사업성 검증
비즈니스 모델 캔버스	실습	팀원 및 팀 빌딩
린 캔버스	실습	팀원 및 팀 빌딩
사업계획서	작성	각 분야별 사업계획서 작성 및 멘토링

② 사업계획서 작성

사업계획서 작성은 정답이 없다. 그래서 각 기관에서 요구하는 형식이나 회사에서 추구하는 가치제안으로 작성을 하는 것이 우선 활동이 된다.

다음은 아이디어 구상으로 비즈니스 이니셔티브를 실현하기 위한 기술을 살펴보면서 사업계획서 작성을 견인할 비즈니스 우선순위(2019년 State of CIO)발표의 내용이다.

이 보고서에 따르면 올해 IT 투자를 견인할 가장 중요한 이니셔티브는 업무효율성 증가와 사이버 보안 강화가 우선순위로 조사 되었다. 그만큼 IT환경에 의한 아이디어나 IT융합 환경에 따른 성장이 예측 되었다. 이러한 자료는 아이디어 창조나 예비 사업계획서를 작성하기 좋은 자료가 될 수 있다. 교육에 참여하는 영역에서 초기 사업계획서 자료 준비에 필요한 내용으로 창조되는 아이디어 중심의 예비 사업계획서 작성을 해본다.

이러한 자료를 다양하게 준비하면서 여러 아이디어에 접목할 수 있는
- 예비 자료수집
- 기획 자료편집
- 예비 사업계획서 작성
- 예비 사업계획서 발표 등으로 사업계획서를 피드백 한다.

〈사업계획서 (Business plan)아이디어 응용 자료〉

순서	내용	비율	학습
1	업무 효율 증가	40%	
2	사이버 보안 강화	40%	
3	고객 서비스 개선	35%	
4	사업 성장	31%	
5	기본 비즈니스 공정변화	24%	
6	수익성 개선	20%	
7	직원 생산성 최적화	15%	
8	새로운 디지털 수익 흐름 창출	15%	
9	컴플라이언스 요건 충족	13%	
10	신제품 개발 강화, 지원	135%	

다음으로는 일반적인 사업계획서 작성기법을 학습 한다.

사업계획서 아이디어 의미를 이해했다면 다음의 양식에서 사업계획서 작성을 더 구체화 해본다. 이러한 사업계획서가 완성이 되면 각종 자금유치나 제안 등에 활동이 가능하다.

물론 경영을 하기 위한 성장단계 내용으로 활용을 하기 위함이다. 그 단계를 크게 나누어보면 사업계획서 작성을 기반으로 크게는 5단계로 나눌 수 있다. 이러한 단계별 작성에 필요한 자료를 작성을 하는 것에는 누군가 보아도 사업내용을 쉽게 이해할 수 있게 작성하는 것이 좋다.

다음은 사업계획서 작성내용을 응용하여 확장성이 가능하고 공감할 수 있도록 내용을 작성 해보자

〈사업계획서 (Business plan)응용 자료〉

구분	내용 항목	준비되는 학습
1	단계는 존재(Existence)	
2	단계는 생존(Survival)	
3	단계는 성공(Success)	
4	단계는 도약(Take-off)	
5	단계는 성숙(Maturity)	

다음으로는 사업계획서 구성의 이론 내용이다.

사업계획서 작성에 필요한 이론 학습을 시작으로 각자 생각하고 있는 아이디어를 기반으로 작성하는 실습을 해 본다.

서두에 이야기 했듯이 사업계획서는 다양한 공감대를 만들어 가는 과정으로 이론적 내용을 정리해 보았지만, 반드시 이 양식으로 필요한 것은 아니다.

이번 학습은 아래 양식의 형태로 작성이 가능하지만, 사업계획서 작성으로
- 어떤 용도로 사용이 되는지
- 어떤 곳에 사용하는 하는지
- 어떤 공감을 얻어 내는지 등에 대한 각 요소에 맞춤형이 가능한 사업계획서가 필요하다.

다시 말하지만 사업계획서는 사용처에 따라 다르기 때문에 꼭 아래의 자료에 준

하여 작성 할 필요는 없다.

다음은 아래의 이론적 학습으로 작성을 해 본다.

⟨사업계획서 (Business plan)이론 자료⟩

순서	항목	구체적인 내용
1	기업 프로파일	상호, 업무, 목표, 기본 기업 내용 전략 제시
2	요약	제품 또는 서비스 개발동기, 특성, 기대효과, 사업내용, 목표 등
3	산업분석 및 시장	시장규모, 성장전망, 경쟁자, 진입시장, 침투 시장 등
4	사업 확장성	제품 또는 서비스 사업성, 규모에 따른 가치 등
5	마케팅 계획	가격, 유통, 촉진, 광고, 국내시장, 수출전략 등
6	생산 및 투자계획	원자재, 생산계획, 생산설비, 유통 계획 등
7	조직 및 인원	주주, 조직 체계도, 연구성과, 소유형태 등
8	재무계획, 자금조달	추정가치, 재무제표, 자금 소요예상, 자금흐름, 유치 등
9	위험 및 출구 전략	내 외부 평가, 대응방안 위험요인 분석, 평가 등
10	기타	

③ 사업계획서 멘토링

사업계획서는 시기적으로 적절하게 사용처별 작성이 필요한 영역이다. 그렇다 보니 작성할 시기마다 멘토로 모실 수 있는 관심과 멘토링을 받기 위한 기업가정신이 매우 필요한 영영이다.

다음은 이론 수업으로 사업계획서 작성의 학습이 되었다면 멘토와 함께하는 멘토링 영역으로 사업계획서 작성 실습을 한다. 멘토링으로 사업계획서 검증과 발표 평가를 통해서 사업계획서 완성 작성에 필요한 멘토링을 진행한다.

⟨사업계획서(Business plan) 실습 자료⟩

구분	항목	핵심 내용	핵심 내용 멘토링
1	기업 프로파일		
2	요약		
3	산업분석 및 시장		
4	사업 확장성		

구분	항목	핵심 내용	핵심 내용 멘토링
5	마케팅 계획		
6	생산 및 투자계획		
7	조직 및 인원		
8	재무계획, 자금		
9	위험, 출구 전략		

2. 사업계획서(Business plan) 전략

1) 사업계획서(Business plan) 응용

사업계획서는 정부정책 예산 확보를 위한 사업계획서 작성이 필요한 영역이 된다. 정부의 정책이 수립되면 각 기관에 제출하는 사업계획서는 각자가 가지고 있는 아이디어로 구체화 할 수도 있지만, 정부정책 운영계획수립에 따른 각 부처 정책이 요구하는 공고자료 분석으로 아이디어를 더욱 구체화 할 수 있다.

다음은 2019년 정부에서 공개한 자료를 기반으로 아이디어 응용하여 관심 분야의 사업계획서 작성에 필요로 하는 전략을 수립해 본다.

그리고 작성을 시작으로 피드백 한다.

〈사업계획서 (Business plan)정부정책 학습 자료〉

부처 명	부처 연계사업	아이디어 학습
문체부	문화적 도시재생, 문화특화 지역조성, 생활문화공동체, 산업단지, 열린관광지 조성, 문화콘텐츠, 작은도서관 등	
문화재청	근대화문화유산 관광자원, 문화재분야 전문가, 등록문화재, 문호유산관광 등	
중기부	전통시장, 특성화시장 육성, 세대융합 창업, 메이커 스페이스, 소상인 특화 등	

부처 명	부처 연계사업	아이디어 학습
환경부	생태휴식 공간, 하천복원, 음식물류폐기물, 도시 고물상, 좋은 빛 환경조성 등	
행안부	안전한 보행, 주민 자치형 공공서비스, 마을기업, 자역사회 만들기, 공공 휴유공간 등	
고용부	지역산업 일자리, 청년 사회적기업, 아카데미, 네트워크, 부처형 예비 사회적 기업, 사회공헌 등	
농식품부	일반 농어촌개발, 도시농업, 치유농업 등	
해수부	항만 재개발, 어울림마을 조성, 명품어촌, 리모델링 등	
법무부	범죄예방환경 개선, 도시재생 뉴딜, 범죄에방 등	
교육부	학교시설 복합화, 대학생 공공 기숙사, 온 종일 도롬체계 구축 등	
산업부	산업단지 환경개선, 신재생에너지 등	
여가부	청소년시설확충, 여성힌화도시 조성, 공동육아나눔터, 돌봄 등	
복지부	국공립어린이집 확충, 다함께 돌봄 등	

2) 사업계획서(Business plan) 플랜

위 자료에 의한 정부의 정책자금 유치 사업계획서는 먼저 필요한 전략이 수립되었다면 다음은 사업계획서 작성의 플랜이다.

가급적 사전에 공고된 자료학습으로 개인이나 팀이 창조하는 아이디어를 기반으로 실습을 진행하기 위해서 멘토는 공고기준 파일양식 하나를 지정하여 작성하게 한다.

이왕이면 현재 창업진흥원에서 운영하는 창업지원 프로그램 공고 기준으로
- 예비창업패기지
- 초기창업패키지
- 창업도약패키지 등의 사업계획서 양식으로 작성을 해 본다.

왜냐하면 창업진흥원에서 운영하는 창업지원 형태는 일반적으로 공급업체와 수요기관을 모집해서 예비창업패키지, 초기창업패키지, 창업도약패키지 등의 지원 사

업을 위탁하고 관리를 하는 방식으로 년 간 사업으로 지원하고 평가한다.

먼저 지원공고 다운로드 방식으로 정책자금 공고 기준 내용을 분석하고 정책자금 유치에 필요한 멘토링을 진행 한다. 사업계획서를 작성하는 멘티가 원활하게 작성을 가능하도록 사례를 응용하고 멘토가 이론 학습과 실습 멘토링으로 사업계획서 작성을 지원한다. 그리고 발표를 통해서 피드백 멘토링을 지원하는 학습을 한다.

아래 항목별로 공고(창업진흥원,https://www.k-startup.go.kr/main.do) 다운로드 해서 작성 실습을 한다.

① 정책자금 유치 예비창업패키지 지원 사업
② 정책자금 유치 초기창업패키지 지원 사업
③ 정책자금 유치 창업도약패키지 지원 사업

3) 사업계획서(Business plan) 평가

항 목	항목 구체화 내용	학습 내용 점수
문제인식	제품 또는 서비스에 대한 해결과제는	20
	고객리즈에 대한 우선 개선과제는	
	기존 경쟁사 대비 차별성은	
	제품 또는 서비스의 협업성은	
해결방안	제품 또는 서비스의 개발의 개선방안은	30
	시장의 성장성과 시장의 연결성은	
	고객의 요구사항에 해결방안은	
	시장 경쟁력 방안은	
성장전략	자금소요 및 조달계획은	30
	품 또는 서비스 성과창출 전략은	
	투자유치 및 유치금액으로 비전은	
	엑시트 방안은	
팀 구성	대표자 역량은	20
	팀 보유 역량은	
	자체 보유 역량은	
	사회적 가치 활동은	

3. 사업계획서(Business plan) 실무

1) 사업계획서(Business plan)

사업계획서는 작성을 시작으로 창업이 다 완성되는 것이 아니다.

단지 사업계획서로 관심 기관을 찾기 위한 활동이 준비되었을 뿐이다. 하지만 한 번도 경험하지 못한 사업계획서 작성은 도전할 수 있는 기회의 시장과 사업계획서 내용 발표를 통해서 피드백 학습이 될 수 있다.

사업계획서 작성으로 기관이나 투자자 등에게 계획서 제안 발표를 통해 초기부터 성과를 만들어 낼 수도 있지만, 반복적으로 학습과 멘토링이 필요한 영역이다. 그 러므로 사업계획서 작성 지도는 정부나 민간분야에서도 두루 다루는 분야로 주목을 받을 수 있는 시장이다.

주목을 받는다면 주관기관과 참여기관의 평가를 통해 사업이 결정되는 경우가 많 은 영역이 된다. 일반적으로 평가의 내용을 사업계획서 공고, 접수의 형태이지만 사 업계획서 평가는 각 분야별 전문가 구성으로 진행 된다.

멘토의 자격을 갖춘다면 사업의 계획서 학습지도가 가능하고 보편적으로 전문가 평가 활동 등에도 참여할 수 있는 영역이 된다. 그래서 멘토의 자격은 매력적인 분 야이면서도 인간관계성으로 신뢰를 쌓을 수 있게 되므로 정보유출 등에 각별히 신 경을 써야 한다.

특히 사업계획서는 투자유치 용도로 많이 사용되고 있기에 별도로 학습하는 방법 으로 투자자 연결의 네트워크도 필요한 부분이다.

다음은 각자의 사업계획서로 투자IR 준비에 멘토링 해보자.

① 사업계획서 IR준비

〈사업계획서 (Business plan) IR실습 자료〉

항 목	사업계획서 질문	학습 내용 답변
Why IR	IR 하는 이유는 무엇인가?	
	투자유치 희망하는 이유는	
	프리젠테이션 통한 얻고 싶은 내용은	
	비슷한 아이템이 투자 받은 이유는	
How IR	창업 팀의 신뢰의 역량은	
	시장의 성장성으로 시장의 연결성은	
	투자자의 마음을 얻기 위한 데이터는	
	마케팅으로 희망하는 확장성은	
After IR	투자자에게 바라는 사항은	
	투자유치 금액은	
	엑시트 방안은	
	출구 전략은 무엇인가?	

② 사업계획서 투자유치에 전략

〈사업계획서 (Business plan) 투자유치 실습 자료〉

항 목	핵심 목표	핵심 목표 활동
금융자금 유치	주요 금융 거래처	
	기술보증기금	
	신용보증기금	
	중소기업진흥공단	
정부 정책자금	창업진흥원	
	공공 지원기관	
	지역 거점 정부	
	지역 대학교	
민간 투자유치	엘젤마트, 클럽	
	크라우드펀딩	
	엑셀레이터	
	벤처캐피탈	

항 목	핵심 목표	핵심 목표 활동
거래처 유치	해외 파트너	
	대기업	
	공공 기관	
	중소기업	

③ 사업계획서 평가준비 전략

〈사업계획서 (Business plan) 투자유치 실습 자료〉

항 목	항목 구체화 내용	학습 내용 정리
문제인식	제품 또는 서비스에 대한 해결과제는	
	고객리즈에 대한 우선 개선과제는	
	기존 경쟁사 대비 차별성은	
	제품 또는 서비스의 협업성은	
해결방안	제품 또는 서비스의 개발의 개선방안은	
	시장의 성장성과 시장의 연결성은	
	고객의 요구사항에 해결방안은	
	시장 경쟁력 방안은	
성장전략	자금소요 및 조달계획은	
	제품 또는 서비스 성과창출 전략은	
	투자유치 및 유치금액으로 비전은	
	엑시트 방안은	
팀 구성	대표자 역량은	
	팀 보유 역량은	
	자체 보유 역량은	
	사회적 가치 활동은	

4. 사업계획서(Business plan) 사례

1) 사업계획서 사례

사업계획서 플랜 활동은 다양하다. 예비 기업이나 스타트업에 사업계획서 하나로 다 해결이 될 수 없다. 그래서 사업계획서의 다양한 활동사례 중에서 성공한 사례나 유치에 실패한 사례중심의 학습이 더 도움이 될 수 있다.

특히 단순한 사업계획서만으로는 투자유치는 더 어려운 플랜 영역이다.
아무리 성공과 실패사례 중심학습을 진행한다고 하여도 기존의 유치사례 중심의 학습만으로는 성공할 수 있는 확률이 적을 수 있다. 그러나 사업계획서 사례중심을 반복학습하고 꾸준한 필요한 실습 중심으로 다양한 가능성들을 추측하면 보다 더 가능성을 높일 수 있다.

가급적 필요한 실습에는 경험이 많은 멘토와 함께 하며 멘토링 과정으로 진행 한다.

① 정책자금 유치 사례

② 투자유치 사례

③ 금융 유치 사례

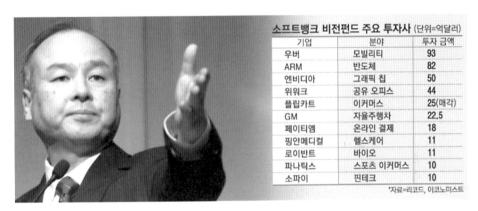

소프트뱅크 비전펀드 주요 투자사 (단위=억달러)		
기업	분야	투자 금액
우버	모빌리티	93
ARM	반도체	82
엔비디아	그래픽 칩	50
위워크	공유 오피스	44
플립카트	이커머스	25(매각)
GM	자율주행차	22.5
페이티엠	온라인 결제	18
핑안메디컬	헬스케어	11
로이반트	바이오	11
파나틱스	스포츠 이커머스	10
소파이	핀테크	10

*자료=리코드, 이코노미스트

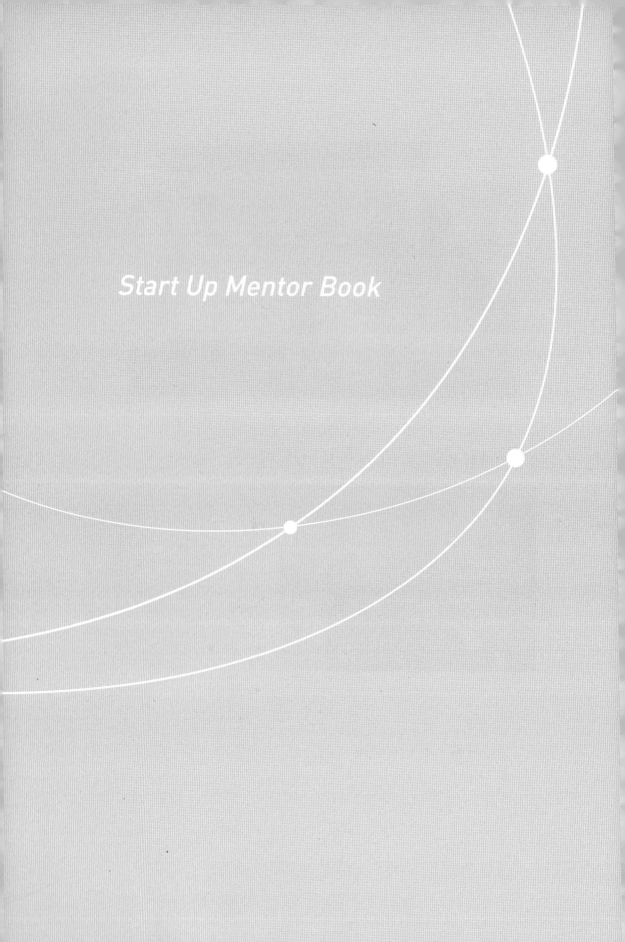
Start Up Mentor Book

투자유치
attraction of investment

아이디어
가치

회사
데이터

성장
데이터

스타트업 꽃

보상
출구전력

X. 투자유치attraction of investment

1. 투자유치(attraction of investment)

투자유치는 스타트업 활동에 꽃이다.

투자유치(attraction of investment)는 각자가 생각했던 상상의 가치들이 비즈니스 모델 캔버스 학습으로 예비 창업단계를 효율화시킬 수 있다. 또한 스타트업으로 성장을 부각시켜 회사의 가치평가를 돋보이게 하여 투자유치가 가능한 활동이다.

기업들은 각 단계부터 고객이 필요로 하는 제품 또는 서비스로 확장이 가능하고 기업의 성장 정책으로 참여하는 기업가정신이 무엇보다 중요한 협상의 기술이다.

비즈니스 모델 캔버스 활동으로 비즈니스 모델이 구체화 되었고, 린 캔버스는 비즈니스가 한 단계 더 구체화 되면서 고객검증이 가능하게 되었다. 다음으로는 기업의 가치제안 활동의 전환 단계로 고객개발 방법론과 고객가설 확장으로부터 문제점을 해결해 나가는 린 스타트업이다. 이러한 영역에 각 구간별 사업계획서 작성은 기업에서 꼭 필요한 도전정신이며 투자유치가 가능하게 된다.

하지만 아무리 단계별 학습이 진행됐다 하여도 사업계획서 내용을 기반으로 한 스타트업으로 성장하기에 공식적인 답이 있는 것은 아니다. 그러나 스타트업들이 필요한 투자유치 영역은 어떤 문제를 풀기 위한 방안으로 기존고객들의 활동에 쓰는 비용, 시설 장치를 하기 위한 자금유치는 큰 도움이 된다. 특히 기업이 성장하면서 조직경영에 필요한 자원을 유치하기 위한 활동은 매우 필요한 영역이다.

그러다보니 투자유치는 사업계획서 작성이 필요하게 된다.

사업계획서 작성의 영역으로

- 고객문제 해결가치
- 솔루션 핵심가치
- 회사의 평가가치
- 대표자 역량 및 팀의 역량 등을 중요하게 다루면서 투자자에 대한 제안을 시작으로 협상을 통한 투자자금을 유치하는 활동이다.

일반적으로 투자유치는 제품 또는 서비스 개발, 생산, 마케팅, 경영 등의 단계에서 필요한 영역이 대다수다. 이러한 영역은 초기의 투자유치 구간으로 투자자 활동을 하고 있는 엔젤 투자자, 엑셀레이터 기관, 크라우드펀딩 등의 기관들이 활동하고 있다. 투자유치 자는 각 회사의 가치평가를 통해 유치할 수 있는 초기자금 유치 구간으로 볼 수 있다.

회사는 초기 투자유치로 필요한 곳에 사용하면서 회사의 성장 데이터화 자료에 따라 2차, 3차 투자유치가 연결되기도 하고, 1회의 자금유치를 끝으로 중단되기도 하는 영역이다. 따라서 기업의 성장지표는 중요한 핵심가치 지표가 되므로 반드시 성장 데이터에 따른 전략 구축이 협업 정신으로 반드시 필요하게 된다.

또한 대표자의 역량으로 각 구간부터 실현이 가능한 비전을 제시하는 자세가 필요하다. 이러한 과정에도 투자유치 문제에 함께한 멘토의 지식과 경험은 많은 도움이 된다. 그래서 각종 문제해결, 문제 정의, 투자유치 등에 함께하는 멘토링은 많은 도움이 될 수밖에 없다.

다음은 투자유치에 필요한 자료 정리로 피드백 한다.

〈**투자유치 (attraction of investment)기본 자료**〉

자료 구분	현재 자료 정리	문제점 학습
투자유치 핵심		
투자유치 목표		
투자 유치 이유		
투자유치 보상		

자료 구분	현재 자료 정리	문제점 학습
투자 전 자금		
투자유치 실행		
투자유치 성과		
투자자 협상		

1) 투자유치(attraction of investment) 정신

① 투자유치 자세 및 준비
- 문제 핵심은 곧 투자유치 필요성으로 연결되므로 깊이 있게 정리한다.
- 투자유치 전 자금 진행사항을 분야별로 서류를 사실증명 준비해 둔다.
- 현재의 진행사항을 세세하게 문서 및 재무제표 준비 한다.
- 유치 활동 때 제안한 자료 대비 진척도 정리해 둔다.
- 투자자 자문, 조항 등을 세세하게 검토 후 단계별 소비한다.
- 투자유치 종류별, 기간, 도출 등으로 실행되는 전 과정을 준비한다.
- 사업 경영자와 투자자 협업이 가능하게 공유한다.

②투자유치 활동 및 성과
- 유치자금 대비 성과 진행과정을 정리, 발표, 공감하게 운영한다.
- 주주, 구성원, 투자자, 외부 파트너 등 활동사항 공감을 이끌어 낸다.
- 각종 투자유치 기관 운영사항 협상 기술이 필요한 정보 습득 한다.
- 유치자금 대비 성과 진행과정을 발표, 성과, 공감 등에 경영한다.
- 주주, 구성원 성과 공정하게 도입한 인센티브 운영 한다.

③투자유치 경영 및 보상
- 도입된 성과 프로세스 공정하게 운영한다.
- 경영지표, 보상지표, 비전 등을 준비한 전반전 경영에 동유한다.
- 투자유치 기관으로부터 검증 받으며 경영자 리더십 경영을 한다.
- 투자자는 감시도 하는 것 같지만 성장에 필요한 지원을 아끼지 않는다.

- 투자자에게 멘토, 멘토링을 지원을 받기 위한 활동에 시간을 투자 한다.
- 투자자는 돈을 벌기 위해 투자를 한다. 그래서 투자자의 자료 요청에 언제든지 응하고 추가 투자자 활동이 가능하게 지원한다.
- 투자자는 엑시트 기회와 시점으로 엑시트 방법을 찾을 수 있다. 의논하여 진행할 수 있도록 지속적으로 네트워크 함께 한다.

2) 투자유치(attraction of investment) 전략

① 창업 투자유치

먼저 투자유치는 기업의 꽃으로 여러 분야에 전략 수립으로 활동이 필요하다.
이번에는 정부에서 추진하고 있는 창업의 지원사업을 이끌어낼 수 있는 사업을 기반으로 각자가 가지고 있는 아이디어나 예비창업에 필요한 2020년 공고 기준을 분석하고 전략을 수립해 본다.

특히 정부정책은 공급 기업을 선발해서 지역별로 수요기업을 발굴하고 지원하는 형태가 대다수이다. 그래서 지역을 거점으로 접수를 하는 것이 유리할 수 있으나, 꼭 지역에 염두를 두지 않아도 된다.

분야별 정부의 정책자금은 지원 분야에 따라 다를 수 있으나, 1억 이내에서 3억 이내 사업지원으로 이루지는 형태이다. 그렇게 지원하다 보니 예비창업자는 초기 자금 유치로 성장과정의 3년 이내 기업이라면 초기자금 유치를 추가로 할 수 있다.
2020년 지원사업 각 분야의 공고된 자금유치 한 사례를 중심으로 멘토는 학습지원이 가능해야 하고 멘토링을 통해서 공감을 얻을 수 있는 멘토링을 지원하면 된다.
다음은 공고 상품, 정책자금 내용, 사업계획서 활동 등 이론 학습을 토대로 아래 내용을 기반으로 한 실습을 지원 한다.

② 투자유치 정보

각 분야별 정부정책 자금 지원이 가능하게 전략적으로 멘토링을 지원한다.

〈투자유치(attraction of investment) 정부지원 정책 자료〉

분류	공고 내용	전략 수립 내용
예비도약 패키지 사업	https://search.k-startup.go.kr/RSA/ front_new/Search.jsp	
초기창업 패키지 사업	https://search.k-startup.go.kr/RSA/ front_new/Search.jsp	
창업도약 패키지 사업	https://search.k-startup.go.kr/RSA/ front_new/Search.jsp	
재도전성공 패키지 사업	https://search.k-startup.go.kr/RSA/ front_new/Search.jsp	
비대면서비스 패키지 사업	https://search.k-startup.go.kr/RSA/ front_new/Search.jsp	
아기유니콘200 육성사업	https://search.k-startup.go.kr/RSA/ front_new/Search.jsp	
실습		
멘토링		
평가/피드백		

3) 투자유치(attraction of investment) 피드백

①프레젠테이션(Presentation)

비즈니스 모델이 아무리 돋보여도 투자유치 발표를 통해서 프레젠테이션이 부족했다면 어떤 결과를 초래할까?

발표한 본인은 얼마나 아쉽고 미련이 남을 수 있을까? 그동안 모든 구성원들이 정성스레 만든 디자인을 시작으로 청중을 설득시키는 목적에 부적합한 발표를 한다면 모두에게 다음을 기약해야 하는 나쁜 결과를 접하게 된다.

더구나 미리 준비하지 못하고 부족한 학습으로 비즈니스를 이해하지 못하고 발표를 했다면 어떤 결과를 초래할까?

프레젠테이션은 일반적인 대화나 강연 같은 경우에는 자료가 없어도 가능하겠지만, 투자유치를 하기 위한 프레젠테이션은 청강자의 이해를 돕기 위해 각종 수치나

도표, 결과물, 설문, 연구자료 등을 구체적으로 준비하여 평가를 받을 수 있도록 진행하는 것이 좋다.

 정부의 정책자금 유치는 기본적인 사업계획서 사전 제출로 서면 평가를 통해서 보통 2배수 이상 후보자를 뽑아서 파워포인트로 프레젠테이션을 하게 된다.
 프레젠테이션을 효과적으로 작성하고 발표할 수 있다는 장점으로 미리 파워포인트를 제출하여 자료를 스크린에 띄워 사용할 경우 프레젠테이션을 극대화 할 수 있다.

 그래서 파워포인트 디자인은 좋은 발표 자료가 된다.
 프레젠테이션 파워포인트는 사진이나 이미지 등을 잘 융합한다는 생각에 너무 화려한 이미지를 만들 수 있지만, 실제 평가를 하는 심사위원들이 보기가 편안하고, 깔끔한 디자인으로 준비하여 심사에 집중할 수 있게 하는 것이 바람직하다.

②프레젠테이션(Presentation) 발표
 프레젠테이션은 언젠가 나도 저렇게 잘 할 수 있을까? 하는 생각과 자신이 없으니 잘 전달되지 않았던 것 같은 행동에서도 나도 잘 했어, 나도 잘 할 수 있다,는 긍정적인 사고로 발표하는 것이 무엇보다 중요하다.

 일반적으로 과제의 내용에 따라 다르게 운영될 수 있으나 보통 20분 발표, 20분 질의 응답을 하는 형태로 진행이 된다. 사전에 사업을 제안하는 내용을 익숙하게 학습하면서 목소리 크기 등을 교정할 수 있는 보이스 트레이닝 방법이나 간혹 떨리는 목소리 등으로 청중이나 심사위원과 소통하는 시간을 만들어 내는 것이 중요한 프레젠테이션 스킬이다. 특히 발표장에서 소통하려는 적극적인 자세로 질의 되는 의견 등을 내 것으로 만들어 후회 없이 했으면 한다.

 프레젠테이션 발표 실행은 작성 사례중심으로 멘토는 발표실습을 통해서 교육 참여자에게 멘토링을 지원한다.

〈투자유치 (attraction of investment)발표 사례〉

단계 분류	발표자 내용	멘토링 내용
예비창업 패키지 지원사업 발표 1		
초기 창업패키지 지원사업 발표 2		
창업도약 패기지 사업 발표 3		

2. 투자유치(attraction of investment) 전략

투자유치는 기업에 꽃이다. 그래서 투자유치는 전략적으로 수행하면 좋다.

기업의 꽃으로 피우기 위해서는 기업의 뿌리가 튼튼해야 한다. 자연에서도 볼 수 있듯이 뿌리는 좋은 환경으로부터 살기도 하고 척박한 곳에서 뿌리를 내리면서 꽃을 피우고 살아가는 자연물들이 많다.

기업들도 마찬가지다. 남들보다 좋은 환경에서 좋은 팀들로 성장의 길로 뻗어나가는 기업들도 있고, 어려운 환경에서부터 투자유치 기회를 만들어 꽃길로 나아가는 기업으로 성장하는 경우도 많다. 이러한 활동이 바로 튼튼한 기업의 정신으로부터 투자유치로 꽃을 활짝 피우는 기업가정신이다.

투자유치 꽃들은 정부에서 주로 운영하는 금융권의 투자유치 꽃들과 민간투자 꽃들에 대해서 조사하고 활용할 수 있는 정책을 지원한다.

기업들이 성장을 하기위해 일반적으로 많이 찾는

- 금융기관
- 보증기관
- 진흥공단 등에 도움을 받을 수 있다.

스타트업들이 성장하는데 금융기관들로부터 융자, 이자, 변제 형태로 참여하면서 기업의 경영에 임할 수 있다. 사실 도움을 받았고 꽃을 피울 수 있는 금융기관으로 파트너는 가능 하겠지만 스타트업들 시장에서 찾는 투자유치는 매출이 좀 미비할 경우 기관부실과 맞물릴 경우 다소 부담스러운 정책이라도 볼 수 있다. 물론 금융 기관에서 펀드 조성, 벤처캐피탈 지원, 각종 정책 등으로 지원을 늘려나가는 추세 는 고마운 일이다.

그러나 요즘은 다양한 정책으로 이자, 변제 등으로부터 자유로운 민간 투자유치 기관을 활용할 수 있도록 정부나 민간에서도 지원을 아끼지 않고 있는데.
- 엔젤투자
- 크라우드펀딩
- 엑셀레이터
- 벤처캐피탈 등으로 유자유치가 가능하다.

그래서 각 투자유치 기관의 분석 및 금융권 지원학습으로 각종 지원제도를 활용 할 수 있도록 멘토 자격을 갖춘 자격의 투자유치 멘토링을 체계적으로 지원이 가능 하게 한다.

①주요 금융 지원기관

〈투자유치(attraction of investment) 정부기관〉

정부 지원 기관	주요특징	멘토링 내용
금융기관	http://www.kofia.or.kr/index.do	
기술보증기금	https://www.kibo.or.kr:444/	
신용보증기금	https://www.kodit.co.kr/index.jsp	
중소벤처기업진흥공단	http://www.kosmes.or.kr/intro/kosme_intro.html	
소상공인진흥공단	https://www.semas.or.kr/index_main.html	
지역신용보증기금	https://www.seoulshinbo.co.kr/	
한국증권거래소	http://www.koreagoldx.co.kr/	

②주요 민간 투자기관

〈투자유치(attraction of investment) 민간 기관〉

민간 지원 기관	주요특징	멘토링 내용
한국엔젤투자협회	https://home.kban.or.kr/	
한국개인형엑셀레이터협회	http://kiaa.co.kr/	
한국크라우드펀딩협회	http://www.crowdfunding.or.kr/	
한국개인투자조합협회	http://www.koreap.or.kr/	

1) 크라우드펀딩(Crowd funding)

① 크라우드펀딩 이해

크라우드펀딩은 대중을 뜻하는 크라우드(Crowd)와 자금 조달을 뜻하는 펀딩(Funding)을 조합한 용어로 온라인 인터넷 플랫폼 또는 소셜 미디어 기반 특정 다수의 대중으로부터 자금 조달하는 방식을 말한다.

특정 다수 대중으로부터
- 자금
- 후원
- 보상을 받는 투자유치 활동으로 불특정 다수로부터 투자를 받을 수 있다.

투자의 방법으로는 다음과 같은데
- 후원형
- 기부형
- 대출형
- 증권형 등으로 나눌 수 있는데 각자가 제품 또는 서비스에 따라 보통 네 가지로 적용하는 방법을 다르게 적용하고 있으므로 사례중심으로 멘토링이 필요하다.

온라인을 통해서 불특정 다수로부터 투자유치를 하다 보니 소셜 펀딩이라고 부르기도 한다. 소셜네트워크(SNS)를 적극 활용하여 플랫폼 트위터, 페이스북, 인스타그램 등으로 받을 수 있는데 소셜펀딩 형태로 좋은 방법이다.

　활동을 촉진 하는 투자유치(attraction of investment)펀딩으로 활용하기가 용이 한데
- 자금조달과 동시에 마케팅으로 연결이 되는 효과가 있다.
- 예비창업, 스타트업들의 자금조달 방법으로 인기가 높다.
- 2005년 영국의(crowdcube.com), 최소 대출형 시작으로 조파닷컴(ZAPA.COM)
- 2008년 미국의 보상형의 플랫폼으로 인디고고(indiegogo)
- 2009년 킥스타(kickstarter) 시장 확장으로 세계 시장 각광
- 우리나라의 크러우드펀딩 도입이 2011년 후원, 기부, 대출형을 시작으로 정착되었고, 플랫폼 업체를 통해 중소. 벤처기업에 연간 최대 5백만 원(업체당 2백만 원)을 투자할 수 있도록 했다.

　현재의 1,000만 원으로 확대하여 플랫폼은 와디즈, 오픈트레이드, 8프로 등으로 활동을 선도하고 있다.

　한국의 창업생태계를 위한 벤처특례법 적용 크라우드펀딩은 crowd와 funding의 조합용어로 온라인 플랫폼을 이용하여 다수의 자금조달 방법 법이 통과 되었다.
　2011년 후원, 기부, 대출형 시작으로 2016년 증권형이 도입 되었다. 2018년 크라우드펀딩은 일반 투자자가 두 기관에 투자 가능하게 국회에서 통과되어 500만원에서 1,000만원까지 가능하다.

② 한국의 크라우드펀딩

〈투자유치(attraction of investment) 크라우드펀딩 자료〉

크라우드펀딩 종류	크라우드펀딩 내용
후원형	대중으로부터 후원 유치 활동으로 공연. 예술 활동 등을 할 수 있다.
기부형	보상의 조건으로 하지 않고 순수기부 목적으로 지원한다.
대출형	개인과 개인 사이에 이루어지는 P2P 거래 방식이다. 또한 소액 대출을 통 한 이자와 원금을 상환하는 방식이다.
증권형(지분투자형)	이윤창출 목적으로 주식이나 채권에 투자하여 지분이나 채권으로 보상을 받는 조건이다.

2) 엔젤투자(Angel investment)

① 엔젤투자(Angel investment) 이해

엔젤투자는 벤처기업, 스타트업에 자금을 대고 주식이나 채권으로 대가를 받는 투자 실행 형태이다. 현재 다양한 클럽들이 투자가 진행되며 기업가치가 올라가면 몇십 배 수익을 얻는다. 반면 실패할 경우 투자자금 대부분 손실이 발생한다.

일반인들이 엔젤클럽(angel club) 조성으로 자금이 부족한 예비 창업자나 신생 벤처기업에 자본금을 투자하는 개인투자자들의 모임이다. 특히 엔젤클럽(angel club)은 기술은 있으나 자금이 부족한 기업에 지원하는 개인투자자 활동이 크다. 그렇다보니 첨단산업 등에 투자 육성하는 개인투자자들의 그룹이 많이 활동을 하고 있는 추세이다.

중소벤처기업부에서 지원하고 협회에서 운영하고 있는 엔젤투자 자본을 엔젤캐피털이라고 한다. 특히 전문 엔젤투자자 관리규정(중소기업벤처부 고시 제2014-41호)에 근거하여 한국엔젤투자협회가 자격을 부여한다.

전문 엔젤투자가가 투자한 기업에 정부 정책이 1배수, 2배수 매칭펀딩 자격을 부여하는 것은 매력적인 투자유치이다.

② 엔젤 투자자 사업모델

엔젤투자의 사업모델 활동을 보면 다음과 같이 정리 해 볼 수 있다.

엔젤은 천사이다. 왜냐하면 실체가 분명하지 않은 벤처기업 발굴과 투자자금 연결은 그야 말로 엔젤파트십의 두 기능을 연결하는 목적이 분명하기 때문이다. 이러한 개인투자자 활동은 엔젤투자(Angel investment)사업 모델이 된다. 물론 투자금액이나 투자방법은 투자유치를 하고자 하는 기업들로부터 협상의 내용으로 결정을 하게 될 것이다.

투자자 클럽 멤버들이 투자자 자격취득으로 심의를 거쳐 개인 또는 클럽 활동이 활성화 되고 있는 것은 창업의 생태계를 활성화 시키고 벤처기업에 투자하는 방식이 주식과 채권 형태로 멘토링이 용이한 부분도 좋은 사례가 되고 있다.

③ 투자자에게 세제혜택

투자자는 천사이다. 그래서 정부에서는 투자자에게 세제혜택을 부여하고 조세감면 효과에 공감할 수 있으나, 정부 정책에 수시로 변화가 생길 수 있으므로 확인을 통해서 혜택을 볼 수 있다.(2018년 기준)

- 1천~3천만 원 이하 100%
- 3천~5천만 원 이하 70%
- 5천만 원 이상 30%
- 종합소득세 투자대상은 벤처기업, 3년 이하 중소기업, 기술평가
  통과 기업으로 한정해서 지원하고 있다.

④ 양도소득 비과세 및 투자 확인서

창업 후 5년 이내 벤처기업 또는 벤처기업으로 전환한지 3년 이내인 벤처기업인에 대한 투자(단 특수 관계 제외) 및 투자일로부터 3년이 경과된 후 양도할 경우 양도소득 비과세가 적용된다.

투자 확인서, 투자 명세표, 출자 또는 투자 확인서, 투자금액 등 소득공제 신청서 등을 제출 하여야 한다. 무엇보다 엔젤매칭 펀드를 이용하는 것이 좋은 투자유치와 투자자의 활성화 정책이다.

그리고 엔젤매칭 펀드 신청요건 완화는 다음과 같이 정리할 수 있다.

- 기업가치(post-money기준) 한도 확대(50억~70억)
- 크라우드펀딩 성공기업 매칭펀드 투자자수 요건 완화(30명~10명)
- 법인형 엔젤투자자 계좌거래조회서 제출 면제가 가능하다.

⑤ 엔젤투자(Angel investment) 현황

〈투자유치(attraction of investment) 엔젤매칭 펀딩 2019 자료〉

엔젤매칭 펀딩 구분	클럽	개인	기관	조합	전문엔젤	순계
• 기업 수	251	134	46	52	97	515
• 건수	305	162	48	61	119	695
• 투자액	405	186	60	49	127	827
• 우수성과 엔젤투자자 2차 심사(적격판정회의) 면제, 매칭 펀드 3회 이상 신청						

3) 개인투자조합

① 개인투자조합 이해

개인투자조합은 벤처기업과 창업자에 투자할 목적으로 자금을 출자하여 결성하는 조합이다. 조합은 중소벤처기업부장관에게 등록 하여야 한다. 2017년 공고된 개인투자조합 등록 내용을 정리했다.

- (목적) 개인들이 출자하여 벤처, 창업기업에 투자를 지원한다.
- (법적근거) 벤처기업 육성에 관한 조치법 제13조 적용, 전문회사, 무태조합 또는 한국벤처투자조합, 중소기업에 대한 창업지원 및 투자를 하는 기관으로 투자 목적과 출자 규모의 기준을 갖춘 자로 한다.
- 개인투자조합등록 및 투자 확인서 발급 규정(중기청 고시)투자 등록한 조합은 개인투자조합의 업무를 집행하며 조합의 채무에 대하여 무한책임을 지는 1인 이상의 업무집행조합원과 출자액을 한도로 하여 유한책임을 지는 유한책임조합원으로 구성이 된다.
- 등록요건은 출자총액 1억 이상, 1좌 금액 100만 원 이상, 49인 이하, 업무집행 조합원(GP) 출자 지분 5% 이상, 존속기간 5년 이상이다.

여러 기능들이 복잡하게 생각될 수도 있지만, 개인투자조합 기능도 활성화 될 수 있게 개인투자조합도 벤처캐피탈과 같은 역할로 펀드조성부터 집행운영 및 존속 기간의 성과 등으로 운영하게 된다.

개인투자조합도 투자자로부터 공감이 있을 수 있도록 경영하고 해산하는 의무가 있으므로 책임경영을 하고 멘토링을 지원할 필요성이 있다.

②개인투자조합 현황

〈투자유치(attraction of investment) 개인투자조합 2019 자료〉

1	준비서류	등록요건 (벤처기업육성에관한특별조치법 제13조)
2	결성계획서, 조합규약, 고유번호	사업내용에 벤처기업이나 창업자에 대한 투자 또는 투자하는 조합에 대한 출자 포함
3	조합원의 출자금액과 출자이행을 증명하는 서류, 등록신청서	출자금액 100만 원 이상, 출자금 총액이 1억 원 이상, 출자 1좌의 금액 100 만 원 이상일 것
4	결성총회의사록, 조합명의로 개설된 금융기관계좌의 잔액증명서	조합원 수가 49명 이하, 존속 5년 이상, 업무집행조합원의 출자지분이 출자금 총액의 100분의 5 이상일 것

- 처리절차: 개인투자조합등록신청−구비서류 검토 및 요건심사−타 법률 위반 여부 확인−설립 등록(접수 일로 14일 소요됨)

- 세제혜택: 소득공제(조세특례제한법 제16조, 영 제 14조)와 양도소득세(조세특례제한법 제 14조, 영 제14조) 감면이 있다.

- 투자대상 혜택: 창업 후 5년 이내 벤처기업 또는 벤처기업으로 전환한지 3년 이내인 벤처기업에 투자한 주식 및 출자지분으로 3년 경과시 양도소득세 비과세(구간별로 10~30% 소득공제, 505 연간 종합소득 공제 혜택 부여함)

- 조합규약 내용: 개인투자조합규약은 일반조합원의 보호를 위하여 (내용에 충실해야 함)

- 심사사항 : 등록권자는 개인투자조합 등록요건을 갖추고 있어야하며, 타 법령에 제한에 위반 여부 등을 심사 한다.

4) 벤처캐피탈(venture capital)

① 벤처캐피탈(venture capital) 이해

투자유치(attraction of investment)는 금융기관으로부터 융자받기 어려운 벤처기업에 무담보 주식투자 형태로 투자받는 기업이나 자본을 말한다. 벤처기업의 특성상 장래성과 수익성을 반영하므로 참여한 기업들은 고도의 기술과 장래성이 준비된 상태에서 venture capital 투자 활동이 진행 되면 좋다.

- venture capital은 은행과 같은 자금조달 수단이 없기 때문에 금융긴축 등이 발생할 경우 자금부족에 어려움을 겪을 수 있다. 또한 창투사 설립을 할 수 있다.

- venture capital 창업투자 회사는 중소기업, 금융기관에서 만든 회사로 구분이 된다. 상법상 주식회사로서 납입 자본금이 50억 원 이상이어야 설립 할 수 있다.(중소벤처 기업부 등록) 단, 규제완화를 현재 20억 원 이상으로 회사를 설립할 수 있다.

- 주요업무는 투자와 자금관리, 정보제공 및 사업알선, 위탁 경영 및 용역업무, 해외 투자, 보증 및 자금알선, 타당성 검토 및 보육센터 운영 등이다.

- venture capital 투자 대상은 7년 이내 중소, 벤처기업으로 숙박 및 음식점, 금융 및 보험업, 부동산업 및 골프장 등은 제외 대상 업종이다.

투자는 주식 및 신주인수권사채 인수, 자금대여 등의 방식으로 투자액이 자본금의 총액 50%를 초과 할 수 없고, 외로 경영상 중기청장이 인가 후 할 수 있다.

김대중 정부 벤처 붐으로 1998년부터 활성화되었으며 현재는 100개사 이상 활동하고 있다. 지역의 창업생태계 지원 차원에서 venture capital 자금 영역은 투자유치에 많은 공을 드려야 하는 활동이다.

벤처캐피탈 정보 확보는 기업에서는 성장을 견인 할 중요 활용공간으로 경영에 많은 도움이 된다. 그러나 투자유치로 인해 기업이 위기를 겪고 있는 경우가 있으므로 멘토는 경험과 지식으로 멘토링이 가능해야 한다.

② venture capital 현황

〈투자유치(attraction of investment) 한국벤처캐피탈협회 자료〉

1	벤처캐피탈 산업인프라 강화	조사연구 요건
2	벤처펀드 출자자 및 민간자금 유입촉진, 회수시장, 관리체계 통합	벤처투자 촉진 방안으로서 CVC의 필요성 및 도입 안, 벤처캐피탈 자율규제체계 구축방안, 2019년 세무처리
3	벤처투자 관련규제 및 선진 투자기법 도입, 강소기업 발굴 및 지원	벤처캐피탈 투자계약서 해설서, 해외 초기기업 투자제도(SAFE와CN)의 국내법적 도입 검토
4	벤처캐피탈 인식제고를 위한 기술금융교육 및 홍보, 관련법령 개선	벤처캐피탈 시장의 민간자금 유인을 위한 다양한 제조 도입 방안, 운용인력 수급제도의 문제점 및 개선방안 등

- 교육절차 : LP출자 확대, 신규 창투사 증가, VC 업계 투자심사 전문 인력 및 경영, 기획 업무 담장자, 외부기관 및 일반인 등을 대상으로 보다 우수한 교육 인프라 구축 및 벤처캐피탈 저변 확대
- 벤처캐피탈 리스트를 희망하는 분들에 기회 제공 등

5) 금융 및 증권

① 금융거래 및 보증서 발급 이해

금융 및 증권의 자금지원은 다른 투자유치 방법과 달리 매월 고정비용을 지불해야 한다. 투자유치가 필요한 회사는 금융기관, 증권사, 개인사채 등에 회사의 담보능력, 회사의 가치, 대표의 역량 등으로 평가시스템의 사전 검증을 거쳐 투자자, 기관으로부터 인가 후 유치하는 방식이다.

보증서 발급에 필요한 투자유치 기관은
- 신용보증재단
- 기술신용보증재단
- 지역보증재단
- 중소기업진흥공단, 소상공인진흥공단 등이 있으므로 사전 기업정보 제

공으로 반복적인 학습이 필요하다.

② 금융기관 및 증권사

증권사는 기업의 자금유치 창구로 장기적으로 꽃을 피울 수 있는 창구가 된다.

- 유가증권 유통과 매매를 업으로 삼는 회사를 칭하며, 즉 주식이나 채권을 사고파는 회사이다.
- 금융투자회사는 증권사, 선물사의 거래소로 대출 업무가 불가하다.
- 종합금융회사는 종금으로 대출 업무가 가능하다.

이와 같은 기능을 십분 활용한다. 또 기업을 경영하다보면 위험한 시기를 겪게 되는 경우가 많으므로 평소 주요거래를 하면서 신용평가에 각별히 신경을 써 두는 경영정신이 필요하다.

금융기관 투자유치는 기업을 경영하기 전부터 거래를 하는 것이 보통적인 일이다. 그러므로 개인의 정보이력은 기업경영에 비례되어 평가되고 관리되므로 창업 전부터 개인 평가 관리가 필요하게 된다.

- 금융기관은 자금의 수요자와 공급자의 각종 금융서비스를 제공하는 기관
- 은행, 상호신용금고, 신용조합 등으로 우리나라는 은행, 증권, 보험의 3대 축으로 구성되어 있다. 감독기구는 금융감독원이다.
- 중앙은행, 지방은행 및 각종 기관으로 투자유치 지원프로그램이 다르게 운영되므로 각 기관의 성격, 거래, 네트워크 등으로 투자유치나 거래확보가 가능하다.

6) 엑셀러레이터

① 엑셀러레이터 이해

투자유치(attraction of investment)는 엑셀러레이터로부터 투자유치가 가능하고 멘토링을 받을 수 있게 되었다. 그 내용을 정리하면 중소기업창업지원법(시행 2017.7.26.) 엑셀러레이터 등록 및 중소벤처기업부령으로 주요사항을 변경하려는 경우에도 또한 같이 적용하고 있다.

엑셀러레이터(창업기획자 300개사 돌파 2020년) 스타트업에 자금투자, 업무공간, 멘토링 등을 총괄적으로 제공하는 전문회사 기관을 뜻한다.

엑셀레이터 등록 기준은

- 회사 인력보유는 창업투자 등에서 3년 이상 창업기획 업무를 수행한자, 3년 이상 투자심의 업무를 수행한자, 전문가 등의 2인 이상 보유해야 한다.
- 투자금액은 초기 창업자에게 최소 1억 이상의 자금을 3개월 이상 지원해야 하며 업무 현황, 서류검사 기준과 공시 범위를 반기별로 보고해야 한다.(중소벤처기업청장)

선진국에서 엑셀러레이터 활동은 이미 왕성하게 활동하고 있었다. 세계적으로 성공한 엑셀러레이터 회사는 미국의 Y-콤비네이터의 1,000개 이상 투자를 하였고 지원 받은 기업들은 이미 세계적인 기업으로 성장한 곳이 많다.

세계적인 기업으로 성장이 가능하게 엑셀러레이팅 한 사례를 정리하면 드림박스, 에어비엔비 등이 대표 지원 성공기업으로 참 부럽기도 하고 창업의 생태계를 위한 정신이 놀랍다.

국내에서는 벤처기업 성공한 선배 기업사 프라이머가 선봉에 서서 창업기획 회사 설립으로 엑셀레이터 기업사들이 성공적으로 활동이 가능한 사례가 되고 있다.

물론 이미 퓨처플레이, 매쉬업엔젤스 등이 투자유치, 멘토링 등의 활동도 좋은 엑셀레이터 기관이다.

현재는 200곳 이상 창업기획 기업가가 활동 중으로 아래는 각종 활동 현황의 자료이다.

② 엑셀러레이터 현황

〈투자유치(attraction of investment) 등록현황 2020 자료〉

구분	서울	경기	인천	부산	대구	대전	광주	세종	전북	경남 외	합계
기업	148	33	10	17	7	22	5	7	2	6	288
비율	51.4	11.5	3.5	5.9	1.4	1.0	0.7	1.4	2.8	1.7	100

〈투자유치(attraction of investment) 등록현황 2020 자료〉

구분	주식회사	창투사	기술지수	신기사	비영리	창조	산학협력단외	합계
기업	202	13	13	3	23	17	3	288
비율	70.1	4.5	4.5	1.0	8.0	2.8	1.0	100
TOPS	24	10	7	2	1	1	52	

7) 멘토 및 멘토링(Mentoring)

① 멘토의 역할은

투자유치는 멘티의 역량도 중요하지만, 멘토의 경험적 네트워크로 린 스타트업이 진행되는 과정으로 멘토링이 필요하다. 즉 모든 기능에는 반드시 사람과 사람이 서로가 필요로 하는 시장인 셈이다. 서로의 성장이 경험을 가진 사람을 통해 공감이 가능한 분야 등으로 투자유치 활동이 용이하다. 특히 초기기업들에는 Mentee투자유치 자세와 Mentor의 역할로 투자유치 지원기관의 브릿지 활동을 반복적으로 멘토링 성과를 도출해야한다.

투자유치 지원기관은 Mentee와 Mentor의 브릿지 역할에서 끝나는 것이 아니라 Mentee가 자금유치로 기업성장에 필요로 하는 시장이다. Mentor는 그 자료를 분석하고 학습된 데이터 기반 Mentoring을 진행하여야 한다. 즉 멘토는 가급적 경청하는 자세로 스타트업의 문제점과 요구하는 비즈니스를 지원했다면 투자유치는 각 분야별 성과가 도출 될 수 있도록 정확한 신뢰정보를 바탕으로 성장과 비전을 할 수 있도록 멘토링을 세분화 하며 활동해야 한다.

투자유치는 Mentoring은 멘티의 많은 정보노출에 따른 활동이 동반되므로 기업의 정보 보완에 각별히 주의해야한다. 그리고 투자유치 로드맵은 멘티의 역량에 미치는 영향이 크므로 멘토의 지식역량 교육도 중요한 성장 활동이다. 그래서 투자유치 활동은 가급적 멘토링은 전담으로 최소 6개월 이상 진행하는 방식이면 좋다. 특히 기업과 지속적으로 소통하며 서류보완 및 지식정보를 구축하여 브릿지 역할을 위하여 인적 네트워크 지원을 아끼지 않는 자세가 필요하다.

②멘토링(Mentoring) 역량으로

투자유치 여러 기관에서 멘토링을 지원하지만, 과학기술정보통신부 정책을 위탁 받은 한국청년기업가정신재단의 K-ICT창업멘토링센터 투자유치 교육운영 방식과 투자유치 활동 프로그램을 활용하는 것이 좋다. 특히 전담 멘토가 성장하는 스타트업들의 Mentoring이 영향을 미치는 것을 기반으로 연구평가를 통해 장기적인 멘토링이 가능한 프로그램이다. 또한 각 부서별 Mentoring 필요성으로 전국적인 전문가 멘토인프라는 기업들로부터 투자유치나 성장이 단계별 세분화 멘토링이 가능하다. 그래서 전문가 자격을 갖추기 위한 기존의 멘토 활동과 멘토링센터 벤치마킹에도 협업이 필요하다.

다양한 협업을 받기 위해 다시 한 번 자세하게 K-ICT창업멘토링센터의 Mentoring 운영방식을 정리해 보면 오픈 멘토링과 전담 멘토링으로 분류해서 지원하고 있다. 또한 지원 분야에는 센터의 장점인 전담 협업 멘토링이 있다. 멘토링 방식은 1:1 매칭이나 1:다수 멘토링 방식 등으로 운영되고 있다. 특히 전국 단위의 멘티의 영업이 용이하고 기술창업의 경험적 가치를 소유한 벤처경영 전문가 멘토는 동아리, 스타트업, 기창업자의 다양한 대상으로 멘토링이 운영되고 있다.

과학기술정보통신부의 예산으로 운영이 되다보니 가급적 미래의 전략기반이 되는 4차 산업혁명 산업들에 Mentoring을 진행한다. 그러다보니 Mentoring 필요성에 따라 멘티 발굴과 평가 시스템은 엄격하고 공정하게 선정한다. 물론 상호간의 다양성 활동에 따른 중요지표와 성과가 도입단계부터 체계화된 프로세스로 운영이 가능하게 진행되고 있다.

이 책에서는 멘토의 자격에 준하는 교육과 실습으로 멘토의 자격이 부여된다.
위에서 모범적으로 운영하고 있는 센터나 타 기관에서 자율적으로 매칭으로 전담이 정해지거나 지원을 하는 기관에서 멘토로 활동을 하게 된다.
멘토의 자격으로 멘토링 진행과정에는 수행계획서나 사업계획서에 준한 기업사(멘티)가 바라는 문제인식으로 그 해결에 필요한 활동은

- 각종 정보경청
- 각종 정보수집
- 사업 정보교육
- 사업 정보멘토링

- 성장 정보협업 등으로 멘토링 기법을 또는 지식과 경험을 기반으로 지원하게 된다.

3. 투자유치(attraction of investment) 실행

1) 투자유치(attraction of investment) 실행설계

투자유치는 사업을 하기 전이나 사업 후에 하는 활동이다.

투지유치에 앞서 Lean canvas로 사업에 필요한 문제(Problem)해결로 솔루션 핵심 지표 등으로 린 스타트업이 다양한 활동이 가능하다. 하지만 그 전에 자기자본 추가 투자유치를 위한 자금 설계는 중요한 경영활동과 투자유치 실행의 성과에 매우 필요한 활동이다.

투자유치 실행설계로 활동이 왕성한 세계적인 벤처기업은 잘 아시다시피 미국의 실리콘밸리, 이스라엘 요즈마 등의 지역에서 성공한 기업이 많다. 우리나라는 이러한 사례에 투자유치기관이 investment attraction모델을 응용할 수 있는 민간영역이 늘어나고 있는 추세다.

물론 공공기관 연계 민간영역을 늘리기 위해서 기업들의 해결책(Solution) 등의 대안들로 지역마다 창업 생태계는 날로 늘어나고 지원방식도 많이 다양해지고 있다. 지원이 있다고 하여도 소외되는 기업들이 많이 있기에 멘토의 자격으로 멘토링이 필요한 시장이다.

Lean startup 환경에 investment attraction모델은 그야말로 기업의 입장에서는 무에서 유로 연결이 가능한 경영이 된다. 또한 협상은 기업들의 경영에 큰 도움이 되므로 경영자도 남다른 리더십을 발휘해야 한다.

주요 기업들의 창업을 멘티의 린 스타트업 적용 입장으로 정리하면 각자가 가지고 있는 문제(Problem), 해결책(Solution), 핵심가치제안(Unique Value Proposition), 고객 세그먼트(Customer Segment), 얼리아답터(Early Adapter), 경쟁우위(Unfair Advantage),

채널(Channel), 비용구조(Revenue Structure), 수익원(Revenue Stram) 등이다. 이들을 이론과 실습으로 비즈니스 모델이 한 페이지만 보아도 투자자들이 이해하고 질문이 가능하도록 설계를 한다. 그만큼 실행설계 계획으로 반복된 학습은 당연히 필요한 영역인 것이다.

그 영역에 투자유치 가치를 높여 각종 투자유치 활동을 통해 성장전환이 가능하다면 기업에는 더 할 것 없는 도움이 된다. 특히 위에서 다루어 본 각종 금융기관이나 민간투자 기관으로 발품을 많이 파는 일들로 실행활동이 필요하게 된다.
실행설계는 창업기업의 엑셀러레이터 기관이나 멘토의 자격을 갖춘 활동으로 각종 멘토링과 네트워크 시장으로 확장이 필요한 영역이며 함께하면 좋다.

Lean startup의 investment attraction은 무엇보다도 단계별 투자유치가 어떨까 한다.
예로 제품 또는 서비스의 우수성을 부각시켜
- 엔젤투자
- 크라우드펀딩
- 엑셀레이터의 비즈니스 성장 모델의 가치평가를 받아 예비창업이나 초기창업의 투자유치가 진행된다면 좋을 듯하다.

그 다음의 단계로는 제품 또는 서비스가 고객 세그먼트(Customer Segment)로부터 수많은 데이터가 만들어진다. 스케일업이 가능한 단계에서는
- 벤처캐피탈(VC)
- 금융권(IP)
- 주식상장(IPO) 등으로부터 기업의 공개범위, 신뢰정보, 투자타이밍 등의 활동으로 기업의 투자유치는 투자자자 파트너 자문경영이 가능하게 된다.

투자유치 실행설계는 자체 경영을 할 수 있는 기반이 되므로 유치에 필요한 체계적인 내용의 설계가 가능하며 기업의 꽃으로 피어 날 수 있게 실행의 행동이 필요한 영역이다. 그러므로 스타트업은 투자자, 투자기관, 투자자금, 협상내용 등 사전 정보 분석으로 연결이 가능한 활동에 멘토링으로 계속 도전해야 한다.

① 얼리 어답터(Early Adapter) 투자유치 모델

<투자유치(attraction of investment)자료 조사>

투자유치 핵심 구분	멘토링 내용
① 제품 또는 서비스 평가로 가장 먼저 투자할 것으로 예상되는 투자고객, 투자기관, 투자정보	
② 회사 개요 및 현재 사항으로 정리된 기능테스트, 피드백이 가능한 자료	
③ 미완성 회사를 통한 지속적인 성장 비전이 있는 회사로 파트너 발굴 투자자 학습으로 준비된 창업 팀	
④ 경쟁우위(Unfair Advantage)로 investment attraction 있는 차별성	
⑤ 엑시터가 가능하고 출구 전략 준비와 엑시터 정보가 명확한 자료 제안	
⑥투자유치 자료 및 사업계획서	

4. 투자의 유치(attraction of investment) 핵심 사례

1) 투자의 유치 Product Market Fit
투자유치는 다음과 같은 행동이 필요 한데
- 투자유치 전 사용자 유치(Acquisition) 가치가 제공하는 회사 평가
- 사용자 활성화(Activation)의 평가로 협상이 될 수 있는 서로의 협상 가치
- 투자자금 사용자 유지(Retention) 및 사용처별 신뢰 정보 및 성장 로드맵
- 매출 연계(Revenue)의 회사 성장비전 및 구성원의 역할
- 타 기관 연계 추천(Referral)의 기업 인수합병(M/A) 등으로 실행하는 정신이 필요하다.

또한, 투자유치는 두 기관이 공동으로 성장하는 가치를 위한 공감 활동이다. 그러므로 두 기관은 하나의 가족경영 같은 소통을 이어간다. 투자유치 회사는 투자자,

투자기관으로부터 더 많은 자문과 네트워크가 가능한 열린 경영으로 협업을 이끌어 나가는 실행 활동이 필요하다.

① 투자유치 핵심지표(Key Metrics) 활동

- 지원기관에서 추진하는 투자유치 대회, IR행사, 민간투자 영역 등에 고객사로서 접점을 찾을 수 있는 참여정신과 사전 멘토링이 필요하다

- 회사의 Product Market Fit 고객, 문제, 해결, 시장 등의 자료정리는 활동에 필요하다.

- 투자유치 활동은 회사의 마케팅 요소와 유사한 관계로 고객관리나 투자자, 투자기관 관계성에 많은 시간을 투자해야 한다. 그러므로 유치에 필요한 사전 데이터 기반 사후 투자유치 관리는 실행의 매우 바람직한 핵심의 목표와 활동이 된다.

② 투자유치 STP(Segmentation Targeting Positioning)

투자유치는 제품 또는 서비스를 세분화 하듯이 투자유치 실행설계 및 실행의 핵심도 세분화(Segmentation)된 목표로 한 실행의 활동이 필요하다.

실행설계는 하나 둘 목표시장 선정(Targeting)으로 투자자 연결이 가능하게 자료를 업데이트 하고 투자들에게 정보공유를 하면서 투자자, 투자기관 고객과 함께 할 수 있어야 한다.

그 다음의 단계로 투자유치 포지셔닝(Positioning)으로 투자자의 욕구 및 행동에 많은 시간을 할애하면 더 좋은 결과를 만들 수 있다. 특히 투자자의 지리적 거점과 광범위한 환경에도 사전 조사를 통해서 준비에 임해야 하는 자세이다.

투자유치 실행계획은 세분화와 포지셔닝으로
- 투자자의 자세
- 투자자 대응
- 투자자 협상은 좋은 성과를 만들기 위한 활동이라 할 수 있다.

투자유치와 투자자는 특수 관계성이다. 그러므로 STP전략으로 투자유치에 따른 특수한 동반자로 서로 도움이 되고 서로 필요한 사항별 시장이 된다.

이러한 기업가정신에 함께하는 자세는 기업의 성장에 꽃이 된다.

③ **투자유치** Product Market Fit

대경 스타트업 포럼

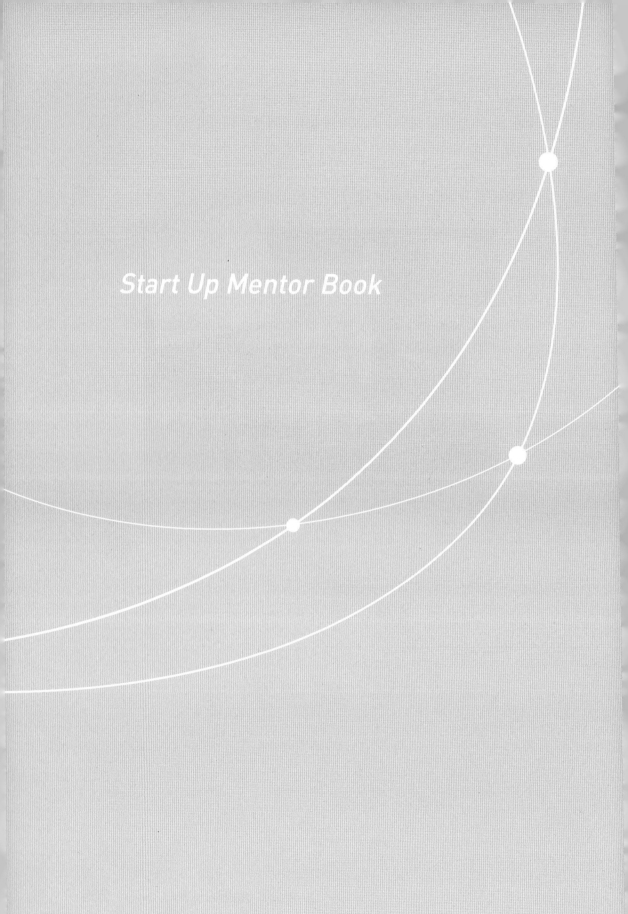

Start Up Mentor Book

지식재산권
Intellectual Property rights

아이디어
발명

출원등록

지식재산권 충전
▼
가치 확충

특허출원

상표등록

변리사
자문

XI. 지식재산권 Intellectual Property rights

1. 지식재산권(Intellectual Property rights) 이해

모든 세상은 기회의 시장이다.

왜냐하면 새로운 것을 발명하고 세상을 더 밝은 시간으로 만들 수 있기 때문이다.

새로운 것을 발명하기 위해선 모든 세상으로부터 아이디어를 떠올리고, 실험해보고, 그 결과로부터 재현성이 있는 기회를 얻는 시장이다.

지식재산권은 세상에 공개되는 것에 의미가 있다.

유동한 창의 설계물이 완성되면, 기술이 공개되는 대신 일정기간 보장을 받는 것으로 보통 특허출원 후 20년 동안 자기만의 그 특허기술을 가지고 사용 돈을 벌 수 있다. 그러니까 기술의 확산과 발명자에 대한 혜택이 동시에 해결되는 셈이다.

지적, 지식재산권에 대한 인식을 새롭게 하는 학습과정이다.

① 아이디어 발명과 가치제안

아이디어는 생활하면서 느끼는 불편을 개선하기 위해서 비즈니스 모델로 가기 전에 떠오른 참신한 어떤 가치로 발명으로 만들어지는지에 대한 정신이다.

특허는, 개인의 노력으로 발명이나 창조된 물건에 대하여 추가적인 전문가 변리사를 통해서 완성할 수 있다.

예로 하나의 상품을 보면, 목에 거는 휴대형 선풍기(벤처기업NIT)는 단순 가습기보다 고른 실내습도상태를 유지시켜 줄 수 있고, 내뿜는 물방울 양을 조절, 선풍기 앞에 서면 마치 목포 앞에 서 있는 듯 시원함을 더해 주는 아이디어 발상에서 특허출원으로 등록이 된 사항이다.

오늘날 이런 상품성 응용으로 가습기 시장규모로 성장하는 계기를 마련했다고 볼 수 있다.

아이디어 시대를 지나 현재는 아이디어 천국이다.

지난 정부에 창조경제 인프라구축으로 대구광역시와 삼성전자에서 운영하는 기관에 멘토의 자격으로 참여하면서 봉사와 K-1CT창업멘토링센터 멘토링하는 기회가 있었다. 처음으로 인프라를 구축하고 아이디어 공모를 통해서 삼성사내벤처(C랩)지원 사업에 참여하게 된 내용을 인용해 본다. 이웃 사내벤처 C랩은 공모자의 아이디어 평가로 18개사 입주와 지원을 하는 프로그램이었다. 그 당시에 접수한 아이디어가 몇 개나 되었을까?

무려 삼천칠백개가 접수 되었다. 역시 세계적인 기업의 모습을 알 수 있었지만 이 모두 아이디어 발명으로 연결되는 산업을 상상하게 되었다.

이 모두는 새로운 가치들로 특별한 비즈니스로 연결이 가능하다. 바로 이러한 정신이 창조의 시대정신이다. 특히 도전하는 정신의 창조물은 경제로 성장하면서 창조경제 시대를 실감하게 된다.

창조경제의 원천은 무엇보다도 많은 발명인을 양성하여 우수 발명을 창출해 내는 것이다. 그러면 발명을 하기 위해서는 어떤 일을 해야 하고, 또 무엇을 하는지를 생각해보아야 할 것이다.

② 특허 마인드 및 행동

우리들의 일상은 반복적이다.

누구나 매일 반복되는 공간에서 어제와 다른 것을 경험하고 더 나은 세상을 위해 새로운 생각을 수없이 하게 된다. 하지만 이러한 행동에 아이디어가 없었다면 우리는 어떻게 될 것인가? 아마도 우선은 아이디어로 물질적인 행동이 가능할까 생각을 하게 될 것이다. 이러한 분야로 돈을 벌고 싶다면 아이디어를 특허권이나 저작권 등으로부터 보호를 받고 그 소유에 따른 특수성을 누려야 된다.

이러한 정신을 특허 마인드가 있다고 정의 할 수 있다.

사전에 특허 마인드가 있었다면 예비 창업자나 스타트업에서는 빼 놓을 수 없는 특허출원 행동이 필요하게 된다. 다음은 어떻게 하면 좋은 아이디어 착상방법이 되는지 알아보자

- 더해 보는 것
- 빼 보는 것
- 모양을 변형해 보는 것
- 반대로 생각해 보는 것
- 새로운 용도로 생각해 보는 것
- 사용의 편리성을 생각해 보는 것 등으로 자신의 마인드를 설계할 수 있는 것이 무엇보다 중요한 행동이다.

또한 큰 것을 작게 하는 것은 좋은 정신이 된다. 우리가 오늘날 이동성 컴퓨터로 사용하고 있는 스마트폰과 컴퓨터의 변화의 시장을 보자. 지금까지 혁신이 거듭되면서 작은 기술들로 큰 시장을 만들어 냈다는 것은 좋은 특허시장의 마인드맵이 된다.

③ 브레인 스토밍(Brain Storming) 특허출원 법

브레인 스토밍(Brain Storming)을 통해서 기업체에서 사용하는 방법을 학습해 본다.

사실 기업에서 회의를 진행하면서 말을 쉽게 꺼내기 위한 리더와 부정적인 면을 없애고 즐겁게 진행하는 회의는 얼마나 될까?

구성원들이 내놓은 아이디어를 비판보다는 포용하는 리더십으로 발상은 아이디어 문제 해결의 시작이 되고, 평가나 성과로 연결이 된다. 이러한 영역에 브레인스토밍의 가치 활동은 일반회의에 비해서 많은 명안을 내 놓을 수 있는 장점과 문제해결의 과정이 될 수 있다.

브레인스토밍(Brain Storming)은

- 목적이 있어야 하고
- 효과가 있어야 하며
- 원칙과 신뢰를 주는 것으로 성과를 공유하는 것이다.

목적으로는 가급적 유연한 리더로 많은 아이디어를 얻고, 비판적이고 판단하는 자세가 아닌 창의성을 존중하는 것이다. 다음으로는 기업체에서 추진하는 업무의 하나로 구성원 한 사람이 한 가지 아이디어를 착안하면 바로 그룹으로 아이디어 상상을 지원하는 상호작용 활동이 필요한 부분이다. 즉 브레인스토밍(Brain Storming)을 통해 서로의 영감으로 자극을 주어 아이디어를 관심 있는 활동이 가능하게 지원한다.

마지막으로 참여자들의 자세나 지원 규율이 필요하다.

- 비판을 하지 않는 자세
- 질보다 양으로 리더
- 자유분방한 시간
- 결합으로 개선할 내용 등 다른 사람들의 아이디어나 상상을 더 좋은 개선으로 어떠한 행동을 해야 하는 것에 몰입하는 것이다.

④ 핵심목표 정리

〈브레인 스토밍(Brain Storming) 자료 조사〉

팀원 성명 :					
주제 내용 :					
최종안 내용 및 디자인 :					
순번	아이디어 내용		N	U	P
1					
2					
3					
참조: New, Useful, Possible			책임자:		

2. 지식재산권(Intellectual Property rights) 실습

창의성(Creativity)은 지식재산권 활동에 꽃이다.

창의성(Creativity)이란 어떤 목적을 달성하기 위한 새로운 상상으로 문제해결을 위한 자세나 사회적 문화의 가치로부터 새롭게 만들어내는 능력을 말한다. 다시 정리를 해보면 인간에게 가장 큰 성취감과 행복을 주는 것이라 해도 과언이 아니다. 창의적 문제는 모든 것들의 양상을 결합하여, 창의하는 사고와 수렴적 사고를 해결하면서 정의하여 만들어 내는 과정이다.

그 과정을 정리해 하면은
- 창의적인 사고 문제해결
- 패러다임의 변화 학습
- 아이디어 발상 및 설계 등으로 설계 과정을 정의하고 개념 설계와 제품 설계를 통해서 실행설계가 필요한 영역에 실습을 진행 한다.

① 아이디어 모델

〈아이디어 모델 자료 조사〉

항 목	제1 모델	제2 모델	제3 모델
개념 설계			
제품 설계			
실행 설계			

② 아이디어 모델 마인드

〈아이디어 모델 자료 조사〉

주제:		멘토링 내용 및 작성자:
원리		
계획		
실험		
데이터		
결론		
완성품 응용		
성과 활용		

③ 지식재산권의 종류

지식재산권은 먼저 특허제도 이해가 필요하다. 특허제도란 누구나가 등록이 된다면 발명을 보호하고 장려하는 것으로 그 이용을 도모함으로써 기술의 발전을 촉진하는 목적으로 산업발전에 이바지함을 더 목적에 둔다. 그렇다 보니 발명자에게는 특허등록으로 특허권이라는 독점 배타적인 재산권을 부여하는 목적이다. 특히 특허를 보호하는 것으로 그 발명을 공개하게 함으로써 산업발전에 기여하는 정신을 확산하는 목적이 많다.

다음으로는 지식재산권의 종류를 분석해 본다.

〈지식재산권 종류 조사〉

구분	특허	실용실안	상표	의장
정의	최초로 발명자로써 아직까지 없는 물건, 방법	이미 발명된 것을 개량해서한 물품 자체에 대한 고안	타인의 상품과 식별 기호, 문자, 도형, 색채 등으로 타인 것과 구분 되는 것	물품의 형상, 모양, 색채 또는 이들을 결합으로 시각을 통해 미감의 느낌
권리기간	설정등록일 후 출원일로부터 20년	설정등록일 후 출원일로부터 10년	설정등록일 후 출원일로부터 10년, 갱신가능	설정등록일 후 출원일로부터 15년

④ 특허의 요건 정리

특허요건으로, 모든 특허 대상이 발명만으로 되는 오해는 없어야 한다.
누구나의 상상의 가치들로 발명이 모두 특허를 받을 수 있기 위해서는 몇 가지 요건과 차별화 전략이 있어야 한다.

일반적인 특허요건의 유형을 보면
- 최초의 발명
- 산업 이용성
- 신규성

• 진보성 등으로 인간의 지능적 창작활동이 특허를 받기 위해서는 그 창작의 내용은 특허법상의 발명에 준하는 발명이 되어야 한다.

특허법상의 발명이란 '자연법칙을 이용한 기술적 사상의 창조로서의 고도한 것'으로 정의하고 있다. 특허법상의 발명은
• 계산법
• 작도법
• 암호작성방법
• 컴퓨터 프로그램
• 과세방법과 영구기관 등은 발명으로 보지 않는다고 정의 하고 있다. 또한 특허법 32조에 해당하는 사항으로써 공공의 질서 또는 선량한 풍속을 문란하게 하거나 공중의 위생을 해할 염려가 있는 발명은 특허를 받을 수 없으며, 원자핵 변환방법에 의하여 제조될 수 있는 물질은 특허를 받을 수 없다.

다음은 산업적 견지 및 공익상의 이유에서 특허권의 효력을 제한하는 것이 타당하다고 보아, 다음의 사항을 특허권을 행사하지 못하게 한다.
• 연구 또는 시험을 하기 위한 특허발명 실시
• 특허출원 시부터 국내에 있는 물건
• 두 가지 이상의 의약을 혼합함으로써 제조되는 의약 또는 제조항법의 발명
• 국내 통과하는데 불가한 선박, 항공기, 차량 또는 이에 사용되는 기계, 기구, 장치 기타의 물건을 제안 적으로 특허권을 행사 못하게 한다.

다음으로 특허의 법적 권리를 조사해 본다.

소유권과 재산권은 발명자의 권리이다. 그리고 특허권자가 된다. 특허권자는 업(業)으로써 그 특허발명을 실시할 권리를 독점 한다. 특허권의 존속기간이 보장되는 것으로 법정기간을 말한다. 기술의 속성상 특허권은 영구적일 수는 없다. 일정기간만 재산권으로 보호할 필요가 있다. 그 이후에는 공중에게 개방하는 것이 특허제도의 이치에 부합되기 때문이다.

그럼 특허의 소멸은 특허권이 일정사유에 의하여 그 효력을 상실하게 되는 것을 말하는데

- 특허료 불납
- 손속기간의 만료
- 특허권의 포기
- 특허권 취소, 무효, 상속인의 부존재에 의해서 특허권 소멸이 된다.

⑤ 실시권과 특허권 침해

특허권을 타인의 특허발명을 적법하게 실시할 수 있는 권리를 말한다. 일반적으로 대학이나 연구소에서 연구한 내용으로 특허권을 가진 대학이나 연구소에서 주로 기업에서 사용할 수 있는 실시권으로 많이 사용되기도 한다. 실시권의 종류에는 그 효력의 상이에 따라

- 전용실시권
- 통상실시권으로 분류 한다.

'전용실시권'이란 일정범위 내에서 타인의 특허발명을 독점 실시할 수 있는 권리를 말한다. 특히 전용실시권이 설정된 범위 내에서는 특허권자도 전용실시권자의 허락 없이 특허 발명을 실시할 수 없다. 다음으로 '통상실시권'에 대해서 알아보면 타인의 특허발명을 일정 조건하에서 실시할 수 있는 권리를 말한다. '통상실시권'은 '전용실시권'과 같이 독점이 없는 단점이 있다.

다음으로 특허권 침해에 대해서 살펴보면 특허 발명을 실시할 권한이 없는 자가 타인의 특허발명을 업(業)으로써 실시하는 행위를 말한다. 특허권 침해된 경우 특허권자는 민사적 구제수단으로서

- 침해금지청구권
- 손해배상청구권
- 신용회복청구권
- 부당이득반환 청구권 등을 행사할 수 있다.

특허권을 고의로 침해한 경우 특허권자는 법적 고소하여 침해 죄를 추궁할 수 있다. 일반적으로 승소할 경우 행사적 형벌은 5년 이하의 징역 또는 2천 만 원 이하의 벌금에 처한다.

3. 지식재산권(Intellectual Property rights) 선행기술 조사

선행기술은 조사하기가 편리하다.

지식재산권은 공개로 기간을 보장하고 있기 때문이다. 특허를 내기 위해서는 자신의 발명 내용을 기반으로 전에 다른 사람이 그 분야에 어떤 특허를 냈는지 검색을 통해서 활동이 되어야 한다.

국내의 경우는 유료 또는 무료로 검색이 가능하다. 대표적인 인터넷 사이트를 정리하면

- 한국특허청
- 특허기술정보센터
- 주식회사 윕스 등을 통해 특허출원, 안내, 초록 검색, 한국특허 검색 및 전문 보기, 특허 전문 검색 및 유료로 검색이 가능하게 된다. 일본, 미국, 유럽 선행기술조사가 다 가능하니 함께 진행하는 방법도 좋은 학습 사례이다.

선행기술 조사 방법은 누구나 손쉽게 검색이 가능하다. 그 정보는 다음과 같다.

① 선행기술 조사 방법

〈지식재산권 선행기술조사〉

선행기술 조사기관	홈페이지	검색 기능
한국특허청	https://www.kipo.go.kr/kpo/MainApp	특허출원, 안내, 초록 검색
특허기술정보센터	http://www.kipris.or.kr/khome/main.jsp	한국특허 검색 및 전문 보기
주식회사 윕스	http://www.kips.co.kr	특허 전문 검색 및 유료

② 특허출원서 작성 요령

각자의 아이디어로 선행기술조사를 통해 특허등록을 진행한다면 다음의 활동으로 특허출원에 필요한 학습이 필요하다. 특허를 내기 위해서는 서류를 만들어 특허청에 등록해야 한다. 그럼 서류는 어떻게 작성할까?

작성요령을 익혀서 하는 방법도 있겠지만 전문가 자문이나 멘토를 통해서 멘토링을 받으면서 하면 좋다.

대부분 서류작성 및 제출에 필요한 것은 상세한 내용과 도면이 그려진 명세서로 작성이 되고, 요약서도 함께 정리하면 된다. 특히 특허청(www.kipo.go.kr) 전자출원이 가능하므로 각종 수수료도 납부가 가능하고, 전자출원을 하면 비용도 절감된다.

특허출원서는 다음과 같이 정리하면 되는데 표준양식은 특허청에서 사용하면 된다. 그럼 특허출원에 필요한 절차로 실습을 해보자.

〈지식재산권 특허출원 양식〉

서류명	특허출원서
수신처	특허청
제출일자	2020. 12. 31
국제특허분류	
발명의 국문명칭	
발명의 영문명칭	
출원인	
성명	
출원인코드	
성명의 국문표기	
성명의 영문표기	
출원인 구분	
주민등록번호	
전화번호	
우편번호	
주소	
법인 경우 추가 정리	
우선권주장	
심사청구	
조기공개	
수수료	

〈지식재산권 요약서 양식〉

요약서
(요약) 본 발명은 4차 산업기술에 필요한 센스 작동에 필요한.......... 형성 방법에 관한 것이다. 이를 위하여........ 상기 내용을 도포하는 단계.... 센싱하는 단계로 이루어진 것에 특징이 있다.

③ 대학, 연구소 및 기업의 기술특허

우리나라의 지식재산권 확보나 활동은 세계 상위 수준급이다.

대학이나 연구소 기술특허 관리는 21세기 무한의 경쟁시대에서 지식재산권을 지원을 하고있다. 창조경제로 특히 지난 정부에서는 글로벌 경제로 나아갔으며 과학기술분야 핵심 원천기술은 민간 대기업 및 출연 연 기관에서 여러 기업들에게 유상이나 무상으로 이전을 통한 활동을 촉진하고 있다.

기업들이 자체적인 과학기술 개발을 통해서 특허출원, 등록, 보호하는 영역에서 원천기술특허를 가지고 있는 대학이나 연구소에서의 역할은 매우 중요해지게 되었다. 그래서 가급적이면 연구개발특구 내 연구소 기업이나 기술이전을 통한 예비창업이나 스타트업을 진행하는 방법도 좋은 창업의 사례가 되고 있다.

대학이나 연구소에서 기술이전은 많이 저조한 상태이다.

주요 대학이나 일반대학에서 활성화 방안을 대대적으로 하려고 하지만, 주요 산업체에서 응용이 부족하다. 그래서 국가 과학기술 경쟁력을 높일 수 있고 혁신이 가능한 원천기술은 대학이 더 선도적으로 참여하는 정신과 정책이 필요하다고 보여진다.

현재 대학이나 연구소에서는 공개적으로 특허를 공유하고 지원을 하고 있다.

그러나 기업으로 연결이 되는 부분이 미비하다보니 전문가 참여로 연결하는 일들에 전문 인력양성 및 확보 전략이 필요하다.

연결 산업에 필요한 전문 인력은 단순히 특허업무 뿐만 아니라
- 기술평가
- 기술이전
- 기술거래
- 저작권 관리 등 전략적으로 산업을 지원할 필요성이 있다.

따라서 대학이나 연구소에서는 전용실시권이나 통상실시권 등으로 특허관리, 기수평가 수입, 기술이전 수입 등으로 기술거래를 확대하는 정책이 활성화 되었으면 한다.

기업도 유사한 영역이다.

구성원들이 발명을 할 수 있는 부분이 많으므로 상업성 있는 특허 발굴 및 특허출원 등이 가능한 일들에 많은 지원을 하고 국내의 경우 특허청 수수료가 출원료, 등록료, 유지료, 변리사 비용 등이 발생하므로 회사차원에서 지원하고 관리하는 프로세스가 필요하게 된다.

따라서 기업에서는 구성원들에게 경제성, 기술성, 특허등록 등에 인센티브 제도를 잘 활용하는 것도 좋은 방법이다. 특히 스타트업에서는 회사명의, 대표명의로 처음부터 출원하여 등록까지도 애매모모하게 운영하는 경우를 많이 보게 된다.

경험적으로 볼 때 주식회사는 회사 명의로 하고 관리하되 발명인에게는 회사 규정에 준하여 인센티브, 스톡옵션 등으로 사용하면 좋을 듯하다.

다음은 직무 발명신고서 양식이며 다음과 같이 정리할 수 있다.

〈지식재산권 특허출원 직무발명 양식〉

연구책임자			소속:		
연구과제명					
사업 명			과제번호:		
지원기관			연구기간:		
발명 명칭					
지식재산권	특허:	실용실안:	의장:		상표:
발명자					
출원인	회사:	구성인:	구성인:		구성인:
접수번호			접수일:		
출원번호			출원일:		
등록번호			등록일:		
특허관리			관리자:		

④ 특허관련 지원 사업

〈지식재산권 특허청 IP지원 사업〉

지원 내용	지원 기관	멘토링
IP나래	https://www.kipa.org/kipa/ip001/kw_business_1501.jsp	
IP디딤돌	https://www.kipa.org/ipa/ip001/kw_business_1601.jsp	
글로벌IP스타기업	https://www.kipa.org/kipa/ip001/kw_business_1201.jsp	

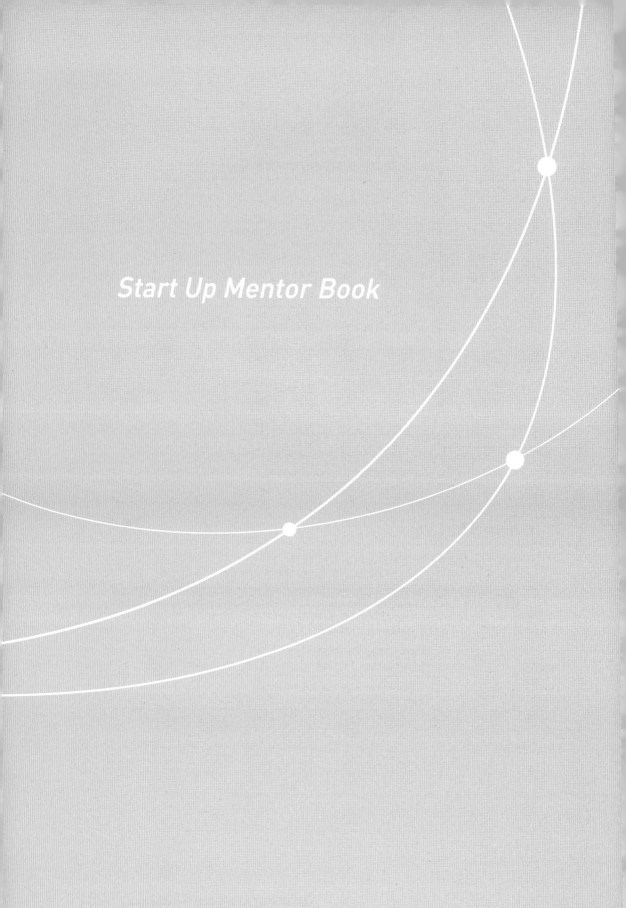

Start Up Mentor Book

학습내용❿

규제 및 관련 법
Regulation and Related laws

규제
샌드박스

노무사
변호사

기본충실

규제완화

전문가
멘토링

XII. 규제 및 관련 법
Regulation and Related laws

1. 규제 및 법률(Regulation and law)

1) 퍼펙트 패키지

스타트업을 두루 살펴보았다.

스타트업의 어려움을 이해하게 되었고, 이를 성공시키기 위해 여러 교육과 정책으로 학습이 가능하고, 창업자는 포기하지 않고 끝까지 살아남는 것과 빠른 판단으로 피보팅을 하는 등 수많은 생존력을 가진 정신을 만날 수 있었다. 이러한 시장에 여러 경험을 가진 멘토의 자격과 멘토링으로 새로운 아이디어로 도전하는 사람들에게 희망을 품게 하였다.

글을 쓰면서도 많은 정보와 함께 무엇보다 전문가들의 열정이 필요 하다는 것을 느꼈다. 살아남아야겠다는 강렬한 마음만 있다면 어떠한 교육보다 스타트업 경영 경험이 있는 사람들과 융합의 정신을 함께 한다면 더 좋은 결과를 만들 수 있을 것이다.

그들로부터의 살아있는 체험교육은 스타트업을 견인하는데 최고의 멘토링이 될 것이기에 과연 어떤 가치로 찾아올까? 또 기업가정신으로 늘 배울 수 있는 것 또한 자신의 생명력이 아닐까 하는, 멘토링 시장의 확신을 담아 보았다.

세계적으로 스타트업이 활성화되고 있는 나라 중 이스라엘 유대민족을 빼 놓을 수 없다. 인구가 1,400만 명 유지되는 국가로 전 세계 인구 중 0.3% 정도 차지하는 작은 국가에 그친다. 하지만 적은 인구에 비해서는 너무나 국민성이 강한 국가이다. 왜냐하면 현재까지 노벨상 수상자가 22%가 유대인이거나 유대인 가문 출신이기 때문이다. 어디 그뿐인가 전 세계 억만장자의 3분의 1이 유대인 출신이다.

이들의 강인한 생존력과 역사에 주목해야 한다.

과연 성공의 비결은 무엇일까? 유대인은 역사적으로 긴 박해의 역사를 가지고 있으며, 그 박해의 정신에서 피어나고자 하는 강인한 꽃이다. 이들이 피우는 꽃은 어린 나이부터 광범위한 지식충전으로 개인이나 팀이나 경험의 역량이 뛰어나다. 이러한 정신은 또 다른 꽃을 피우기 위해 생존역량이 강화되어 고스란히 현장에서 피어나는 퍼펙트 패키지 꽃향기가 된다.

그래서 필자가 생각하는 퍼펙트 패키지 꽃은 모성애가 가득한 기초의 역량(10년)이 가정으로부터 완성이 되는 단계이다. 그리고 지식의 역량(20년)과 경험의 역량(30년)이 학습과 직업으로 살아가는 방식이 서로 다르게 나타 날 것이다. 마지막으로 생존의 역량(20년)과 이모작 역량(20년)으로 사회의 경험을 기반으로 새로운 인생을 살아가게 된다면 마치 술술 풀리는 수학공식처럼 100세를 순탄하게 살아가는 순차적 행복을 누릴 것이다.

그러나 인생을 살다보면 어디 마음대로 되는 것이 있겠는가? 겪어야 일과 겪지 말아야 하는 일들로 예상하지 못한 당면문제들을 해결하며 살아가기도 된다. 그러다 보면 보다 안전하고 기대치를 높일 수 있는 다른 방식으로 살아갔으면 하는 욕심이 생긴다.

가급적이면 관습과 규제로부터 벗어나 자유로운 발상의 본인이 가고자하는 과감한 혁신 퍼펙트 패키지는 어떨까. 그런 일상에 창업의 향기로 건강하게 100세를 살아가는 인생이면 금상첨화이다.

다음은 창업자금의 규제로부터 자유로운 정책을 알아보며 도전해 본다.

① 창업지원 규제 그리고

■ 사내벤처 육성 프로그램:
대기업이나 공기업의 사규나 규제로부터 자유로운 창업지원 정책이다. 사내 구성원들이 혁신 역량을 마음껏 활동할 수 있도록 자금, 분사, 복귀 등으로부터 정책을 부여하는 창업지원 프로그램이다. 대. 중소재단에서 운영하다 현재는 중소벤처기업부 기술창업과 창업진흥원 민간협력부에서 관리하고 있다.(02-3440-7307)

■ **민관공동 창업자 발굴 육성**(TIPS):

민간투자 영역과 정부의 정책지원으로(TIPS, R&D) 높은 기술을 보유한 기업에 민간투자 기능을 매칭하는 규제를 완화하여 육성하는 프로그램이다. 선정이 되면 시제품 제작, 창업사업화, 국내외 마케팅 활동에 자금을 지원한다. 중소벤터기업부 기술창업과, 창업진흥원 민간협력부에서 관리하고 있다.(02-3440-7312)

■ **공공기술 기반 시장 연계 창업지원:**

이공계 대학원생, 연구자 등의 실험실 창업지원, 창업교육(I-Corps) 국내외 실전형 지원 프로그램이다. 시제품 지원, 데모데이 등으로 3월경 모집한다. 과학기술정보통신부 연구성과일자리정책과 한국연구재단 산학협력진흥팀(042-869-6402)

이외에도 유사한 정책이 있으므로 많이 활용하면 좋을듯하다. 그리고 더 완화정책들이 필요할 것으로 보인다.

② 아이디어 규제 그리고

■ **토스**(Toss):

금융의 모든 것, 토스에서 간편하게 대한민국 국민 사용 누적, 다운로드 누적, 송금액 토스의 보안, 쓸수록 새로운 혜택, 쓸수록 달라지는 생활, 계좌관리는 번거롭지만 토스는 쉽습니다. 홈페이지 글을 인용했지만, 간편한 인증 한번으로 소유한 계좌를 쉽게 관리할 수 있는 솔루션을 개발했다.

아이디어가 규제로부터 자유롭지 못하더라도 비즈니스는 확장성으로 진화가 되었다. 송금에 필요한 계좌번호를 몰라도 연락처만으로 송금할 수 있는 비즈니스이고, 토스 암호 인증만으로 간편한 결제를 경험할 수 있게 했다.

■ **타다:**

더 나은 이동이 더 나은 삶을 만든다는 믿음으로 타다는 새로운 이동의 기준을 제시하는 모빌리티 플랫폼이다. '누구든, 언제나 더 나은 이동을 선택할 수 있도록 이동이 필요한 일상에 타다가 함께 한다'는 홈페이지 글이다.

앱 하나로 휴대폰 번호로 간편하게 가입하고 결제카드로 타다 서비스 이용이 가능하다. 그러나 기존 택시업계의 반발로 사회적인 큰 문제를 겪으면서 기술 플랫폼은 진입시장부터 어려움을 겪게 된다. 현재는 서울 지역 개인택시 사업자 권역으로 고급택시 관련으로 여객자동차운수사업법 시행규칙 제9조에 명시된 택시 종류 중 하나이며 배기량(2,800cc) 이상의 차량으로만 운행 가능, 영업용 택시의 택시 표식이 없는 방식으로 서비스를 하고 있다.

- **블록체인**(Block Chain)：

블록(Block)을 잇따라 연결(Chain)한 모음을 말한다. 블록체인 기술이 가상화폐 비트코인(Bitcoin)이다. 이러한 기술에 최근 6차 산업에 토압 농업 플랫폼(NFUP, Farm Union Protocol)이 실제 농산물 구매가 가능한 자체 쇼핑 몰 출시를 했다. 이러한 플랫폼은 생산자, 유통업자, 소비자가 서로 효용을 극대화할 수 있는 구조로 구성되어 앞으로 블록체인 기술이 확장될 것으로 보인다.

③ 규제 샌드박스 그리고

- 정의: 신기술. 서비스가 규제로 인해 사업 시행이 불가능한 경우, 규제를 적용하지 않고 실험. 검증을 허용(https://www.sandbox.or.kr/)
- 신청요건: 신규 정보통신융합 등 기술. 서비스가 다른 법령의 규정에 의하여 허가 등을 신청하는 것이 불가능한 경우, 허가 등의 근거가 되는 법령에 따른 기준. 규격. 요건 등을 적용하는 것이 불명확하거나 불합리한 경우로 실증 규제 특례를 적용하고 있다. 임시허가, 신속처리 등으로 ICT 규제샌드박스 운영절차를 지원하고 있다.(과학기술정보통신부)

2) 규제완화와 규제(중소벤처기업부 출처)

규제완화는 새로운 정부가 들어설 때마다 최상위의 가치제안으로 이슈가 된다. 이번 정부는 규제자유특구 제도 본격 시행으로 지역특구법 시행 및 제1차 규제특례

등심의위원회 개최로 구체화 했다.

규제자유특구란? 지역산업 육성을 위해 규제샌드박스 등 규제특례와 지자체. 정부 투자계획을 담은 특구계획에 따라 지정된 구역을 말한다.

이에 규제자유 특구는 세계 최초로 시도하는 제도로 4차 산업혁명 시대를 리드하는 대한민국의 슬로건으로 그간 지역특구법 개정 후 차질 없이 제도 시행을 준비하는 한편, 비수도권 시. 도, 기업, 국민 등을 대상으로 제도를 안내 · 홍보했다.

규제자유특구가 다른 점은 개별기업 단위로 적용하는 부처별 규제샌드박스와 달리 규제자유특구는 지자체가 신청하고 재정. 세제가 지원되는 지역단위 규제샌드박스이다.

① 타 부처 규제샌드박스와 다른 점

〈규제샌드박스 비교분석〉

구 분	타부처 규제 샌드박스	지역특구법(규제자유특구)
공통점	규제 샌드박스 적용	규제 샌드박스 적용
차이점	기술 중심 개별규제완화	산업 육성을 위한 핵심규제 완화
		메뉴판식 규제특례 적용
		재정. 세제 지원
	기업 신청	시. 도지사 신청
	전국 대상	비수도권 대상
	위원회 위원장: 소관부처장관	위원회 위원장: 국무총리

② 과거 규제프리존과 비교

〈규제 샌드박스 비교분석〉

구분	규제 프리존	지역특구법(규제자유특구)
차이점	27개 지역전략산업에 한정	분야 한정 없음 (지역혁신성장사업+지역전략산업)
	메뉴판식 특례 중심 – 규제샌드박스는 계획에 포함하지 않고, 지정 이후 별도로 신청	규제샌드박스 중심 – 특구 지정시, 특구계획에 규제샌드박스 포 함 필수
	재정투입 위주	재정은 보완적 적용

③ 1차 협의 대상 규제자유특구 계획

1차 협의대상 10개 규제자유특구 계획에 강원도, 충청북도, 경상북도, 세종시. 대구시. 전라북도, 울산시, 부산시, 전라남도, 제주도가 선정이 되었다.

(http://www.bizinfo.go.kr/sandbox)

〈규제 샌드박스 비교분석〉

구분	규제샌드박스	지역 산업의 정리
충북	스마트안전제어	한국가스공사를 중심으로 지역내 화학. 기계. 부품기업을 연계하여 가스기기 무선 제어.차단 등 스마트 안전제어 도입
강원	디지털헬스케어	국가혁신클러스타, 강원 5대 전략산업과 디지털 기기를 활용한 개인 건강관리, 응급의료 서비스 활성화
세종	자율주행실증	BRT 전용도로, 차세대 신 교통 BRT 등 인프라를 활용하여 자율주행 특화도시 조성
경북	차세대배터리 리사이클	포스코, 에코프로(이차전지 핵심소재 기업) 등 주요기업을 기반으로 전기차 폐배터리 수집. 보관. 해체. 재활용 추진
전북	홀로그램	홀로그램 R&D 예타 지정(전북, 경북) 홀로그램 콘텐츠 서비스 지원센터 기반으로 차량, 콘텐츠 중심 홀로그램 산업 육성
대구	IoT 웰니스	지역내 첨복단지, ICT융합 인프라를 활용하여 전문 의료기기 플랫폼 구축, IoT기반 건강관리 서비스를 통해 웰니스
전남	e-모빌리티	e-모빌리티 연구센터를 기반으로 지역내 자동차 부품기업을 활용한 다양한 형태의 e-모빌리티 산업 육성
울산	수소산업	국네 최대 수소생산, 유통, 완성차, 충전소 등 인프라를 활용하여 수소 생상. 저장. 유통. 활용 등 고부가가치 수소산업 생태계 구축
제주	전기차	전기차 보급, 폐배터리 재사용센터, 한국생산기술연구원 등 지역. 혁신인프라를 활용하여 전기차 생태계 구축
부산	블록체인	국제금융센터, 항만, 관광 등 지역인프라와 금융, 물류, 의료산업 역량을 활용하여 다양한 블록체인 기반 서비스 육성

④ 규제샌드박스 혁신사례

• 대통령표창:

남양주시 박○○ 서기관은 청각장애인이 운전하는 택시 서비스를 만들어 청각장애인들에게 새로운 일자리를 창출한 공로를 인정받았다. 서비스를 조금 더 설명하자면 택시 앞. 뒷자리 디바이스 모니터, 앱 제공으로 의사소통 문제를 해소해 택시회사를 설득하여 관내 행정복지센터, 주민 등에 적극적으로 홍보해 사회적 인식개선에 노력함으로써 타 지역까지 서비스가 확대 되었다.

• 국민총리상:

식품의약품안전처의 장○○ 사무관은 선. 허용 후 규제원칙에 따라 식품규제 개선. 유통기한 실험절차 단축, 자가 품질 검사주기 연장 등 개선으로 기업의 부담을 완화한 노력으로 수상하게 되었다. 서비스는 공유주방의 공유경제 붐에 적용할 수 있는 서비스로 소상공인의 조리시설. 인테리어 등 창업비용 부담완화와 새로운 일자리 창출로 소비자에게 제공할 수 있는 소비기회가 되었다.

국무총리는 축사를 통해 규제부담 능력이 취약한 중소기업에게는 규제개선의 성과가 크게 느껴질 것이라고 했다. 중기부 장관은 규제자유특구를 활용해 기업들이 미래 산업을 열어갈 수 있는 기반으로 성장할 것이라고 격려 했다.(IBK기업은행행사출처)

이러한 시장에 멘토는 사전 학습으로 멘토링이 가능해야 한다.

2. 규제 및 법률(Regulation and law) 자문

예비창업이나 스타트업으로 시작할 때 규제나 법률적인 문제를 만나게 된다. 이럴 때에는 자체적으로 고민하는 것보다 전문가나 무료로 지원해주는 기관들을 찾아 상담을 통해 문제점을 해결하는 것도 중요한 경영이다.

하지만 새로운 기술로 변호사도 일자리가 위협받는 것으로 변호사도 사라지겠지? 아마도 인공지능(AI) 발달로 인공지능 판사와 법정에서 서게 된다면 사람들은 어떻게 생각할까? 또한 사람들은 누구를 선택할까?

그동안 익숙한 판사와 변호사 그리고 의뢰인으로 방청객 모두가 겪을 수 있는 시간이 지금과 엄청나게 다른 법정의 문화가 찾아든다면 사람들은 인공지능이 판결하는 법정판결을 공정하지 못한 어떤 현실로 다가온다면 무슨 문제가 생길까? 상상만 해도 끔찍하고 한편으로는 재미있는 한 편의 드라마 같은 승자와 패자로 인공지능이 지배하는 법정이 될까 두렵기도 하다.

인공지능 판사의 가정을 생각해 본다.

- 가까운 시일 내에 인공지능 판사가 임명되고, 법정에 판사가 등장하고, 공정성을 위한 그동안의 판례나 판독으로 공정한 법집행을 하면 어떤 일이 찾아들까?
- 주요고객이 되는 사람들이 법관 대신 인공지능 판사의 판결을 받겠다는 선택으로 인공지능 판사는 어떻게 재판을 준비하고 진행할까?
- 인공지능은 판결을 할 수 있는 법조문이나 판례도 모두 수집되고 분석이 가능하니까 준비할 것도 시간도 무한정으로 집행할 수 있기에 고객은 누구를 선택할까?

그러나 기계인간 인공지능이 인각적인 시각에서 실시간으로 판단하고 따스함, 냉혹함, 합리적 등으로 인간이 담아낼 수 있는 인간적 감성은 부족할 것이다. 하지만 우리들이 상상하는 인공지능 알고리즘은 기존의 판례의 논리에 부합하는 정신으로 진화 중에는 분명하다.

이러한 시장들에 현재에 처한 환경에 따라 필요한 시장은 전문가, 자문, 도움으로 창업에 응용 하였으면 한다.

1) 규제와 법률

스타트업으로 경영을 하다보면 알아야하는 일들이 한 두 개가 아니다. 그래서 스타트업은 멀티플레이가 가능해야 한다.

■ 스톡옵션(해당) :

일반적으로 팀원이나 임직원의 사기진작을 위해 정책적으로 회사(주식매수선택권)의 스톡옵션을 발행한다. 전체발행 주식총수를 기준으로 비상장기업은 10%, 벤처기업은 50%까지 가능하다. 그리고 상장기업은 20%를 초과할 수 없다.

그러나 비상장회사의 이사 직책으로 15% 지분을 보유했다면 스톡옵션을 받을 수 있는지 궁금할 수 있다. 아쉽게도 상법상 스톡옵션을 받을 수 없다. 그리고 제1호와 제2호에 규정된 자의 배우자나 직계존비속도 포함이 되고 있다.

또한 벤처기업 인증기업은 외부전문가 교수, 변호사, 변리사 등에 부여가 가능할까? 벤처인증을 받은 기업은 스톡옵션이 가능하게 된다. 물론 회사 임직원들에만 스톡옵션이 가능하게 규제가 되어있다. 추가적인 취소, 해고, 분쟁 등은 법률적으로 필요한 부분으로 전문가 자문을 받으면 된다.

■ 기간 및 해고(일반적으로) :

스톡옵션은 상법규정에 따라 2년 재직기간(상법 제340조의 4)을 지정하고 있다. 2년 기간을 지키지 못했다면 스톡옵션을 행사할 수 없다. 그러나 부득이하게 해고에 해당하거나, 상장회사나 벤처기업의 경우 본인의 책임이 아닌 사유로 퇴직한 경우는 예외적으로 스톡옵션 행사를 할 수 있다고 규정하고 있다.

■ 아이디어 분쟁(제안) :

아이디어는 부정경쟁방지법상의 영업비밀(인적, 물적, 제도적 관리 장치 구비)에 포함된다. 자신의 아이디어를 응모하면서 공개되면서 분쟁이 발생할 수 있다. 이로 인해 2018년 부정경쟁방지법이 개정되었다. 다만 이 부분은 민사적인 책임만 물을 수밖에 없기 때문에 법률적인 전문가 도움이 필요하게 된다.

■ 정관 및 이사(회의) :

스타트업은 초기 정관을 만드는 과정에 일반적인 관례로 사용하는 경우가 많은데 만약에 정관에 이사가 3명이 되어 있다가 부득이하게 1명 이사가 사임을 하게 되어 이사회 회의를 남은 2명이 했다면 어떻게 될까? 정관에 3명이 되어 있는데 이사회 2명이 하게 되면 무효가 된다. 정관에 이사 정원이 3명 이상으로 규정하고 있으므로 재적이사 3명 미만으로 구성된 경우는 그 이사회의 결과는 무효가 된다. 이럴 때에는 상법 제386 제2항에 준하여 본점 소재지에서 이사선임 직무를 수행할 자를 선임하고 등기를 해야 한다.

▪ 사업상거래(채권):

사업을 하다보면 상거래가 일상적으로 일어나게 된다. 거래는 상거래의 신뢰로 서로간의 도움이 되는 일이다. 그러나 상거래 부실채권이 생기면 서로의 신뢰는 한 순간에 소멸되면서 법적으로 책임을 다투게 된다. 그 부실의 일부 자금으로 빌려준 채권 소멸의 기간은 얼마나 될까? 소멸시효는 10년보다 짧은 5년이 된다. 돈 거래가 사적으로 빌려줬더라도 그 돈이 사업자금으로 쓰일 것을 알고 있었다면 10년이 아니고 5년이 된다는 것에 판례사례가 있으니 법률전문가 자문을 받고 상거래 하는 것이 바람직하다.

▪ 노동의 업무(퇴사):

스타트업은 불확실한 시장으로 구성원 이동이 심하다. 핵심 직원들이 갑작스럽게 이탈을 했다면 당장 경쟁 회사나 유사한 창업을 생각할 수 있다. 사규로 1년 또는 3년으로 규정하고 채용한 핵심직원들이 퇴사 후 취업금지에 대한 대가로 일정한 보상을 받았거나 반대로 어떤 대가도 수립되지 않았다면 분쟁의 소지가 있다. 기존의 판례들을 사전검토 하면서 입사규정, 퇴사규정을 명확하게 해 둘 필요성이 있으므로 법률 전문가 자문이 필요하다.

또한 계약기간은 서로에게 의미가 있다. 스타트업의 경우 서로에게 필요함을 느끼면서도 불확실한 시장이 많다보니 근로계약기간을 단기로 해야 하는지 장기로 해두어야하는지 서로의 이해관계가 복잡할 수 있다. 물론 일반적으로 계약은 자동 갱신이 되는 것으로 작성을 하게 된다. 그러한 내용 중에 근무 내에는 당연 하나 근무계약이 끝난 경우도 발생하는 규정(비밀유지업무, 하자담보책임의무, 제조물책임의무) 등이 있으니 1년 단위가 좋을 수 있다.

기타 유사한 사례 조사에 따른 멘토링 준비 및 전문가 네트워크 구축으로 활용하자.

2) 법률 및 기업가

기업을 경영하다보면 기업이 경쟁력을 상실하거나 사회적 적용의 미비에 따른 생존 내지 회생을 위한 구조 조정을 하게 된다.

경영환경이 규모나 자산 등으로 이해당사자의 협의에 따라 존속시키는 방안을 모색하지만 기업의 경영환경이 새로운 활로를 찾을 수 없을 때 한계기업의 대상으로 가장 효과적인 수순으로 정리하게 된다.

우선적으로 대처하는 방안들은 우선 회생이 가능한지 여부에 따라
- 회생절차
- 워크아웃
- 파산절차
- 청산절차의 기업의 개선 작업을 할 수 있다.

이해를 위해서 청산이란 기업 환경의 존립 중에 발생하는 재산적 권리의무를 정리한 후 기업의 법인격을 소멸시키는 것을 보통 말한다. 일반적으로 기업은 주주총회의 특별결의에 따라 해산을 할 수 있고, 청산절차를 할 수 있다.

그럼 청산절차란 일반적으로 기업이 해산한 후 기업의 재산을 정리하고, 채무, 잔여재산은 주주에게 배당 후 법인등기 소멸하는 것을 말한다.

청산절차는
- 현존 영업종결
- 채권 추심
- 채무변제
- 남은 자산 배당으로 진행하나 현물재산을 환가처분도 중요한 활동이 된다.

무엇보다도 기업의 경영상태가 기업의 재산으로 채무를 모두 변제할 수 있어야 한다. 하지만 현실적으로 파산절차를 실행하는 기업들은 여러 형태의 불균형적 사항에 처해 있어서 법률 전문가 자문이 필요하게 된다.

현재의 기업의 경영상태를 기반으로 지불불능 상태라면 파산절차를 밟아야 한다. 여기서 파산은 채무자가 채권자로부터 획득한 채무 즉 빌린 자산이 개인 및 기관에게 갚을 수 없는 상태를 가리키는 용어이다. 즉 기업이 경영상 채무초과 상태로 더이상 영업을 계속할 수 없는 경우로 관할 법원에 의한 파산절차를 통해서 정리, 법인 소멸을 하게 된다. 이러한 경우 보통 전문가에 의해 파산 보호, 청산과 존속 등으로 활동하게 되므로 반드시 전문가 자문이 필요한 부분이다.

다음과 같은 전문적 서식과 자문이 필요한 부분으로 학습이 필요한 부분이다.
시장규모 분석 시 유용하게 활용할 수 있는 자료는 주요 업체의 사업보고서가 있다. 이에

- 자본시장과 금융투자 업에 관한 법률은 제159조(사업보고서 등의 제출) ① 주권상장법인, 그 밖에 대통령으로 정하는 법인(이하 '사업보고서 제출대상사업인'이라 한다.)은 그 사업보고서를 각 사업연도 경과 후 90일 이내에 금융위원회와 거래소에 제출하여야 한다. 다만 파산, 그 밖의 사유로 인하여 사업보고서의 제출 시 사실상 불가능하거나 실효성이 없는 경우로서 대통령으로 정하는 경우에는 사업보고서를 제출하지 아니할 수 있다. ② 사업보고서 제출대상법인은 제1항의 사업보고서에 다음 각 호의 사항을 기재하고, 대통령으로 정하는 서류를 첨부하여야 한다.

3) 재무관리 및 법률관리

기업을 경영하면서 획득하는 자산관리가 창업을 하는 목적이 될 수 있다. 하지만 많은 사람들이 창업으로 돈을 벌어들이기 위해서 선별적으로 투자와 융자는 필수사항처럼 기업의 경영에 필요하게 된다. 왜냐하면 창업 이후 매달 예상되는 수입으로 고정적인 비용지출을 추정해야 한다. 따라서 기업들은 수입보다 지출이 많을 때 또는 새로운 생산과 서비스를 구축할 때 등에 외부자금을 유치하거나 융자를 받게 된다.

따라서 회계나 재무에 관해서 기본지식이나 경영학이 필요하다.
일반적으로 많이 사용하는 기본지식은
- 손익계산서
- 대차대조표

- 현금흐름
- 부채, 유동, 비유동자산 등으로 재무관리가 필요하게 된다.

즉 회계와 재무에 대한 평소 관심과 행동은 법률적 적용이 미비할 수 있는 기반이 된다.

재무상태 표(Statement of financial position)란 언제어디서나 필요한 부분으로 현재 기업이 보유하고 있는 자산과 자산을 구입한 자금조달의 기본(부채+자기자본)을 표로 나타내는 자료이다. 즉 기업이 현재 사항을 판단으로 거래나 융자, 투자 등에 어떤 방식으로 회사가 경영되고 있는지 등으로 판단할 수 있는 경영지표가 된다.

기업의 경영지표는 자산=부채+자기자본으로 정리가 되므로 각 세부 세세한 내용 별 식별할 수 있는 학습과 운영에 항목별 사전검증이 필요하게 된다.

기업을 경영하다보면 존속과 청산 법률적으로 적용할 때도 재무상태 표는 중요한 경영지표가 된다. 그래서 재무상태 표에 필요한 전문 지식을 정리해 보면
- 자산(Asset)
- 부채(Liability)
- 자본(Equity)은 중요한 구간으로 경영자는 평소에 관심이 있어야 하고 전문가 자문이나 멘토링으로 사전 학습을 통해서 대차대조표 경영에 적 용하면 좋다.

여기서 세세하게 학습은 할 수 없으나 기업을 경영하는 동안이나 존속이나 청산 의 절차를 받게 되는 경우에 대비할 필요성이 있다.

● **자산(Asset)**

기업이 보유한 경제적 가치의 모든 자산을 말한다. 여기서 말하는 자산은 유동 자산과 비 유동자산이다. 상대적으로 유동자산은 현금화할 수 있는 자산을 이야 기하며, 현금, 예금, 유가증권, 매출채권, 판매되지 않은 재고자산으로 구성된다. 비유동자산은 상대적으로 유동성이 낮은 자산을 이야기 하며, 장기대여금, 전 세권, 투자자산, 장기금융상품, 용역, 토지, 건물, 기계 등을 말한다. 여기서 중

요한 것은 영업권, 특허권, 실용실안 등 물리적 형태는 없으나, 무형의 자산의 의미이다. 스타트업은 이러한 부분에 특화된 활동도 필요한 부분이다.

● **부채**(Liability)

기업의 운영은 타인의 자본 부채도 자산이다. 표에서 부채는 경영하면서 갚아야 하는 내용을 표기되고, 외부로부터 자금을 유치했는가를 가름할 수 있는 핵심지표이다.

부채 중에서 유동부채는 보통 1년 이내 갚아야하는 돈으로 외상매입금, 단기차입금, 미지급비용 등으로 단기에 해결할 수 있는 대상이 대다수다. 즉 1년 이내 갚아야할 유동부채보다 유동자산이 많을수록 법률관리 파산할 확률이 줄어든다.

일반적으로 비 유동부채는 갚아야할 시기가 길게 남아 있는 부채로 장기차입금, 퇴직금충당금 등으로 구성이 되는 항목이다. 즉 비 부동부채가 많으면 기업을 경영하면서 고정적으로 들어가는 비용이 늘어나는 추세로 이자비용이 높기 때문에 재무적 위험이 높아 경영의 위험지수가 있는 것으로 볼 수 있다.

● **자본**(Equity)

기업의 자본은 자기가 자본으로 갚아도 되지 않는 자산이다. 일반적으로 자본은 자본금, 이익잉여금, 자본잉여금으로 항목이 구성된다. 여기서 자본금은 법인설립을 구성한 자본금이며, 경영에 필요할 때 자본거래에 의한 재원을 원천으로 회사 평가에 따른 유상증자 잉여자금을 말한다.

예로, 회사설립자금 1억 원으로 발행주식을 5,000원으로 기업을 경영하다가 회사 성장 시기에 평가를 받아 2억 원을 유치 발행주식을 50,000원으로 한다면 유상증자를 할 때 자본잉여금이 기록 된다.

일반적으로 이익잉여금은 회사가 경영하면서 이익금 배당, 경영 등으로 지급하고 사내에 유보된 금액을 말한다. 이번 정부에서 기업의 이익잉여금 보유에 문제점 및 세금부여 등으로 법률적으로 검토하는 것을 언론에서 접할 수 있었다.

손익계산서는 1년 동안 기업이 얼마나 이익을 냈는지 보여주는 재무제표이다. 일반적으로 업종에 따라 다를 수 있으나

- 매출액
- 매출원가
- 매출 총이익으로 정리를 하며, 판매비와 일반관리비 영업이익으로 한 눈에 볼 수 있게 표로 정리하게 된다.

여기서 부채도 자산이므로 금융수익, 금융비용, 법인세비용차감전순이익, 법인세비용, 당기순익으로 보통 정리하게 된다.

현금 흐름 표는 기업의 영업, 투자, 재무적으로 활동되는 자금으로 인하여 발생하는 현금 흐름의 유입과 유출을 기록하는 표이다. 일반적으로 융자나 투자유치를 할 때 많이 다루는 구간으로 손익계산서에서 순이익을 기록함에도 불구하고 도산하는 기업들이 있어 현금유입과 유출의 흐름을 통해서 과거나 현재의 기업의 현황을 법률적으로 검토하게 된다.

4) 법률 전문가 자문

전문가 그룹은 다양하게 사전 구축으로 경영활동에 포함하여 운영하는 것이 바람직하다.

일반적으로 법률적 자문그룹은 원스톱 서비스형태를 띤다. 지난 정부에서 전국의 창조경제혁신센터에 구축시켜놓아 무료로 상담과 멘토링을 받을 수 있다. 물론 한국청년기업가정신재단에서 운영하는 K-ICT창업멘토링센터에서도 법률자문 멘토링을 받을 수 있다.

기업을 경영하면서 변호사, 노무사, 변리사, 회계사 등으로 회사에서 필요로 하는 부분에 자문기구를 구축하고 경영하였으면 한다.

똑같은 일을 계속 반복하면서
다른 결과를 기대하는 것은 무모한 짓이다.

– 아인슈타인(Einstein)

아인슈타인이 "똑 같은 일을 반복하는 것은 무모한 짓이다."라고 했다. 우리 인간은 긴 인생을 살아가면서 한번쯤은 창업을 하게 될 것이라고 본다. 그러하기에 창업의 성공과 저변 확대를 위해서 무엇보다 준비된 창업이 필요하게 되었고, 준비된 학습을 이론과 실습을 통해서 성공 모델로 이어졌으면 한다. 그리고 창업을 준비하는 사람에게는 실패를 줄이기 위한 사전학습이 필요하고 창업으로 기업을 경영하는 과정에는 멘토의 조력자 역할은 매우 중요한 창업의 생태계가 되었다. 때문에 책의 본 학습을 통해 '창업, 멘토 자격취득' 이 좋은 기회가 될 수 있다고 본다.

이 글을 쓰면서도 많은 사람들이 도전하는 기업가정신을 상상하니 마음은 벌써 글로벌 시장에 와 있는 듯하다. 여러분의 도전은 시작이 반이다. 당당한 용기로 세계의 시장에 필요한 주인공이 될 수 있기를 기도합니다.

구독자님 고맙습니다. 또한 도서출판 작가마을 편집에 감사드립니다.

– 공동저자 : 김삼문. 금용필 올림

부록

Ⅰ. 문제 및 실습

1. 기업을 운영하면서 기업의 성장 사이클을 구분해 볼 수 있다. 바람직하지 않은 것은 무엇인가? (   )

    ① 성장기   ② 성숙기   ③ 창업기   ④쇠퇴기

2. 기업가정신 중에 벤처의 성장은 보통 기업가의 성장 영향에 미치는 요인이 될 수 있다. 그 요인이 아닌 것은? (   )

    ① 외부요인   ② 내부요인   ③ 개인요인   ④ 가족요인

3. 기업가정신은 성장을 위해서 다음과 같이 초기경영이 필요하다. 초기에 다소 없어도 되는 것은? (   )

    ① 조직   ②리더십   ③ 연구   ④자원

4. 기업가정신으로 일반적인 전략을 수립하게 된다. 전략적 개념에 있어 포함이 부적합한 것은? (   )

    ① 경쟁우위   ② 자원동원   ③ 가족동원   ④활동영역

5. 기업을 경영하다보면 기업은 인수합병(M/A)을 하게 된다. 인수합병에 적합하지 않은 활동은? (   )

    ① 감세감소 실현   ② 효율성 증대   ③ 시장지배력 확대   ④규모경제 실현

6. IPO(Intial pubic offering)는 기업공개 또는 최초 주식 상장의 의미를 갖는다. 혜택으로 볼 수 없는 것? (   )

    ① 자본조달   ② 종업원 증대   ③ 세제 혜택   ④ 투자금 회수

7. 기업의 활동으로 IPO(Intial pubic offering)는 많은 혜택도 부여하지만, 단점도 있을 수 있다. 이에 단점으로 볼 수 없는 것은? (   )

   ① 불이행 공시   ② 경영권 분산   ③ 정보 공개   ④ 인수 수수료

8. 기업경영에서 청산 또는 파산을 할 수 있는데 효과적인 정리대책이 아닌 것은? (   )

   ① 회생절차   ② 워크아웃   ③ 분쟁조정   ④청산절차

9. 기업이 채무초과상태에 빠져 더이상 영업을 계속할 수 없을 경우 법원에 파산신청을 할 수 있다. 이에 대한 행동으로 바람직하지 않은 것은? (   )
   ① 법원의 재판을 통해서 채무를 정리하였다.
   ② 채무가 정리되어 법인을 소멸 시켰다.
   ③ 파산보호에 따라 존속으로 유예기간으로 정리한다.
   ④ 파산보호는 청산으로 개인이나 기관에 정리한다.

10. 기업의 활동 중 재무관리를 위한 기본지식으로 적합하지 않은 용어는? (   )

    ① 손익계산서   ② 부채상환   ③ 대차대조표   ④현금 흐름표

11. 다음은 재무상태 표로 정리하고자 한다. 다소 거리가 있는 것은 무엇인가? (   )

    ① 가지급금   ② 무형자산   ③ 이익잉여금   ④유동자산

12. 기업은 현금 흐름으로 손익계산서를 작성할 수 있다.
    아래 내용으로 틀린 것은? (   )

    ① 1년 동안 기업이 얼마나 벌었는지 정리 했다.
    ② 1년 동안 금융 수입과 비용을 정리했다.
    ③ 1년의 매출액과 비용의 차액으로 이익을 정리 했다.
    ④ 기업의 경영으로 당기순이익이 발생하지 않아 정리 안했다.

13. 엘리베이터 피치란 약 60초 이내의 짧은 시간 투자자의 마음을 사로잡는 기법에 비유한다. 해당되지 않은 사항은? (   )

    ① 협상이나 자랑   ② 권유나 주장   ③ 주장이나 설득   ④ 홍보나 판매

14. 투자유치를 통해서 자금을 유치하려고 한다.
    투자유치에 적합하지 않은 것은? ( )

    ① 벤처기업이 아닌 기업에 투자하고 엔젤투자자는 세제혜택을 받았다.
    ② 불특정 다수로부터 온라인을 통해 개인투자에게 2백만 원 받았다.
    ③ 엔젤투자자로부터 오천만 원 투자받고 매칭 펀드 1배수 신청을 했다.
    ④ 예비창업자로 엑셀레이터로부터 투자받아서 법인회사를 설립했다.

15. 기업경영으로 무채무 무이자 자금조달 방법으로 가정 적합한 것은? ( )

    ① 법인설립 때 지정한 은행으로부터 운영대출을 받았다.
    ② 주식을 발행한 담보로 사채 자금 유치를 했다.
    ③ 기술, 신용보증기금에서 보증서 발행으로 주요 은행에서 빌렸다
    ④ 회사운영의 가치 평가로 시드, 시리즈 유치 일억을 하였다.

16. 벤처 기업을 경영하면서 개인투자 엔젤클럽으로부터 투자유치를 했다. 투자의
    혜택으로 틀린 내용은? ( )

    ① 벤처기업에 엔젤투자 오천만 원 투자로 세제혜택 70프로 얻었다.
    ② 벤처기업에 엔젤투자 삼천만 원 투자로 100프로 세제혜택을 봤다.
    ③ 벤처기업에 투자로 매칭펀드 비수도권으로 1.5배수 펀드유치를 했다.
    ④ 벤처기업에 가점주주 대상으로 엔젤투자 유치하여 세제혜택을 얻었다.

17. 다양한 창업자금지원제도가 있기 때문에 활용하면 실패를 줄일 수 있다. 적합
    한 정책이 아닌 것은? ( )

    ① 이자가 낮은 저리 대출 방식의 대출을 하였다.
    ② 기업의 신용평가를 통해 보증서로 대출받아 월 이자를 납부한다.
    ③ 예비창업자로 순수한 자금 지원 방식으로 창업을 했다.
    ④ 7년 이내 기업으로 창업도약 정부정책의 마케팅 하였다.

18. 다양한 이해관계들에게 의사결정에 도움이 될 수 있는 사업계획서로 4P 믹스
    해당이 되지 않은 것은? ( )

    ① 제품 전략(PS) ② 조직 전략(PS) ③ 유통 전략(PS) ④ 가격 전략(PS)

19. 회사의 가치 제안으로 세분화 전략의 STP 활동으로 접합하지 않은 것은? ( )

　① 편의성 추구하고 브랜드 충성도 높은 고객확보
　② 프리미엄 부과 20프로 적용한 고객 유치
　③ 빠른 배송, 품질 좋은 고객 맞춤형으로 선별적용
　④ 조직 업무프로세스 정비로 인센티브를 제공

20. 기업의 하이테크 제품으로 제품 가격을 설정하였다.
　　적합한 방법이 아닌 것은? ( )

　① 제품의 제작과 유통에 소요되는 일정한 단위 가격으로 결정
　② 단위가격 계산은 이익률 곱하기 판매량 나누기 투자금액
　③ 다양한 경쟁 입찰 경매방식으로 가격을 결정
　④ 단위가격 계산은 이익률 곱하기 투자금액 곱하기 판매량

21. 유통전략(Placement strategy)으로 고객이 원하는 시간과 장소에 고객이 원하는
　　수량을 제공하고자 한다. 적합한 방법이 아닌 것은? ( )
　① 직접유통경로방식　② 직간접 혼합방식　③ 촉진전략방식　④ 간접유통방식

22. 제품 및 서비스 개발에 따른 마케팅 활동을 하고자한다. 고객 중심의 기회를 탐
　　색하는 일련의 과정으로 먼 것은? ( )

　① 제품 판매 및 광고 홍보
　② 고객의 리즈 파악 및 시장조사
　③ 고객 리테이션 및 고객관계
　④ 제품 유통 및 촉진 마케팅 전략

23. 창업기업의 마케팅 프로세스로 접합하지 않은 방법은? ( )

　① 기회의 정신　② 기회의 탐색　③ 기회의 점검　④기회의 활용

24. 마케팅의 핵심요소를 중심으로 3C 분석의 수립이 필요하다.
　　수립에 틀린 것은? ( )

　① 고객　② 경영자　③ 경쟁사　④ 자사

25. 기업의 전략적 목표를 결정하거나 전략 수립을 할 때 SWOT분석이 틀린 것은? (   )

① 강점 ② 기회 ③ 위협 ④ 목표

26. STP 전략은 전체 시장을 일정한 기준에 따라 (   )회사의 제품 또는 서비스 적합한 시장을 선정하는 방식으로 소비자로부터 (   )하여 다가가는 과정이다.

27. SWOT 분석의 결과를 바탕으로 TOWS 매트릭스는 강점은 (   )하고, 약점은 (   )하며, 기회는 (   )하고 위협은 (   )하는 방향으로 전략적으로 도출하는 기법이다.

28. 기업의 경영으로 매출추정의 어려움에 비하면 상대적으로 비용추정은 용이하다. 이에 비용추정 변동비에 가까운 것은(   )

① 감가상각비 ② 지급이자 ③ 광고 선전비 ④ 주주 배당 ⑤ 연구개발비

29. 기업의 경영은 총수입과 총비용이 같아지는 매출수준으로 손익분기점(BEP)은 초기 기업이 달성하기 어렵다. 이에 고정비와 변동비로 나눌 수 있는데 고정비가 아닌 것은? (   )

① 감가삼각비 ② 이자비용 ③ 운반비 ④ 인건비 ⑤ 임대료

30. 초기창업의 추가자금 방법 중 주식발행으로 자금조달을 하려고 하는데 이런 사항을 고려하여 창업기업의 경우 대표자가 (   )프로 이상의 지분을 보유하는 것이 바람직한가?

① 49% 이상 ② 25% 이상 ③ 70% 이상 ④ 51% 이상

31. 크라우드 펀딩이 주목을 받는 추세이다. 이에 투자받는 방식과 목적이 다를 수 있는데 아래 내용 중에서 거리가 먼 것은? (   )

① 융자형 ② 기부형 ③ 수익 배분형 ④ 보상형

32. 엔젤은 창업경험이 있는 경영자가 리드엔젤, 서포트엔젤 방식으로 주로 투자하

는데, 투자자금 회수 방법으로 적합하지 않은 것은? (   )

　　① 지분 양도　② 인수합병　③ 주식상장　④ 경영양도

33. 전문엔젤 투자자는 정부에서 주어지는 혜택을 부여하므로 벤처기업으로 확인된 기업들이 주로 활동하는데 5천만 원, 10% 이상 정부가 주는 혜택이 아닌 것은? (   )

　　① 법인세　② 취득세　③ 재산세　④ 스톡옵션

34. 정부의 벤처정책으로 엑셀레이터 등록 업체가 200개사 이상 활동하고 있으며, 주로 5단계 프로세스로 활동을 하고 있는데 다소 거리가 먼 것은? (   )

　　① 선발, 인지　② 경영참여　③ 지원프로그램　④ 데모데이

35. 기업들에게 무담보 투자를 원칙으로 벤처캐피탈(VC)을 통한 자금조달 방식으로 맞지 않은 것은? (   )

　　① 일정기간의 이자　② 투자성공에 이익　③ 담보 요구 안함　④ 리스크가 높음

36. 일반적으로 기업을 경영하다보면 자금이 부족해서 금융기관을 찾아 거래를 하게 되는데 금융기관의 방식이 맞지 않은 것은? (   )

　　① 리스크가 낮음　② 주식, 전환사채　③ 일정기간 이자　④ 원리금 상환

37. 벤처캐피탈은 제품 및 서비스 투자로 리스크가 높으면서 원리금상환 의무보다는 환매나 인수합병으로 수익을 획득하는 방식으로 (   )와 (   ) 확보하는 것이 벤처캐피탈의 역할이다.

38. 기업가정신은 기업의 성장에 매우 중요한 역할이다. 이에 조직성장을 위한 활동으로 바람직하지 않은 것은? (   )

　　① 명령하달 능력　② 신속한 의사결정　③ 학습의 능력　④ 위험감수 문화

39. 기업가로써 조직은 경영에서 빼놓을 수 없는 리더십이 필요한데 아래 내용 중에서 필요순위가 늦게 해도 되는 것은? (   )

　　① 고객 지향적　② 비즈니스 능력　③ 사업전략 개방적　④ 권한 위양

40. 팀원 창업으로 하는 것을 우대하고 각종 사업 평가에도 반영이 되는데 기업가
    적 리더로써 해당사항이 후순위는? ( )
    ① 새로운 기회 모색을 기반으로 핵심 사업 활용
    ② 비전 설정으로 조직 내에서 사업 시작
    ③ 주요 거래처 추상적 예측의 진단 활동
    ④ 조직적 경영으로 경쟁 환경의 변화 조정

41. 기술사업화를 성공하기 위해서는 사업주체의 의지뿐만 아니라 전문지식과 함
    께 체계적인 활동이 필요하게 되는데 우선순위가 먼 것은? ( )

    ① 기술사업화 전략 ② 기술사업화 거래
    ③ 기술사업화 수립 ④ 기술사업화 경영

42. 스타트업들이 자체 개발하는 과정으로 창업을 진행하는 것도 좋으나, 대학, 연
    구소 등으로부터 기술사업화를 할 수 있다. 다소 거리가 먼 것은? ( )

    ① 기술이전사업화 ② 기술시장성 ③ 공동연구 ④ 지적재산권 협상

43. 기업을 경영하다보면 회사의 가치(Value)에 따른 경제적 의미가 부여되어 투
    자활동 등이 용이하다. 기업 가치의 후순위로 볼 수 있는 것은? ( )

    ① 회사연혁 ② 매출 추이 ③영업이익 ④ 현금흐름

44. 다음은 사업타당성 분석결과 타당한 것으로 볼 수 없는 것? 은( )
    ① 개발 기술의 경쟁력
    ② 시장실패의 자산 경험
    ③ 목표로 하는 시장의 매력도
    ④ 자원투입에 따른 사업성 성과

45. 사업의 타당성 분석은 객관적인 자료 조사와 구체적인 사업계획서 수립이 필수
    라고 볼 수 있다. 그래서 보통 4가지로 사업의 타당성 구성을 보는데 거리가 있
    는 것은? ( )

    ① 기술성 분석 ② 경제성 분석 ③ 사업의 산업구조 ④ 시장성 분석

46. 예비창업이나 스타트업이 아이디어를 기반으로 한 시장 분석은 매우 중요한 활동이다. 이에 시장분석으로 거리가 먼 것은? (   )

① 목표시장 및 정의를 하였다
② 거시 및 미시 환경 분석을 하였다
③ 시장규모 및 성장성 분석하였다
④ 금융거래 조사를 하였다

47. 목표시장의 세분화 정의로 시장의 범위를 설정할 때 활용되는 개념 중 틀린 것은? (   )

① 전체시장(TAM)　　② 유효시장(SAM)
③ 제품의 서비스(POS)　④ 수익시장(SOM)

48. 목표시장을 정의하기에 앞서 일반적으로 시장을 세분화하는 마케팅 기준으로 거리가 있는 것은? (   )

① 구성원　② 인구학적　③ 지역적　④ 사회적

49. 시장분석을 하는데 기업의 외부 환경은 기업의 전략과 성과에 영향을 미치는 경향이 거시환경과 미시 환경으로 구분이 된다. 이에 거리가 있는 것은? (   )

① 정치적 요소　② 인구적 환경　③ 경제적 요소　④ 기술적 환경

50. 시장을 분석하는데 정치적 환경으로 볼 수 없는 것은? (   )

① 공정거애 관련 규제　② 환경보호 관련 규제
③ 경제성장률　　　　　④ 무역 제한 및 관세

51. 거시 환경 분석으로 사회적 환경에 적합하지 않은 것은? (   )

① 인구증가율 및 연령　　② 지역분표 및 출생률
③ 평균수명 및 건강의식　④ 금융위기 및 환율

52. 시장규모 분석 및 시장 예측을 할 수 있다면 다음으로 시장의 실제 주체가 되는 경쟁분석은 경쟁자들 간의 관계와 경쟁 정도 등으로 활동할 수 있다. 다음으로 경쟁 분석으로 볼 수 없는 것은? (   )

① 업체 현황분석 ② 기업규모 분석 ③ 시장 점유율 분석 ④ 경쟁 강도 분석

53. 지식재산권을 관리해야 하는 TLO는 소속 기관의 예산 상황, 정책 방향 등에 따라 유지 관리해야 할 지식재산권의 프로세스가 필요하다. 순서로 맞는 것은? (   )

① 발명신고-발명평가-출원-등록-사후관리
② 발명신고-출원-발명평가-등록-사후관리
③ 발명신고-발명평가-등록-출원-사후관리
④ 발명기획-발명신고-출원-등록-사후관리

54. 기업의 지식재산권 확보에 따른 기술가치 평가로 사업의 예비 타당성 정량적 평가를 하고자 한다. 주요 절차가 아닌 것은? (   )

① 기술성 분석 ② 고객의 분석 ③ 권리성 분석 ④ 사업성 분석

55. 기술이전 사업화로 도입 기업의 자금조달 방법으로 전주기에 필요한 자금을 추정하고 이를 조달할 수 있는 방법으로 바람직하지 않은 것은? (   )
① 공공연구기관에 대가로 지급해야 하는 기술료 납부했다.
② 도입 이후 도입 기업에 맞게 커스터마이징 위해 완성자금 있다.
③ 공공연구기관 외부에서 개발한 기술로 양산자금이 필요 없다.
④ 기업은 본격적인 사업화 추진을 위해 필요한 양산 자금 확보했다.

56. 발명자가 공개되지 않았고, 당 업자가 용이하게 생각해내기 어려운 기술을 공중에 공개하는 대가로 독점배타적인 권리를 부여 받는 것은 무엇인가?

(   )

57. 본인이 생각하는 아이디어란 어떤 일에 대한 고안, 생각, 착상을 의미하는 것으로 특허를 받을 수 있다. 이에 바람직하지 않은 것은? (   )
① 특허 받을 수 있는 발명은, 자연 법칙을 이용한 기술적 사상, 창작성, 고도성이 인정되어야 한다.
② 직무 발명이 있는 경우 고용주에게 신고를 하고, 해당 발명의 승계, 출원 유보를 확인했다.
③ 선행기술조사를 아이디어 착상 단계부터 시작하여 타인의 발명과 차별화 발명완성이다.

④ 논문은 How을 중점으로 발명서는 What과 Why 중점으로 작성해야 한다.

58. 기업가정신으로 슘페터 세계적인 학자가 창조적 파괴 경제를 정의하였다. 올바르지 않은 것은? ( )

① 신제품 개발을 중시하였다.
② 기존의 생산방식으로 저가 생산하였다.
③ 신시장 개척을 하였다.
④ 새로운 조직의 형성으로 혁신했다.

59. 기업가정신은 보편적인 사고로 전통적인 의미를 부여한다. 다소 개념이 올바르지 않은 것은? ( )

① 고객제일 주의 ② 공정한 경쟁 ③ 근로자 안전 ④ 인재양성

60. 기업가정신으로 팀워크 및 소통이 중요한 활동이 된다. 팀원으로 적합하지 않은 생각은 무엇인가? ( )

① 포기를 할 수 있는 능력
② 설득할 수 있는 능력
③ 의사결정이 남다른 능력
④ 책임감 있는 욕구의 능력

61. 우리나라 대기업 중에 현대자동차는 모빌리티 분야로 혁신 중이다. 특히 4차 산업혁명으로 미래전략을 발표하였다. 맞지 않은 내용은? ( )

① 친환경 이동성 ② 저 국가 생산성 ③ 이동 자유성 ④ 연결된 이동성

62. 비즈니스 구체화 활동으로 비즈니스 모델 캔버스 이론적 학습이 필요하다. 이론적 라인블록은 각자의 아이디어로 채울 수 있는 분야로 아닌 내용은? ( )

① 가치제안 ② 핵심자원 ③ 핵심파트너 ④ 고객 책임

63. 린 스타트업으로 제품 또는 서비스로 MVP 활동이 매우 중요하다. 이에 합당하지 않은 것은? ( )

① 최소 제품 또는 서비스

② 본인이 원하는 제품 또는 서비스

③ 고객의 반응의 존속 제품 또는 서비스

④ 고객세그먼트 제품 또는 서비스

64. A는 예비 창업자로 사업계획서 작성하여 예비창업패키지 사업을 유치하려고 한다. 사업계획서 작성에 중시되지 않은 내용은? (   )

① 고객의 문제인식을 발견하여 잘 정리하였다.

② 제품서비스 내용이 본인이 원하는 형태로 정리했다.

③ 고객의 해결방안을 해결하기 위해 시장조사 했다.

④ 자금소요 조달계획으로 성장전략을 수립하였다.

65. 린 스타트업에는 린 캔버스 작성으로 비즈니스 모델 캔버스보다 더 구체화 할 수 있다. 이론적 내용으로 연관이 없는 것은? (   )

① 경쟁사 분석이나 우위가 필요 하지 않았다.

② 문제해결에 필요한 팀원 활동을 하였다.

③ 해결책으로 고객가설을 통해 사전 시장 조사했다.

④ 핵심목표 전략으로 핵심지표 가치를 수립했다.

66. 스타트업을 하기 위해서 린 캔버스를 작성할 때 핵심지표의 활동이 중요하다. 아래 내용 중에 후 순위 내용은? (   )

① 사용자 유치   ② 매입거래처 발굴   ③ 사용자 유지   ④ 매출성장 연계

67. 캡스톤디자인 활동은 창업가정신 확산에 큰 도움이 된다. 이에 프로젝트를 실행하는데 적합하지 않은 활동은? (   )

① 2~3명으로 팀 구축을 했다.

② 산업체 주제, 참여로 평가를 지원했다.

③ 팀원 구축을 자율적으로 구축하게 했다.

④ 팀 구성이 원활하지 않아 개인적으로 했다.

68. 사업을 시작으로 투자유치는 기업의 꽃이다. 투자활동 행동으로 접합하지 않은 활동은? (   )

① 투자유치 협상   ② 투자 성과 보상   ③ 투자 전 미공개   ④ 투자유치 이유

69. 캡스톤디자인 수업은 팀 구축으로 팀원들의 활동이 필요하다. 수업의 목표로 바람직하지 않은 것은? (　)

① 팀 별로 프로젝트 설계를 위한 요구사항 획득기술이 가능하다.
② 구현되는 과정에 산업체 현장, 멘토 도움이 필요하지 않았다.
③ 팀 별로 주제를 선정하고 주간 설계 활동으로 구현을 하였다.
④ 구현된 결과물에 대한 자료제출 발표에 충실하고 피드백 받았다.

70. 벤처 용어가 95년 전후에 사용으로 벤처기업 정신에 대해 아는 데로 나열 하세요.

71. 비즈니스 모델 캔버스 라인블록을 그려서 아이디어 작성사례로 카카오택시에 서비스에 대해 정리해 보세요.

72. 린 스타트업을 하기 위해 린 캔버스 라인블록을 그려서 아이디어 사례 작성으로 카카오택시를 정리해보세요.

문제	1~5	6~10	11~15	16~20	21~25	26	27
답	③④③③①	②①③④②	①④①①④	④②②④②	③③①②④	나누고, 선점	강화, 보완, 활동, 방어

문제	28~32	33~36	37	38~42	43~48	49~53	56	57~60
답	④③③①④	④②①②	무담보, 주식	○○○④③	①②④③①	②③④②①	특허권	④②③①

문제	61~65	66~69	70	71	72
답	②④②②①	②④③②			

Ⅱ. 용어 설명

■ 기업가정신(Entrepreneurship)

늘 새로운 기회를 추구하며, 자원을 확보하고 새로운 가치를 창조하는 과정으로 본인이 생각하는 정신. 한국청년기업가정신재단, 미국카우프만기업가정신재단 등에서 기업가정신을 확산하고 있다.

■ 벤처기업(Venture business)

위험을 감수하더라도 도전하는 정신. 벤처인증 기업으로 혜택, 성장, 투자, 벤처협회 등에 활동.

■ 린 캔버스(Lean canvas)

각자가 생각하는 아이디어를 팀 활동으로 구체화된 비즈니스 플랜 등의 확장성 활동이다.

■ 투자유치(Attraction of investment)

자기자본 그 이상의 투자유치 활동, 가치평가와 가치공유로 공감을 이끌어 내는 투자유치 기관과 활동.

■ 캡스톤 디자인(Capstone design)

전공 또는 비전공 팀 구성으로 다양한 주제의 종합설계 하는 학습, 프로토타입 그 이상의 가치에 설계.

■ 스타트업 공모전(K-Global)

ICT 분야나 유사한 분야에서 창의적이고 혁신적인 아이디어를 공모하고, 그 결과로 시상 및 상금으로 전환.

■ 엑셀레이터(K-Global)

유망 스타트업 보육. 투자하는 지원 기관으로 벤처특례법 등록 법인(엑셀레이터)통해 지원 사업, 멘토링.

■ 인큐베이터(Incubator)

예비 창업자 및 창업 기업을 육성하고자 교육 및 멘토링, 사업화 및 투자유치, 컨설팅 등으로 지원.

■ 사회적 기업(Social enterprise)

사회적 목적 실현 및 창업의 전 과정을 지원하며 사회문제를 창의적인 방법으로 해결하는 사회적 경제.

■ 예비창업 패키지

예비 창업자의 초기 사업화를 지원하기 위한 자금 및 전담 멘토 지정, 1억 이내 지원하는 정부정책.

■ 초기창업 패키지

초기 창업자의 시제품 제작 및 투자유치, 판로개척 등 3년 미만 기업에 지원하는 정부정책.

■ 창업도약 패키지

3년 이상 7년 이내 기업으로 창업 기업의 데스밸리 극복 및 성과 창출, 사업화 등을 지원하는 정부정책.

■ 창업성공 패키지

제조업 및 지식서비스 업종으로 교육, 코칭, 공간 등 만 39세 이하인 창업의 3년 이하 기업을 지원하는 정책.

■ 재도전성공 패키지

실패를 경험한 이력, 시제품 제작, 사업화, 마케팅, TIPS연계 등 연중 수시로 접수, 평가, 지원하는 정부정책.

■ 사내벤처(In house venture)

주로 대기업, 중견기업 등에 분사 창업, 사업화 지원, 자금지원 등 3년 이내 기업 지원 정부정책.

■ **포스트 팁스(Post TIPS)**
민간 프로그램 TIPS 통해 우수 졸업 성공 판정 대상 성장지원, 투자유치 10억 이상 기업으로 한정'

■ **스타트업 특허 바우처**
창업 3년 미만. 매출 100억 미만 기업, IP서비스, 권리화, 특허 조사, 이전, 가치 평가 등의 특허청 지원.

■ **K-ICT창업멘토링센터**
창의적인 아이디어 사업화 및 창업지원, 창업교육, 투자유치IR, 글로벌진출 전담 멘토 운영 및 멘토링.

■ **창업 보육센터(Business incubation center)**
사무공간지원, 기술지원, 경영지원, 컨설팅 등을 제공하며, 3년 미만 기업, 지역 대학, 기관에 주로 있음.

■ **크라우드펀딩(Crowd funding)**
주로 스타트업들이 불특정다수로부터 온라인을 통해 투자유치하는 방식으로 신제품 개발, 자금 등에 투자유치 기능.

■ **실리콘밸리(Silicon valley)**
세계적으로 통용되는 창업환경으로 애플, 구글, 페이스북 등을 탄생시킨 60% 이상의 세계기업의 공간.

■ **코워킹 스페이스(Co working space)**
스타트업들 게스트하우스 역할 같은 공간으로 입주 공간, 디지털 노마드, 팀 협력 활동 등의 신개념.

■ **벤처 캐피털(Venture capital)**
금융자본 회사로 벤처기업에 자금을 대고 경영과 기술지도 등 종합적으로 지원, 관리 등을 하는 투자기관.

■ **비즈니스 모델(Business model)**

고객들에게 신기술, 새로운 가치를 제공하기 위해서 혁신적인 제품 또는 서비스를 하는 새로운 방식의 모델.

■ **프리미엄(Premium)**

공짜(Free)와 고급(Premium)이 합성된 용어다. 주로 어플리케이션을 개발하고 무료버전과 유로버전에 사용.

■ **라이선싱(Licensing)**

자신이 소유한 지식재산권을 기반으로 권리를 활용 소정의 대가를 얻고, 주기도 하는 라이선스 가능.

■ **최소 기능제품 MVP(Minimum viable product)**

스타트업으로 최소 기능 제품 또는 서비스를 만들고 고객으로부터 얻을 수 있는 기능과 피드백으로 개선.

■ **조인트벤처(Joint venture)**

두 개사 이상의 기업이 서로의 이익을 위해 설립되는 회사를 말하며, 연구소기업 설립에 많이 사용.

■ **고객인터뷰(Customer interview)**

고객가설을 위해서 밖으로 나가 직접적인 만남을 통해 고객의 리즈를 찾는 방식으로 100명 이상 인터뷰.

■ **소셜미디어(Social media)**

소셜네트워크(SNS) 플랫폼을 활용해서 마케팅 등에 필요한 1인 미디어로 활동이 가능하고, 인플루언서 파워.

■ **린 캔버스(Lean Startup)**

애자일(Agile) 방법과 유사한 개념으로 제품개발단계를 만들고, 측정하고, 반복학습 등 고객의 요구 과정을 빠르게 진행.

■ **랜딩 페이지(Landing page)**

제품 또는 서비스를 웹페이지를 통해서 설명하는 것으로 마케팅을 진행할 때 MVP활동과 유사하게 사용이 가능.

■ 캐즘(Chasm)

주로 시장진입 이후의 마케팅으로 스타트업에 틈이 생기는 현상으로 소비자의 틈새와 맞물려 위기를 겪는 성장단계.

■ 포지셔닝(Positioning)

브랜드를 통해 제품 또는 서비스를 고객의 관점으로 긍정적인 영향력을 미치도록 하는 마케팅 전략이다.

■ 디지털마케팅(Digital marketing)

인터넷 사용이 대중화되면서 현재는 이동이 편리한 스마트폰으로 고객의 접점이 가능해 온라인으로 하는 방식.

■ 챗봇(Chatbot)

인터넷 환경에서 인간의 도움 없이 대화하는 방식으로 기계학습을 통해서 검색, 정보를 제공하는 방식.

■ 페르소나(Persona)

효과를 극대화하기 위해서 나이, 소득, 직장, 거주, 성별, 취미 등으로 고객의 문제를 해결하기 위한 마케팅 방법.

■ 검색 엔진 최적화(Search engine optimization)

자사회사나 자사고객으로 확보하기 위해 사이트로 유입되는 경로, 구조, 연결 등으로 최적화 하는 마케팅.

■ 마케팅 키워드(Marketing key words)

다양한 주제를 가지고 기업의 마케팅 방식에 키워드 사용으로 검색엔진을 최적화 시켜 활동을 넓히는 중요한 마케팅 판매, 비용.

■ 마케팅 전환율(Marketing conversion)

온라인 광고를 클릭하고 랜딩 페이지에 도달한 사용자 행동이 광고주가 의도한 방식의 사용자 비율로 전환.

■ **인플루언서 마케팅(Influencer Marketing)**

다양한 소셜미디어 활동으로 팔로우 수, 구독자 수 등으로 활동하고 있는 미디어 전문가를 말하며, 파워 마케팅.

■ **스케일업(Scale up)**

스타트업이 성장되는 활동을 의미하며, 기업의 규모나 성장이 확장되는 활동으로 자원이 비례 투입되는 과정.

■ **스타트업 팀 빌딩(Startup team building)**

다양한 주제의 각종 창업교육, 도전, 열정 등으로 기업가정신을 확산해 나가는 팀 활동.

■ **엔젤클럽(Angel club)**

개인 투자자 팀 구성으로 다양한 분야에 투자, 멘토링 등의 기능.

■ **개인투자조합(Individual investment association)**

개인 투자자 팀 구축과 조합구성 1인 이상 49인 이하로 개인투자조합 등록 완료된 조합으로 투자 기능.

■ **세계경제포럼(World economics forum)**

4차 산업혁명이라는 용어는 2010년 독일의 미래기술 정책에서 이수되었으나 전 세계적인 화두는 본 포럼에서 논의.

■ **사이버물리시스템(Cyber physical system)**

3차 산업혁명으로 다양한 주제의 물리적 공간, 디지털 공간 및 생물학적 공간의 희석, 기술융합시대로 정의.

■ **속도의 범위(Velocity of scope)**

전 산업 분야에 파괴적 기술혁신으로 인류가 전혀 경험하지 못한 획기적인 기술 속도의 진보.

■ **죽음의 계곡(Death valley)**

창업 실행에서 팀 구성으로 성장하는 과정 중 수많은 위기를 대응하는 제품 또는 서비스 사업화단계.

■ **사물인터넷(Internet of things)**

각종 사물에 센서와 통신 기능을 내장하여 인터넷에 연결하는 기술을 의미하며, 임베디드 시스템이 적용된다.

■ **인공지능(Artificial Intelligence)**

인간의 지능능력, 학습, 이해, 추론 능력 등에 실현하는 기술이며, 패튼인식, 기계학습, 인공 신경망 등의 기술이 있다.

■ **창업의 기회(Entrepreneurship opportunity)**

매적적인 기회이고, 시기적절하고, 지속 가능한 영역으로 구매자 또는 소비자에게 가치 제안 범주로 성장.

■ **브레인스토밍(Brainstorming)**

BBDO, 회사의 회의를 시작으로 아이디어를 얻기 위한 모임에서 4가지 규칙을 지키면서 진행하는 방법

■ **3C(Consumer, Competitioner, Company)분석**

고객, 경쟁자, 자사 3주제들로 핵심요소를 중점적으로 분석하는 기법으로 각 구성요소의 전략적 3c

■ **4P 믹스 전략(4P, strategy)**

4P 제품전략, 가격전략, 유통 전략, 촉진 전략으로 4P 믹스는 그 자체를 고객에게 제공하는 마케팅 목적.

경험과 지식을 주도하는 유망직업

　기술창업과 일반창업은 점점 중요해지고 있으면서 많은 참여와 혁신이 필요하다. 이런 상황에 창업 '컨설턴트' 멘토 자격취득은 보다 안전하게 창업할 수 있고, 보다 체계적으로 운영하고자하는 또는 운영 사업체를 도와주는 멘토로서 멘토링이 가능하다.

　본 교육은 사회적 연륜을 가진 분이나 벤처기업 경영자 또는 퇴직 후의 유망직업을 찾으시는 분들이 참여할 수 있도록 하는 학습과정이다.

▶ **창업 멘토 자격 양성과정을 수료하고 자격을 취득하면?**
- 창업관련 멘토로 활동할 수 있습니다.
- 예비기업이나 스타트업 등에 멘토링 할 수 있습니다.
- 창업교육 강사 및 컨설턴트로 활동할 수 있습니다.
- 사회적 경제 공헌 및 경제봉사활동을 할 수 있습니다.

▶ **본 교육은 이론교육과 실무형 창업전문가를 목표로 합니다.**
- 창업전문가 과정 프로세스를 체계적으로 교육합니다.
- 창업 멘토 및 멘토링을 할 수 있는 이론, 실전 노하우를 교육합니다.
- 예비기업이나 실제 스타트업 사업역량이 가능하게 교육합니다.
- 교육을 수료하고 자격을 취득하면 멘토링 과정에 매칭합니다.
- 교육을 수료하면 '멘토 자격증, 민간자격증'을 부여합니다.

▶ **본 교육은 단, 장기로 운영합니다.**
- 교육기간 및 장소
- 교육기간 및 교육비
- 교육신청방법 및 운영
- 본 강의는 강사의 특징에 따라 별도 운영할 수 있으며 온라인 및 오프라인 교육을 병행하므로 전국에서 수강이 가능, 자격증 취득이 가능합니다.

■ 스타트업 교육내용 ■

1주차	
1교시	오리엔테이션
2교시	본 교육 소개
3교시	기업가 정신
4교시	기업가 정신

2주차	
5교시	기업가 정신
6교시	디자인씽킹
7교시	디자인씽킹
8교시	디자인씽킹

3주차	
9교시	디자인씽킹
10교시	캡스톤디자인
11교시	캡스톤디자인
12교시	캡스톤디자인

4주차	
13교시	캡스톤디자인
14교시	비지니스
15교시	비지니스
16교시	비지니스

5주차	
17교시	비지니스
18교시	비지니스
19교시	린 스타트업
20교시	린 스타트업

6주차	
21교시	린 스타트업
22교시	린 스타트업
23교시	마케팅
24교시	마케팅

7주차	
25교시	마케팅
26교시	마케팅
27교시	사업계획서
28교시	사업계획서

8주차	
29교시	사업계획서
30교시	사업계획서
31교시	사업계획서
32교시	사업계획서

9주차	
33교시	투자유치
34교시	투자유치
35교시	투자유치
36교시	투자유치

10주차	
37교시	투자유치
38교시	투자유치
39교시	지식재산권
40교시	지식재산권

11주차	
41교시	지식재산권
42교시	지식재산권
43교시	국제 및 법률
44교시	국제 및 법률

12주차	
45교시	국제 및 법률
46교시	국제 및 법률
47교시	자격증 시험
48교시	자격증 시험